*Saleem Matthias Riek
und Rainer Salm*

LUSTVOLL MANN SEIN

*Expeditionen
ins Reich männlicher
Sexualität*

Mit einem Vorwort von Prof. Dr. Ulrich Clement

Vorwort 9

Welch unvermuteter Reichtum.
Persönliche Vorbemerkungen 11

Nicht Patentrezepte, sondern Reiseberichte.
Eine Einführung 15

Bei Männern ist die Sache relativ einfach.
Männerbilder und Karotten 19

Auf die Nase gebunden – Männer und ihre Ideale 25

Weinende Fußballer und kaputte Kommissare.
Männer im Wandel 29

Was bisher geschah. Kleines Kaleidoskop der letzten Jahrzehnte 33
Nicht für möglich gehalten. Chance und Risiko des eigenen Weges 38

Was leibhaftige Männer wirklich begehren.
Intime Gespräche von Mann zu Mann 41

1. Gespräch mit Urs 44
Gedankensplitter: Sexuelle Eigenart als Geschenk 53
2. Gespräch mit Christian 55
Gedankensplitter: Sexuelles Erwachen und Initiation ins Mannsein 65
3. Gespräch mit Alex 67
Gedankensplitter: Was macht sexuelle Begegnung einzigartig? 77
4. Gespräch mit Walter 79
Gedankensplitter: Wollen es Männer schnell und heftig? 90
5. Gespräch mit Karl 92
Gedankensplitter: Die Angst vor dem Bad Guy 104
6. Gespräch mit Hannes 105
Gedankensplitter: Schnell kommen als Spaß- und Notbremse 115
7. Gespräch mit Thomas 117
Gedankensplitter: Selbstbefriedigung zählt 127
8. Gespräch mit Gerhard 129
Gedankensplitter: Sexuell willkommen sein und dafür zahlen 141
9. Gespräch mit Didi 144
Gedankensplitter: Wenn die Neugier stärker wird als die Angst 156

10. Gespräch mit Frédéric 157
Gedankensplitter: Lust oder Liebe? Lust und Liebe! 168
11. Gespräch mit Florian 170
Gedankensplitter: Einfach gestrickt? Wege aus der sexuellen Ödnis .. 180
12. Gespräch mit Boris 182
Gedankensplitter: Treue oder Abwechslung? Treue und Abwechslung! .. 194
13. Gespräch mit Rafael 196
Gedankensplitter: Entdecken, was uns wirklich erfüllt 210
14. Gespräch mit Jens 212
Gedankensplitter: Hinter dem Schleier alter Glaubenssätze 223
15. Gespräch mit Max 225
Gedankensplitter: Die Heldenreise diesseits des Fernsehers 237

Was will der Mann?
Kontinente auf dem Planeten Sex 240

Wir können auch anders. Anregungen zur Selbsterforschung 244
Zehn Thesen zur männlichen Sexualität 245
Zwölf Fragen zur sexuellen Selbsterforschung 249

Vergesst die Fixierungen.
Kollektive Perspektivenwechsel rund ums Mannsein 252

1. Vergesst den Orgasmus –
Wir genießen das ganze Spektrum erotischen Erlebens 255
2. Vergesst Männlichkeit –
Wir genießen das ganze Spektrum menschlichen Seins 257
Aber vergesst nicht die Polarität 262
3. Vergesst die Abwertung –
Wir brauchen Einfühlung für das ganze Spektrum unseres Verhaltens .. 265
Aber vergesst nicht die Schattenseiten! 267
Wo bleibt der Aufschrei? 270

Unvergesslich. Die spirituelle Perspektive im Sex 275

Darf es auch ein bisschen mehr sein? Die Vielfalt ehren 280

Anhang 284
Sex, Treue, Frauen und Mannsein – die Umfrageergebnisse 284
6 Fragen zum Sex – eine Onlineumfrage unter Männern 284
Einfach strukturiert? – Die Expertenumfrage 289
Service 291
Intime Gespräche im persönlichen Umfeld 291
Männergruppen 291
Workshops und Seminare 291
Professionelle Hilfe 292
Engagement 292
Online-Diskussionsforum 293
Ausgewählte Literaturtipps 293
Dank 295
Anmerkungen 297
Über die Autoren 308

Vorwort

In der Sexualtherapie brachte das letzte Jahrzehnt einen Boom an Fachliteratur über die weibliche Sexualität: empirische Studien, diagnostische Neufassungen sexueller Störungen und interessante therapeutische Perspektiven. Männliche Sexualität: Fehlanzeige. Mit Viagra® schien alles gesagt zu sein. Erektion gut – alles gut. So klingt der Subtext der stark urologisch akzentuierten „sexual medicine", die mit der neu erfundenen Wortmarke „erektile Dysfunktion" das Feld übernahm und einen beachtlichen Output an Forschungsergebnissen vorwies, und das auf durchaus anspruchsvollem Niveau. Das Flaggschiff „Journal of Sexual Medicine" hat sich in wenigen Jahren mit einem beachtlichen Impact-Faktor Respekt im medizinischen Establishment verschafft.

Zum psychologischen Verständnis männlicher Sexualität hat dieser Forschungszweig freilich kein bisschen beigetragen. Das ist allerdings nicht den Urologen und anderen körpermedizinischen Disziplinen anzulasten. Die bleiben auf heimischem Feld und sind nützlich in dem, was sie können: messen, diagnostizieren, operieren, Medikamente entwickeln. Den Mangel haben die Sozialwissenschaften, die Psychologie, die Psychotherapie und die Soziologie zu verantworten. Als ob sie vor dem Siegeszug der handlungsorientierten Medizin kapituliert hätten. Und als ob sie dem trostlosen Mythos anhingen, dass männliche Sexualität so simpel sei, dass es sich eh nicht lohne, sich näher damit zu befassen.

Saleem Matthias Riek und Rainer Salm haben deshalb unverstellt freie Bahn. Die nutzen sie, theoretisch wie praktisch. Sie ziehen ihre Linie in einem angenehmen Duktus, der engagiert, aber nicht missionarisch ist. Weg von der versteinerten Männer-sind-einfach-These zu einem subtilen Zugang zu den Verletzlichkeiten, aber ebenso dem Stolz, der Beweglichkeit und dem Mut von Männern, deren Geschichten in differenzierten und einfühlsamen Interviews vorgestellt werden.

Von Männern, die unterwegs sind und aus den unterschiedlichen Brüchen ihrer Männlichkeits-Biographien etwas entwickelt haben. Freilich sind das sehr spezielle Männer. Emotional zugänglich, von Tantra beeinflusst, eher eine Selbstreflexions-Avantgarde. Repräsentativ sind sie sicher nicht, aber das ist weniger entscheidend als das, was die Interviews zeigen: Dieses Potenzial hat männliche Sexualität – wenn man nur genauer hinschaut.

Eine Stärke dieses Buches ist die Verbindung von Fallgeschichten und Thesen, die sich plausibel ergänzen. Den Fällen schließen sich die zehn Thesen zur männlichen Sexualität ebenso gut an wie die Fragen zur sexuellen Selbsterforschung. Dabei hat das Ganze eine angenehme Frische und Leichtigkeit, nichts von der melancholischen Betroffenheit mancher Männerbücher.

Immer noch gilt unter Sexualtherapeuten das gute, aber mittlerweile in die Jahre gekommene Buch des Kaliforniers Bernie Zilbergeld zur Therapie der männlichen Sexualität als erste Wahl. Seine Konzepte aus den 1970er Jahren könnten eine Nachfolge vertragen. „Lustvoll Mann sein" ist dafür ein vielversprechender Kandidat. Klug, nachdenklich, klar. Geschrieben mit einem liebevollen Blick auf die Männer, ohne dass ein Hauch von Testosteron fehlt. Ein frisches Buch!

Prof. Dr. Ulrich Clement[1], Heidelberg im Oktober 2014

WELCH UNVERMUTETER REICHTUM.
PERSÖNLICHE VORBEMERKUNGEN

Der Facettenreichtum und die Vielfältigkeit von Sexualität faszinieren uns. Und wir sind Männer. Damit beginnt die Geschichte dieses Buches. Doch bevor wir ins Thema einsteigen, möchten wir uns kurz vorstellen. Wer sind wir? Was bewegt uns, dieses Buch zu schreiben? Wie gingen wir vor und wie ist es uns bei der Arbeit an diesem Projekt ergangen?

Saleem Matthias: Nicht nur beruflich, sondern ganz unmittelbar und persönlich bewegt mich schon lange die Frage, wie ich mein Mannsein und meine Sexualität lebe. Schon mit Anfang zwanzig zog es mich in Männergruppen, und meine Diplomarbeit „Emanzipatorische Männergruppen in der sozialen Arbeit" in den frühen Achtzigerjahren hätte eigentlich mein erstes Buch über Männer werden sollen. Leider – oder zum Glück – wurde daraus nichts. Zum Glück, sage ich heute, denn damals war ich in meinem jugendlichen Leichtsinn der Ansicht, Männer müssten einfach durch eine Art Umerziehung von ihrer patriarchalen Konditionierung befreit werden, um zu sozialkompetenten und liebenswerten Geschöpfen heranzureifen ...

Heute sehe ich das etwas anders, betrachte mich und meine Geschlechtsgenossen mit mehr Einfühlung. Die unterschwellige Verachtung, mit der ich damals Männer – und damit letztlich auch mich selbst – bedacht habe, wurde mir erst Jahre später bewusst. Und nicht zuletzt die Lektüre mancher anderer Männerbücher machte mir klar: Ich will kein weiteres Lehrbuch schreiben, das Männern erklärt, wie aus ihnen wahre, neue, wilde, integrale oder sonst wie libidinös qualifizierte Männer werden. Obwohl ich heute durch meine Tätigkeit im Bereich Sexual- und Paartherapie sowie Tantra[2] als Experte für Fragen rund um Liebe, Sexualität und Partnerschaft gelte, fühle ich mich nach wie vor als Suchender. Ich beanspruche nicht, gültige Antworten geben zu können, was wahres Mannsein bedeutet, was Männer zu lernen hätten und schon gar nicht, wie Männer ihre

Sexualität psychosexuell, genderpolitisch und spirituell korrekt leben sollten. Meine Haltung in diesem Buch entspricht der in der von mir gegründeten Schule des Seins[3]: Ich biete einen Erfahrungsraum an, in dem Sie selbst am besten spüren können, was Sie auf welche Weise berührt, und Sie selbst entscheiden, wie Sie damit umgehen, welchen Impulsen Sie weiter nachgehen wollen und wie Sie das tun.

Aufgrund dieser Grundhaltung wollte ich in diesem Buch nicht in erster Linie durch meine eigenen Erfahrungen und Erkenntnisse[4] inspirieren, sondern unterschiedliche Männer zu Wort kommen lassen, die sich auch bereits intensiver mit ihrem Mannsein und ihrer Sexualität beschäftigt haben. Da gab es in meinem Umfeld einige, aber bewusst suchte ich auch Männer, die sich auf ganz andere Weise entwickelt und gewissermaßen fortgebildet haben. Keine dieser intensiven und berührenden Begegnungen möchte ich missen. Es waren tatsächlich keine Interviews, wie wir sie in unserer Konzeption noch genannt hatten, sondern intime Gespräche, die jeweils ihren ganz eigenen Verlauf nahmen. Ich legte Wert darauf, die Gesprächspartner nicht als Stichwortgeber für unsere Thesen zu missbrauchen, sondern sie in ihrer Eigenart spürbar werden zu lassen. Ich hoffe sehr, dass uns dies gelungen ist, denn wie langweilig und blutleer sind allgemeingültige Thesen im Vergleich zum leibhaftigen Leben.

Aus einem ähnlichen Grund, nämlich nicht zu sehr in meinen persönlichen Perspektiven gefangen zu bleiben, wollte ich dieses Buch nicht alleine verfassen – nicht ahnend, was mir da blühte. Aus einem anfänglichen Triumvirat kristallisierte sich das Duo mit Rainer heraus, der bei mir schon viele Kurse besucht und später auch assistiert hatte. Ich hätte nicht gedacht, dass er mich so herausfordert, in meinen Gedankengängen nichts als selbstverständlich vorauszusetzen, sondern immer wieder ohne Vorbehalte hinzuschauen, wie mann das alles auch ganz anders sehen kann. Ja, es gab auch Konflikte, aber insgesamt ein erstaunlich hohes Maß an Verständigung, vor allem wenn ich bedenke, wie verschieden unsere Hintergründe sind. Ich bin froh darüber, wie sehr unsere Zusammenarbeit dieses Buch bereichert hat, und auch über die Freundschaft, die daraus erwachsen ist.

Rainer: Als ich hörte, dass Saleem Interviewer für Gespräche rund um das Thema Männer und Sexualität sucht, wusste ich gleich: Da will ich dabei sein. Seit einigen Jahren schätze ich die seltenen Gelegenheiten sehr, unter Männern sowohl persönlich als auch explizit über Sex zu sprechen. Ausführliche Interviews hatte ich in meinem Leben schon viele geführt und ausgewertet, allerdings nicht zu solch intimen Themen, sondern zum besseren Verständnis politischer Akteure.

Im Mittelpunkt meiner Männerfreundschaften stand 30 Jahre lang das politische Engagement, manchmal auch der gemeinsame Sport. Meinen ersten Männerworkshop – das Thema hieß „Lustvoll Mann sein" – habe ich vor allem deshalb besucht, weil ich meiner Partnerin kein gemischtes Tantraseminar zumuten wollte. Aber dann: welch unvermuteter Reichtum! Es waren unglaublich mutige und auch unglaublich traurige Erlebnisse von Männern, an denen ich Anteil nehmen durfte. Tief berührende Erfahrungen von Nähe, auch körperlicher Nähe. Ich entdeckte nicht nur tantrische, sondern erstaunlicherweise auch kirchliche Männergruppen[5] als Kraftquelle für mich. Meine Männerfreundschaften wurden intensiver und persönlicher, wenn auch der Austausch zu Sex und Beziehung als gemeinsames Interesse hinzukam.

Sex ist für mich immer noch ein sehr emotionales Thema. Die Arbeit an diesem Buch war deshalb ganz anders, als ich es aus meinem bisherigen Schreiben von politischen und soziologischen Texten kannte. Schon manche Interviews (verbunden mit intensiven Vor- und Nachgesprächen) haben mich kräftig durchgerüttelt und mein Leben immer wieder stärker geprägt als erwartet. Und dann erst die Zusammenarbeit mit Saleem! Ich habe nicht geahnt, auf welche Herausforderung ich mich einließ, als ich aus der Rolle des Interviewers und Beraters langsam in die Rolle des Koautors hineinwuchs. Schrittweise wurde mir klar, welch unterschiedliche Erfahrungen gerade auch zum Thema Beziehung und Sexualität uns prägen und welch unterschiedliche Weltsichten wir haben. Welche Auswertungsschwerpunkte zu den Interviews setzt ein staunender Spätstarter zu den Themen Männerrolle und Männersexualität, welche ein Männerbewegter der ersten Stunde? Wie finden ein Gewerkschafter und ein Tantralehrer gemeinsame Thesen zur gesellschaftlichen Männerdiskussion?

Für solche Diskussionen hatten wir eine gute Basis als zwei Männer, die sich persönlich sehr mögen und beide unendlich neugierig sind auf den Facettenreichtum männlicher Sexualität. Aber manchmal fühlte ich mich doch als Eindringling im Territorium eines anderen Alphamannes.

Es war eine harte, aber auch eine beglückende Erfahrung, dass wir die in diesen Diskussionen hochkommenden Gefühle nicht männertypisch in Treibstoff für Positionskämpfe umgewandelt haben, sondern uns für die dahinterstehenden Unterschiede, Unsicherheiten und Tabus ernsthaft interessiert und sie wieder für den Text fruchtbar genutzt haben. Wir sahen unsere Unterschiedlichkeit auch als wichtige Ressource für ein Buch an, das für ein breites Spektrum von Lesern interessant sein soll. Gleichzeitig war uns an einem einheitlichen Guss gelegen, für den wir unsere Arbeitsteilung gewählt haben: Einerseits haben wir um manche These und auch um einzelne Formulierungen gerungen, andererseits prägen Saleems Ideen und Impulse das Buch. Der überwiegende Teil des von uns erarbeiteten Textes stammt aus seiner Feder. Am Ende schaue ich stolz auf dieses gemeinsame Werk und bin erstaunt: Dass ich in meinem Leben noch an einem Männerbuch mitschreibe, das hätte ich nie gedacht.

Auch unsere Gesprächspartner sind wichtige Mitautoren, die allerdings überwiegend anonym bleiben. Ihnen allen gebührt unser besonderer Dank für ihren Mut, sich so weit zu offenbaren.

Doch nun soll es losgehen. Riskieren Sie mit uns einen Blick in die Tiefen und Untiefen männlicher Sexualität. Wir wünschen Ihnen eine anregende und berührende Lektüre und freuen uns über Ihre Rückmeldung.

Saleem Matthias Riek und Rainer Salm,
Sölden und Stuttgart im September 2014

NICHT PATENTREZEPTE, SONDERN REISEBERICHTE. EINE EINFÜHRUNG

„Bist du ein normaler Mann?" Mit dieser – möglicherweise bereits irritierenden – Frage haben wir jeweils unsere Gespräche mit den Männern begonnen. Aber was ist denn schon normal? Stimmt das verbreitete Klischee von der einfach strukturierten Lust der Männer, die immer nur das Eine wollen, für die ihre eigene Geilheit wichtiger ist als die Person, Sex wichtiger als Beziehung? Die möglichst schnell eindringen wollen, um dann in einer steilen Erregungskurve den Orgasmus als Ziel und Ende des Akts anzusteuern?

„Was macht Sex für dich erfüllend?" Auf diese Frage erhielten wir so vielfältige Antworten – häufig noch unterschieden nach Lebensphasen –, dass die Vorstellung von einer einfachen oder auch nur allen Männern gemeinsamen Sexualität vollkommen abwegig anmutet – oder doch zumindest wert ist, sie näher zu überprüfen.

„In welchen Körperregionen erlebst du Lust, Erregung und Orgasmus?", „Wie hast du Sex mit dir selbst?", „Wie erlebst du deine Sexualität im Spannungsfeld von Treue und Freiheit?", „Wie erlebst du Kinderwunsch und Verhütung?", „Wo siehst du dich im Spektrum von hetero-, bi- bzw. homosexuell?", „Wie erlebst du dich in Rollen wie Eroberer oder Bittsteller, Macho oder Softie?", „Gibt es für dich eine Verbindung von Sex und Spiritualität?": Solche Fragen dienen in unseren Gesprächen nicht einer objektivierenden Fallunterscheidung, und sie werden auch selten eindeutig beantwortet. Sie öffnen die Wahrnehmung für mögliche Entwicklungswege und führen in die Tiefe des jeweils einzigartigen Erlebens dieses Mannes. Dass sie in diesen und ähnlichen Fragen nicht entschieden, sondern immer noch auf der Suche sind, haben unsere Gesprächspartner weitgehend als Lustquelle entdeckt, die über sexuelle Lust hinausgeht.

Bei diesem Buch handelt es sich nicht um einen Ratgeber, wie Sie ein besserer Liebhaber werden. Dies ist auch kein Buch über den neuen Mann. Unsere Gesprächspartner sind keine Helden, keine Krieger und keine Casanovas, auch wenn sie dies manchmal vielleicht gern wären. Sie sind einfach Männer, vielleicht sogar ganz normale Männer, die sich irgendwann in ihrem Leben über althergebrachte Grenzen männlicher Sexualität hinausgewagt haben, dabei verschiedene Wege einschlugen und manchmal ähnliche, manchmal auch sehr unterschiedliche Erfahrungen machten.

Die Gespräche wurden – in der Intensität oft überraschend für beide Seiten – zu einer Selbsterforschung auf dem Terrain von Liebe, Erotik und Sex. Herausgekommen sind keine Patentrezepte, sondern spannende Reiseberichte, die anderen Männern Mut machen, ausgetretene Pfade ihrer gewohnten Sexualität zu verlassen und nicht nur den Vorgarten, sondern weite Landschaften von Erotik und Sex zu erkunden.

Wir würden uns freuen, wenn auch das Lesen zu einer Art Selbsterforschung anregt, denn die von unseren 15 Männern gefundenen Schlüssel der Befreiung und Entwicklung sind kaum für andere kopierbar. Manche der skizzierten Wege werden Ihnen weder gangbar noch erstrebenswert erscheinen, Sie aber vielleicht dazu anregen, sich ihres eigenen Weges bewusster zu werden und gegebenenfalls tatsächlich Neues auszuprobieren.

Wir schreiben dieses Buch in erster Linie für Männer, die – unabhängig von ihrer sexuellen Orientierung – nach Anregungen suchen, wie sie ihre Sexualität, ihre Beziehungen und ihr Mannsein erfüllender gestalten können. Es wäre allerdings eine höchst willkommene Nebenwirkung, wenn dieses Buch auch von einer Fachöffentlichkeit in Medien und Sexualwissenschaft zur Kenntnis genommen würde. Wir präsentieren hier vielfältige Belege dafür, dass die Komplexität und der Facettenreichtum männlicher Sexualität bisher unterschätzt wurde, und zwar nicht nur in der Bevölkerung im Allgemeinen, sondern auch in Fachkreisen. Manche Männerratgeber begrenzen ungewollt die Entfaltung von Männern, indem ihre Anregungen von einem zu einfachen Bild männlicher Sexualität ausgehen.

Obwohl wir dieses Buch nicht mit Blick auf Frauen schreiben, freuen wir uns, dass viele Frauen bereits im Vorfeld ihr Interesse an unserem Projekt signalisiert haben. Besonders interessant für Frauen dürfte sein, dass Männer hier unter sich reden und sich weitgehend unbeobachtet fühlen. Sie überprüfen ihre Aussagen weniger als sonst darauf, ob Frauen sie akzeptabel finden. Dies bietet Ihnen, liebe Leserinnen, eine Chance, aber auch ein Risiko. Die unverblümte Direktheit mancher Aussagen kann Gefühle und Reaktionen hervorrufen, angenehme wie unangenehme, teilweise auch sehr heftige, wie wir von Testleserinnen erfahren durften. Die Versuchung könnte groß sein, unangenehmen Gefühlen durch Abwertung eines einzelnen oder gar aller Männer zu begegnen. Aber dann wäre nur das bestätigt, was Sie vorher schon wussten: Männer sind Ihnen fremd. Wirklich Neues über Männer werden Sie erfahren, wenn Sie gleichzeitig eine Neugier auf sich selbst mitbringen: Was erzählen mir meine Reaktionen auf diese Männer über mich selbst? So wie diese Männer weniger auf der Suche nach besseren Frauen, sondern nach sich selbst sind, können auch Sie durch eine Neugier auf sich selbst den größten Gewinn aus diesem Buch ziehen.

Dieses Buch besteht im Wesentlichen aus den fünfzehn intimen Interviews. Nach jedem Gespräch haben wir einige Assoziationen und Gedankengänge von uns eingefügt. Diese sollen das uns Anvertraute nicht auswerten und erst recht nicht bewerten, sondern Aspekte hervorheben, die auf einen größeren, auch kollektiven Zusammenhang verweisen. Manche Leser werden zunächst querlesen wollen und nach für sie interessanten Themen suchen. Aber Vorsicht: Sie bringen sich um Wesentliches, wenn Sie nur nach dem suchen, wovon Sie schon wissen, dass es Sie interessiert. Vielleicht entgehen Ihnen so die wirklich neuen Anregungen. Am spannendsten finden wir nicht die einzelnen Aussagen und Erlebnisse, sondern die Bedeutung, die sie jeweils im Lebenszusammenhang des einzelnen Mannes haben.

Bevor wir mit den Gesprächen beginnen, skizzieren wir kurz die gesellschaftliche Debatte über Männer und Männlichkeit und ihren Wandel in den letzten Jahrzehnten. Sie können diese Kapitel überspringen. Sie zeigen jedoch den gesellschaftlichen Hintergrund, vor dem die individuellen Erfahrungen in ihrer Besonderheit und ihrer über das Persönliche hinausweisenden Relevanz deutlicher hervortreten.

In den abschließenden Kapiteln fassen wir wesentliche Aspekte und erkennbare Entwicklungslinien aus den Gesprächen zusammen und geben Hinweise sowohl zu individuellen Entwicklungsmöglichkeiten als auch hoffentlich provozierende Anstöße für die öffentliche Diskussion rund um das Thema Mann und männliche Sexualität.

BEI MÄNNERN IST DIE SACHE RELATIV EINFACH.
MÄNNERBILDER UND KAROTTEN

Außen hart und innen ganz weich.
Werden als Kind schon auf Mann geeicht.
Wann ist ein Mann ein Mann?[6]

Ein kritisches und einfühlsames, widersprüchliches und doch liebenswertes Bild vom Mann, wie es Herbert Grönemeyer mit seinem Song bereits 1984 zeichnete, ist nicht üblich. „Not am Mann"[7] oder „Oh, Mann! – Das starke Geschlecht sucht seine neue Rolle"[8] sind typische Titelthemen in den Medien. Männlichkeit steht unter kritischer Beobachtung. Dabei wird Männlichkeit zwar nach wie vor gefordert, oft aber auch belächelt, manchmal sogar verachtet. Die Verunsicherung vieler Männer ist groß. Experten, die schwerpunktmäßig mit Männern arbeiten, sehen im Thema Selbstwertgefühl und Identität als Mann die gegenwärtig größte Herausforderung für Männer, deutlich häufiger als das vermeintlich wichtigste Männerthema Sexualität.[9]

Letztere lässt sich nicht unabhängig von den Männerbildern betrachten, die in unserer Kultur dominieren. Ihrem Einfluss können wir kaum entkommen. Wir wollen uns nun diesen Bildern widmen, denn sie bilden den Kontext für jeden einzelnen Mann, der sich mit seinem Mannsein und seiner Sexualität auseinandersetzt.

Fangen wir mit dem Offensichtlichen an: Die in unserer Kultur vorherrschenden Bilder vom Mann werden längst nicht mehr als Vorbilder gesehen. Der Unterschied zu früheren Zeiten wurde uns beim Besuch einer Ausstellung über Männerbilder in der Antike besonders deutlich.[10] Im antiken Griechenland wurde der Mann tatsächlich in vielfältiger Hinsicht idealisiert. Bei uns gilt inzwischen oft das Gegenteil. Der Ausruf „typisch männlich!" ist in der Regel abwertend gemeint. Eine große Volkspartei, die SPD, schrieb 1989 in ihr Grundsatzprogramm: „Wer die menschliche Gesellschaft will, muss die männliche überwinden".[11] Dass das meiste Elend dieser Welt von Männern geschaffen sei und die Zukunft weiblich sein müsse, gilt nahezu als Allgemeinplatz. *Wenn das, was über Männer öffentlich gesagt wird, über Schwarze oder Juden gesagt würde, drohte eine Anklage wegen Volksverhetzung.* Markige Worte, die wir bei unserer Recherche zu diesem Buch zu hören bekamen. Übertrieben? *Schwarze haben eine genetisch bedingte Tendenz zu gewalttätigem Verhalten. Juden sind nur eingeschränkt empathiefähig.* Geht gar nicht! Aber Männer ...

Was ist überhaupt Männlichkeit? Umgangssprachlich scheint klar zu sein, was damit gemeint ist, wenn zum Beispiel eine Frau ihren Mann dazu auffordert, sich mehr – oder weniger – männlich zu verhalten. Wenn wir jedoch näher hinschauen, ist es ganz und gar nicht klar, sondern ein weites Feld, auf dem Missverständnisse prächtig gedeihen. Als Klärungsversuch könnten wir zunächst zwischen biologischem und sozialem Geschlecht unterscheiden. Die englische Sprache besitzt dafür verschiedene Vokabeln: sex und gender. Alle Bemühungen, diese beiden Ebenen voneinander zu trennen, sind aber bislang nicht wirklich von Erfolg gekrönt gewesen. Theoretisch ist die Unterscheidung sinnvoll, praktisch wirken diese Ebenen immer zusammen. Wie groß nun der biologische Anteil, wie groß der soziale Anteil an männlichem Fühlen, Denken und Verhalten ist, diese Frage ist seit Jahrzehnten Schlachtfeld ideologischer Auseinandersetzung. Je nach fachlicher, vor allem aber weltanschaulicher Ausrichtung wird die Frage nach den Grundlagen und damit auch nach der Veränderbarkeit und dem Veränderungsbedarf von Männlichkeit anders beantwortet:

- Männlichkeit findet ihre Grundlage im männlichen Körper und dessen Anatomie und Physiologie (biologische Sicht).
- Männlichkeit wird durch im Laufe der Evolution entwickelte genetisch festgelegte Programmierungen bestimmt (evolutionspsychologische Sicht).
- Männliches wie weibliches Geschlecht sind soziale Leitbilder, die durch Erziehung und strukturelle Machtverhältnisse im patriarchalen System erworben werden (soziologische Sicht).

- Heutige Männlichkeit lässt sich durch Abwesenheit der Väter und fehlende Ablösung von der Mutter verstehen (tiefenpsychologische Sicht).
- Männlichkeit bildet zusammen mit Weiblichkeit die grundlegende Polarität des Lebens – im Taoismus als Yin und Yang bekannt – und beinhaltet ein Set ontologischer oder archetypischer Eigenschaften (spirituelle Sicht).

Aus welcher Perspektive auch immer Männlichkeit betrachtet wird: Die große Gefahr liegt darin, aus der eigenen Sichtweise unbesehen eine sich selbst erfüllende Prophezeiung zu erschaffen.[12] Regelmäßig werden Faktoren wie Körperkraft, hormonelle Steuerung, Familiendynamik oder auch archetypische Energien, die auf uns Männer einwirken, so interpretiert, als ob sie uns auf bestimmte Verhaltens-, Fühl- und Denkweisen festlegten. Abweichungen gelten als Defizit. Wenn wir beispielsweise Testosteron und seine Wirkung im männlichen Körper als ein wesensmäßiges Merkmal der Männlichkeit deuten, anstatt als einen biologischen Faktor, mit dem umzugehen wir Männer herausgefordert sind[13], dann wird Silvester Stallone unweigerlich männlicher erscheinen als Woody Allen (interessanterweise lag letzterer in der Frauengunst aber dennoch vorn). Wie ein Mann aber – insbesondere auf dem Feld von Liebe und Sexualität – größere Erfüllung findet und diese seinerseits auch schenken kann, ist damit nicht geklärt – und sowieso wohl kaum leicht zu beantworten. Sich selbst erfüllende Prophezeiungen wie „Ein Mann braucht immer ein Ziel" können sexueller und emotionaler Erfüllung aber sehr wohl im Wege stehen, wie wir im weiteren Verlauf dieses Buches noch sehen werden.

Eingängige Konzepte von Männlichkeit stehen dennoch hoch im Kurs und bedienen offensichtlich die Sehnsucht nach Orientierung auf einem heiklen Terrain. Wir werden mit Ratgebern, wie wir richtige Männer werden, regelrecht überflutet. Ein ganzes Genre beschäftigt sich mit der Frage, wie Männer Erfolg bei Frauen haben und suggerieren, richtige Männer bekämen jede Frau ins Bett oder – falls sie das wünschen – dauerhaft an ihre Seite:

- *„Du wirst kämpfen müssen. Freu dich drauf! Denn kämpfen macht männlich".*[14] (Maximilian Pütz und Arne Hoffmann: *Der perfekte Eroberer: Wie Sie garantiert jede Frau verführen – Die bessere Strategie*)

Der Ton dieser Bücher ist durchweg vollmundig, jeder Leser merkt sofort: Hier schreibt ein echter Kerl, und der hat Erfolg! So geht das also ... Der Subtext: Männer sind entweder Gewinner oder Loser. Dass doch wohl beides zum Leben gehört, findet hier keine Beachtung. Andere drücken ihre Botschaft schlichter aus, den Grund finden wir bereits im Untertitel:

- *„Sie müssen gar nicht viel tun, damit sich Ihre Frau wohl fühlt: Sie müssen nur Mann sein".*[15] (Armin Fischer: *Frauen. Eine Bedienungsanleitung, die selbst Männer verstehen*).

Das Männerbild, das in Ratgebern für Frauen gezeichnet wird, und die entsprechenden Ratschläge, wie mit uns Männern umzugehen sei, sind ebenfalls selten schmeichelhaft. Das müssen sie ja auch nicht sein. Aber sind sie zumindest ansatzweise zutreffend? Sind sie hilfreich? Hier einige Kostproben:

- *Viel zu viele kluge, schöne, erfolgreiche Frauen suchen verzweifelt nach dem Richtigen. Warum? Sie scheitern an dem Irrglauben, dass der Mann ein ebenso komplexes und souveränes Wesen sei wie sie selbst. Weit gefehlt.* (Anna Wilde: *Wirklich alles über Männer*)
- *Aus meiner Erfahrung gucken Frauen – genau wie Männer – Pornos, um zu masturbieren. Aber auch, um zu lernen. (...) Wir Frauen sind komplexer als Männer.* (Erika Lust in Balian Buschbaum: *Frauen wollen reden, Männer Sex*)
- *Viele Männer sind immer noch der irrigen Ansicht, dass Frauen keinen Sex mögen. Stimmt nicht. Was Frauen nicht mögen, ist mieser Sex.* (Katy Bevan: *100 Sextipps für Männer*)
- *Die allererste Frage, die sich ein Mann stellt, lautet: „Ist sie sexuell interessant?" (...) Vielleicht haben Sie schon mal zwei Hunde beobachtet, die sich gerade kennenlernen. Als Erstes riechen sie*

gegenseitig an den Geschlechtsteilen. Danach ignorieren sie sich („riecht uninteressant") oder sie spielen miteinander („riecht prima"), oder sie gehen aufeinander los („riecht ätzend"). Als Erstes an den Geschlechtsteilen zu riechen, verbietet sich bei zwischenmenschlichen erstmaligen Begegnungen ganz zweifelsfrei, aber Männer ticken ähnlich wie Hunde. (Hauke Brost: Wie Männer ticken)[16]

- *Bücher darüber, wie man lernt, Männer zu verstehen und mit ihnen umzugehen, gibt es wie Sand am Meer. Dabei ist es doch so einfach: Männer ticken wie Hunde. Und dies ist nicht nur ein Buch. Dies ist die Antwort auf alle Fragen.* (Elke Morri: Herbert Sitz! – Männer sind wie Hunde. Ein Erziehungsratgeber)

Dies ist nur eine kleine Auswahl, mit solchen Passagen ließen sich Bände füllen. Wir könnten darüber lachen, aber es steckt mehr dahinter als schwarzer Humor. Als Anregung und Augenöffner sei auf das empfehlenswerte Buch *Das entehrte Geschlecht*[17] von Ralf Bönt verwiesen.

Es scheint weit verbreitete Bedürfnisse zu bedienen, Männlichkeit und insbesondere männliche Sexualität auf abwertende Weise zu charakterisieren, sonst wären nicht so viele Bücher dieser Art auf dem Markt. Leicht abfällige Bemerkungen über Männer sind inzwischen so verbreitet, dass wir sie oft kaum noch bemerken. Sie beeinflussen uns dadurch aber umso mehr und graben sich in unser Unterbewusstsein ein. Sie lassen uns Männer nicht zuletzt glauben, was uns Lust bereite, sei erst einmal grundsätzlich suspekt.

Viele Männer, die vielleicht nicht nur, aber doch sehr gerne das Eine wollen, werden deshalb enorm kreativ, wenn es darum geht, ihren Wunsch zu verschleiern, allerdings mit nur mäßigem Erfolg, denn jede Frau weiß doch, was wir eigentlich wollen ... Männer, die sich gegenüber der Abwertung desensibilisiert haben, nehmen sich einfach, was sie wollen, im Extremfall sogar mit Gewalt. Beide bestätigen auf ihre Weise das Klischee, beide haben keinen Weg gefunden, dem Klischee zu entkommen. Dafür bräuchte es den Mut, sich in seinem Sosein selbst zu bestätigen und den Schmerz der Abwertung zu fühlen und bewusst zu verarbeiten.[18] Selbstironie kann allerdings auch schon helfen, wie uns Woody Allen vor Augen führt: *Ich habe ein starkes Bedürfnis, in den Mutterleib zurückzukehren. In irgendeinen.*[19]

Wir werden in den Gesprächen einiges darüber erfahren, wie Männer mit Klischees und Erwartungen ringen, insbesondere mit denen, die sich konkret auf ihren Sex beziehen. Auch zu diesen Klischees einige passende Zitate aus der Literatur:

- *Obwohl der Prozess der Erregung (...) sehr nuanciert ist, (...) wird dies in der Regel nur als wilde Jagd nach dem Orgasmus erlebt. (...) Männer nehmen sich nur selten die Zeit, sich ganz individuellen, aufregenden Wunschfantasien hinzugeben. (...) Stattdessen verlegen sie sich auf erotisches Junkfood.*[20]
- *Der überbordende Geschlechtstrieb der Männer dient einer klar definierten Aufgabe, nämlich sicherzustellen, dass die Spezies Mensch nicht ausstirbt ...*[21]
- *Das männliche Gehirn verlässt sich auf ein paar effektive visuelle Merkmale, die schnell zu benennen sind. (Für ...) die grundlegenden psychologischen Merkmale, derer sich das weibliche Geschlecht bedient, benötigen wir ganze zwei Kapitel. Was dem Mann der Porno ist, ist der Frau der Liebesroman.*[22]
- *Bei Männern ist die Sache relativ einfach, in der Regel ist es ziemlich offensichtlich, ob ein Orgasmus stattgefunden hat. Bei Frauen ist der sexuelle Höhepunkt eine komplizierte Angelegenheit.*[23]
- *Die neue Sexualität der Männer? Was um Himmels willen könnte gerade bei Männern neu am Sex sein? Wie alle wissen, haben sie es doch ziemlich einfach. Sie haben nur ein Sexualorgan, das ihnen für alle Welt sichtbar zwischen den Beinen baumelt. Daran ist gar nichts mysteriös oder kompliziert! Und es ist doch auch klar, was Männer wollen und was ihr größtes Problem ist: soviel Sex zu bekommen, wie sie nur kriegen können.*[24]

Leider ist nur das letzte Zitat ironisch gemeint. Männliche Sexualität, so lässt sich zusammenfassen, gilt als deutlich einfacher strukturiert als weibliche.[25]

Auf die Nase gebunden – Männer und ihre Ideale

Ideale sind mitunter die Kehrseite von Abwertung. *Neue Männer braucht das Land*, sang Ina Deter bereits vor Jahrzehnten. Vor allem Männer, die sich nicht trotzig hinter alten Rollenbildern verschanzten, machten sich auf den Weg, neue Männer zu werden. Trotz des durchaus zweifelhaften Erfolges kein Wunder, unsere Sehnsucht nach Lust und Liebe macht uns anfällig für die impliziten Glücksversprechen immer neuer Ideale, die uns Männern wie Karotten vor die Nase gebunden werden. Wir zeigen Einsicht, strampeln uns ab, fühlen uns aber nie gut genug. Warum? Weil wir gegen die Schwerkraft eines Klischees kämpfen, dessen Grundzüge wir selbst dann verinnerlichen, wenn wir dagegen ankämpfen. So entkommen wir ihm nicht. Eine ganze Sparte von Männerbüchern lebt jedoch von der ungebrochenen Hoffnung, der Last des Mannseins zu entkommen, indem wir endlich die Geheimnisse echten Mannseins entschlüsseln. Die für das jeweilige Männer-Entwicklungs-Konzept verwendeten Begriffe variieren, aber ihr Pathos vereint alle diese Ansätze:

- In **„Neue** Männer, *muss das sein?"* geht eine Reihe von Männern der Frage nach, *wie der Mann heutzutage sein soll und darf.*[26]
- Bei Robert Betz steht das Ausrufezeichen bereits im Titel seines Buches *So wird der Mann ein Mann!* **Frei, selbstbewusst und authentisch.**
- *Ein neues Männerbild ist vonnöten. (...)* **Der phallische Mann** *(...) sucht wohl immer noch das Abenteuer, aber er sucht es nicht mehr so sehr im Außen, er sucht es im Innern. (...) Ein phallischer Mann schaut seine Ängste an und konfrontiert sich damit. (...) Der phallische Mann treibt Sport und genießt die Bewegung, er keucht nicht wie eine Dampfwalze joggend durch den Wald, sondern bekommt*

mit, was da um ihn herum und in ihm geschieht, dass die Vögel zwitschern, die Seele lacht. (...) Phallische Männer halten Konflikte aus, ohne in Feindseligkeiten zu geraten. (...) Der phallische Mann hat seine weibliche Seite, seine Königin, seine Anima, angeschaut und angenommen. (...) Der phallische Mann lebt seine vollständige Männlichkeit ...[27]
- **Der bewusste, authentische Mann** ist spirituell. (...) Und er ist gesellschaftlich engagiert. Jeder bewusste, authentische, selbstbewusste Mann muss sich fragen, ob er weiter den alten Ideologien und Geisteshaltungen der Angst, der Gewalt und des Krieges und damit auch der Zerstörung der Erde dienen möchte ...[28]
- Für diesen neuen Mann habe ich das Bild des **„Herzenskriegers"** gewählt. (...) Ein Mann, der selbstbewusst seine Männlichkeit lebt, stolz und unabhängig ist. (...) Der Herzenskrieger spürt die Kraft der Liebe in sich und trägt sie kraftvoll in die Welt.[29]
- Was **„echte" Männer** ausmacht: Sie (...) arbeiten daran, den Planeten zu retten ... lieben den Himmel (...) meditieren (...) lieben ihren Körper (...) sind nicht homophob (...) hören Musik (...) praktizieren die Einsamkeit (...) behaupten sich gegen ihre Süchte (...) sind großzügig ...[30]
- Wir möchten, dass Männer zu sich selbst stehen – nicht nur in Partnerschaften. Sie sollen Eier zeigen! Also entwickelten wir ein Alternativmodell, das nicht den Phallus, sondern die Hoden als Metapher verwendet. Die Autoren nennen ihn den **testischen Mann**.[31]
- Es gibt für mich eine Hoffnung für die Menschheit, und zwar nur diese Hoffnung: Dass die Männer einen Weg durch die „Filter ihrer konditionierten Sexualität" hindurch finden und ihre **wahre männliche Autorität** entdecken. Dann können sie mit ihren Frauen in Frieden zusammen sein und mit ihrem Körper, ihrem Herzen und ihrer Seele „Liebe machen."[32]

Alle diese Bücher enthalten wertvolle Anregungen, wie wir unser Mannsein erforschen, erweitern und zur Freude aller Beteiligten von altem Muff befreien können. Aber hat diese Auflistung nicht auch etwas Erdrückendes? Wenn wir uns an solche Ratschläge halten, setzen wir uns permanent unter Druck, einem Ideal nachzueifern. Aber es ist nur ein Ideal! Mit einem Ideal kann Mann nicht ernsthaft konkurrieren. Die ausgewählten Textpassagen klingen jedoch so, als gäbe es diesen Idealmann leibhaftig. Wir könnten so sein wie er, wenn wir nur ...

Robert Blys initiierte mit seinem Buch *Eisenhans* in den 1980er-Jahren eine ganze Bewegung hin zum **Wilden Mann**. Auch er schreibt mit viel Pathos, aber er macht zugleich deutlich: „Ziel ist nicht, der Wilde Mann zu *sein*, sondern *Kontakt mit ihm zu haben*. (...) Der Versuch, der Wilde Mann zu sein, endet mit einem frühen Tod und stürzt jeden in große Verwirrung."[33]

Bernie Zilbergeld bringt die Tragik und Vergeblichkeit aller Bemühungen, einem Männerideal gleichen zu wollen, ironisch auf den Punkt: *In unserer Gesellschaft ist Mannsein eine Gratwanderung. Genau wie ihre Väter und Großväter müssen Männer aufpassen, dass ihr Verhalten dem entspricht, was als männlich gilt. Es braucht nicht viel (...) und man hat seinen Platz im erlauchten Kreis der Männer verloren. (...) Aber wenn ein Mann kein Mann ist, was ist er dann? (...) überhaupt nichts!*[34]

Wenn wir uns wirklich aus dem Einflussbereich der Klischees inklusive deren ideologischer Abwehr befreien wollen, dann sind wir gefordert, unseren eigenen Weg zu gehen. So entsteht Vielfalt anstatt Vorbildlichkeit. Wenn wir suchen, finden wir dafür Unterstützung. Hier einige Äußerungen, die der Vielfalt unserer Erlebnisweisen und Ausdrucksformen Raum lassen:

- *Das Leben ist übersprudelnde Vielfalt. (...) Beim Sex und dem Prozess zweier Wesen bei der Erschaffung eines dritten geht es ausschließlich um Vielfalt. (...) Schlussendlich sind Männer keine Probleme, die gelöst werden müssen, sondern tiefe, undurchdringliche Mysterien.*[35]
- *Die männliche Seele ist ein unbekanntes Land – nicht nur für die Frauen, sondern oft auch für die Männer selbst.*[36]
- *So trägt (...) jeder Mann zeitlebens all das weiter in sich, was er (...) nicht leben kann: das kleine Kind, das er einmal war, den weiblichen Anteil, den er abgespalten hat, die Ganzheit, die er in sein Denken und sein Fühlen, in seinen Kopf und seinen Körper zerlegt hat –*

die Liebe, die er einmal erfahren hat. *Erträglich wird für ihn dieser Zustand nur durch bestimmte Vorstellungen, (...) die er in seinem Frontalhirn verankert hat: „Da muss man durch" (...) Um glücklich zu werden, müsste er die durch diese negativen Erfahrungen entstandenen Verschaltungsmuster und die von ihnen generierten, einengenden Vorstellungen, Haltungen und Einstellungen irgendwann wieder auflösen. Das heißt, er müsste genau das loslassen können, was ihn bisher gehalten hat (...) das macht Angst ...*[37]

- Am offensten äußerte sich erstaunlicherweise ein Mann, von dem wir es kaum erwartet hätten: Oswald Kolle. *Jeder Mann ist anders. (...) Den Mann an und für sich gibt es nicht. Ich stellte das des Öfteren fest. Es handelt sich immer um einen ganz persönlichen Mann, wie er leibt und lebt ...*[38]

WEINENDE FUSSBALLER UND KAPUTTE KOMMISSARE.
MÄNNER IM WANDEL

> *Wirklich innovativ ist man nur dann,*
> *wenn einmal etwas danebengegangen ist.*[39]

Auch wenn jeder Mann anders ist, so gibt es doch Faktoren, die uns alle – mehr oder weniger – prägen. Während sich die biologischen Grundlagen wohl nur langsam verändern, haben sich das Verständnis und die gesellschaftliche Bedeutung von Männlichkeit in den letzten Jahrzehnten gewaltig verändert. Mann kann versuchen, diese Entwicklung voranzutreiben oder sich ihr zu entziehen, Mann kann sie begrüßen oder sie bekämpfen – unbeeinflusst lässt sie uns nicht.

Bis 1958 hatte der Mann das gesetzliche Bestimmungsrecht über Frau und Kinder, ohne seine Zustimmung durfte beispielsweise seine Frau nicht erwerbstätig werden. Bis 1969 war eine verheiratete Frau nicht allein geschäftsfähig. Der §175 des Strafgesetzbuches, der homosexuelle Handlungen unter Strafe stellte, wurde in der BRD 1969 zum ersten Mal entschärft und erst 1994 ersatzlos gestrichen. 2004 zog die erste Frau in den Vorstand eines DAX-Unternehmens ein und seit 2005 hat Deutschland seine erste Kanzlerin. Vieles von dem, was in Sachen Mann und Frau vor 50 Jahren als selbstverständlich galt, kommt uns heute vor wie Geschichten aus dem grauen Mittelalter. Dennoch ist dieser Prozess bei weitem nicht beendet. Wir stecken mitten drin, und auch wir Autoren wurden und werden dadurch geprägt.

Saleem: Ich fühlte mich schon als Teenager anders, allerdings konnte ich das damals weder benennen noch würdigen. Meine Eltern lebten die klassische Rollenaufteilung, Vater arbeitet außer Haus, Mutter führt den Haushalt und kümmert sich um die Kinder. Meine Mutter hat sich darüber nie beklagt, im Gegenteil, sechs Kinder großzuziehen war für sie die größte Erfüllung, das betonte sie immer wieder. Einen Knacks bekam die häusliche Rollenidylle durch die Umwälzungen der späten sechziger Jahre, die meine älteren Geschwister ins Haus trugen, und nicht zuletzt durch meine fünf Jahre ältere, zeitweilig radikalfeministische Schwester. Durch sie las ich schon als Teenager Alice Schwarzer. Als ich mit Eintritt der Volljährigkeit der Papierform nach zum Mann wurde, fühlte ich mich gar nicht wohl in meiner Männerrolle. Ich konnte und wollte mich mit dem, was als männlich galt, nicht identifizieren. Ich war kein Mann der Tat, sondern eher ein Denker. Mein Auftreten war nicht souverän, sondern schüchtern. Bei Frauen kam ich nicht gut an, weil ich mich gar nicht erst traute, auf sie zuzugehen. Vor allem aber konnte ich mit dem üblichen Umgang von Männern untereinander nichts anfangen und sehnte mich nach etwas Anderem.

In einem Berliner Stadtmagazin las ich, dass andere Männer Gleichgesinnte für die Herausgabe des *Männerkalender 1983* suchten. Das war der Einstieg, mich viele Jahre schwerpunktmäßig mit dem Thema Mann im Allgemeinen und männlicher Sexualität im Besonderen zu beschäftigen. Für den Männerkalender schrieb ich – ganz egalitär ohne Großbuchstaben – einen Artikel mit der überlangen Überschrift: *der nestbeschmutzer – meine wanderung zwischen feministen-sympi und chauvi im softiegewande, heterotunte und bekenntnistransvestit – von meinen schwierigkeiten mit geschlechts- und sexuellen identitäten.* Der erste Satz lautete dann: *das ist manchmal so, als wenn ich die eigene bande verrate ... wenn ich – als mann – andere männer wegen ihrer macken angreife. Ich fühle mich in der zwickmühle, weil ich auch zuneigung und wärme von männern möchte.*

Auf diesen Text hin erhielt ich viele Zuschriften, von Männern und interessanterweise auch von Frauen. Einige wurden später gute Freunde. Ich wusste nun, dass ich mit meiner Vision von einem anderen Mannsein nicht allein war, engagierte mich in weiteren Männerprojekten, gründete beispielsweise das heute noch jährlich stattfindende bundesweite Männertreffen und fühlte mich als Pionier einer neuen Männerbewegung. Bestimmte Themen wurden heiß diskutiert, z. B. ob eine Männerbewegung profeministisch oder maskulinistisch orientiert sein müsse. Für die Männerberatungsstelle „mannege e. V." bekamen wir vom rot-grünen Berliner Senat sogar Fördermittel, nachdem die damalige Frauensenatorin in einem persönlichen Gespräch unsere frauenfreundliche Gesinnung sichergestellt hatte. Den Höhepunkt unseres Avantgarde-Stolzes entfachte die Einladung zu einer Expertenanhörung des Deutschen Bundestags, damals noch in Bonn. Das Thema lautete: *Die Frauenfrage als Männerfrage*. Ach, war das aufregend, als wir auf dieser Tagung von der ebenfalls eingeladenen Grünen-Ikone Joschka Fischer als Nabelschau-Truppe bemitleidet wurden, die niemals relevante politische Wirkung erzielen würde. Wir waren natürlich entsetzt über diesen Ökomacho.

Jahre später entdeckte ich im Tantra noch ganz andere Facetten meines Mannseins, doch die gesellschaftliche Dimension des Geschlechterthemas ließ mich nie ganz los. Mit der Arbeit an diesem Buch holt sie mich auf neue Weise wieder ein. Vor allem mein wachsendes Gespür für die subtile Abwertung, die wir uns als Männern entgegenbringen und die uns entgegengebracht wird, hat sich weiter verfeinert und differenziert.

Rainer: Ich gehöre noch zu einer Generation, in der die Dämonisierung von Sexualität mit der Muttermilch eingesogen wurde. Heute erscheint es vielen unglaublich, dass die Vermietung einer Wohnung an unverheiratete Paare als „Verschaffung der Gelegenheit zur Unzucht aus Eigennutz" nach dem erst 1969 abgeschafften Kuppeleiparagrafen strafbar war. Mein Vater konnte in mir unwiderruflich die Furcht verankern, dass Onanieren nachhaltig das Gehirn schädigt. Die Mädchen meiner Klasse haben hartnäckig darauf bestanden, aus mir einen richtigen Mann zu machen, der ihnen in den Mantel hilft und die Tür aufhält. (Welch ein Schock, 40 Jahre später im Tantraseminar von Frauen zu hören: „Oh Gott, ein Mann, der es den Frauen recht machen will!")

In der 68er Zeit gehörte ich zu dem Teil der Linken, der privat fasziniert war von Frauenemanzipation und sexueller Befreiung und gleichzeitig in politischen Debatten heftig den Vorrang der Klassenfrage gegenüber dem Nebenwiderspruch der Frauenfrage verteidigte. Aber das waren Debatten in der dritten Person. Mit Frauen oder gar mit Männern über meine sexuellen Wünsche oder Praktiken zu sprechen, war im wörtlichen Sinn für mich undenkbar. Das erste von mir gelesene Männerbuch mit dem Titel „Der letzte Mann"[40] steht seit 1978 in meinem Regal. In ihren „Bekenntnissen" fühlten sich vier italienische Linke „in Atem gehalten von den Problemen, die der Feminismus aufwirft (...) Sie verstehen sich als letzte Männer von früher, weil sie wissen, dass sie es nicht mehr fertigbringen werden, die ersten neuen Männer zu sein." Auch mir erschien mein Veränderungswille gegenüber den mich übermächtig prägenden und deshalb zu bekämpfenden Verhältnissen machtlos.

Ende der 1980er war ich dann stolz darauf, dass ich als erster Mann in meinem Großbetrieb Erziehungsurlaub beantragte. Das Staunen der Mütter auf dem Spielplatz konnte nicht verhindern, dass ich auf die Sisyphusarbeit eines Hausmannes mit Phasen tiefer Depression reagierte, zumal durch meine Abwesenheit im Betrieb meine mühsam erreichten gewerkschaftlichen Ämter in Gefahr gerieten. Politisch kritisierte ich die bürgerliche Kleinfamilie und auch die grenzenlosen Arbeitszeiten, die von Gewerkschaftsfunktionären erwartet wurden. Persönlich scheiterte ich bei dem Versuch, in einer Doppelverdienerehe gleichzeitig guter Vater und engagierter Politaktivist zu sein.

Für mich brauchte es den Anlass der Trennung, um mich mir als Mann mit einer Ernsthaftigkeit zuzuwenden, die ich früher als Rückzug in die Innerlichkeit verspottet hätte. Zunächst ging es mir allerdings darum, mich von „normalen" Männern abzugrenzen und mich als einfühlsamer und zärtlicher Mann zu entwickeln. Erst

Jahre später ließ ich mich in Männerseminaren auch von unbekannten schönen und schaurigen Männererfahrungen berühren, ohne sie abzuwerten. Und ein Versuch, endlich auch meine aggressiven Männerseiten zu entwickeln, endete mit einem Rippenbruch im Boxritual.

Ohne Blessuren geht es manchmal nicht ab, aber die berührenden Interviews und die Arbeit an diesem Buch lassen mich stolz auf uns Männer schauen, weil wir uns in wenigen Jahrzehnten aus Jahrhunderte wirkenden Prägungen freistrampelten und dabei ohne Vorbild sind. Ich bin kein Mann der alten Schule mehr, aber es fällt auch mir schwer zu glauben, dass ich ein wirklich neuer Mann werden kann. Es gelingt mir auch nicht, diesen Maßstab komplett loszulassen. Insofern wirkt mein erstes Männerbuch immer noch nach.

Was bisher geschah. Kleines Kaleidoskop der letzten Jahrzehnte

Nicht nur bei uns beiden ist viel passiert. Schon lange haben Macho und Softie ausgedient. Der besagte Song *Neue Männer braucht das Land* wurde in den 1980ern auf vielen Partys frenetisch mitgesungen, aber Väter mit Kinderwagen waren damals noch fast eine Zeitungsmeldung wert, Fußballer hätten nach einem verlorenen Halbfinale niemals offen geweint und nach einem gewonnenen Finale nie und nimmer ihre Kinder aufs Spielfeld geholt. Journalisten stellten noch nicht die heute bis zum Abwinken banalisierte Frage: „Wie haben Sie sich *gefühlt*, als ...?" Stattdessen hätte es geheißen: „Lassen Sie uns das Thema mal ganz *sachlich* betrachten ... wie *beurteilen* Sie ...?"

Diese Veränderungen kamen nicht von ungefähr. Die rechtlichen und materiellen Verhältnisse zwischen den Geschlechtern haben sich seit Ende der 1960er-Jahre grundlegend und dramatisch gewandelt und damit auch das Leben als Mann. In einer Welt, in der die Arbeitsverhältnisse unsicherer werden, immer mehr Frauen von eigener Arbeit leben können und steigende Scheidungsraten (heute mehrheitlich auf weibliche Initiative) die Patchworkfamilie für viele zur Normalität werden lassen, wird der Mann als Alleinverdiener in einer stabilen Kleinfamilie zum Auslaufmodell.[41] Mit den patriarchalen Familien- und Machtstrukturen entfallen auch die letzten Grundlagen einer androzentrischen Weltsicht, „in der Männer die Welt erklären und alle darauf hören".[42]

Viele gesellschaftliche Veränderungen wurden zunächst von Frauen gefordert und schrittweise durchgesetzt, wie z. B. die Straffreiheit von Abtreibungen, Quotenregelungen für Wahlämter oder die Aufwertung des Erziehungsurlaubs. Männer wurden in dieser Hinsicht vor allem in ihren Reaktionen sichtbar, sei es als Gegner, Dulder oder Unterstützer der Frauenemanzipation. Frauen haben die Beziehung der Geschlechter in Bewegung gebracht. Allerdings verabschieden sich nicht alle Männer nur auf Druck von Frauen von ihrer traditionellen Rolle. Denn auch in patriarchalen Strukturen gehört die Mehrheit der Männer nicht zu den Gewinnern, sondern ist von Unterlegenheitserfahrungen geprägt. In den 1960er-Jahren widersetzten sich z. B. die „Gammler" den Normen einer leistungsorientierten Männlichkeit. In der Hippiebewegung trugen Männer nicht nur bunte Kleider, sondern auch Schmuck, bis dahin ein Tabu für Männer. Die Schwulenbewegung erreichte nicht nur die Straffreiheit der Männerliebe, sondern öffnete für alle Männer neue Spielräume für Körperlichkeit und Erotik. Auch die Initiativen für Väterrechte sind keine Antwort auf Frauenforderungen, sondern auf die zunehmende Realität der Patchworkfamilie.

Im Vergleich zur Uniformität des Männerbildes vergangener Jahrhunderte hat sich in den letzten Jahrzehnten eine große Spannbreite und Vielfalt entwickelt. Auch die Einstellungen und Werte haben sich verändert und ausdifferenziert: Nur noch ein Drittel der Männer hält das traditionelle Rollenverständnis der Geschlechter in Familie und Arbeit für richtig. Dieser Anteil nimmt weiter kontinuierlich ab, während der Anteil, der auf der Suche nach neuen Rollenbildern ist, ständig zunimmt.[43]

Allerdings sind gerade suchende Männer häufig mit Widersprüchen konfrontiert, wenn sie z. B. zu Hause neue Qualitäten als Liebhaber und Vater einbringen wollen, im Berufsleben aber weiterhin an traditionell männlichen Eigenschaften gemessen werden und gleichzeitig – entgegen früherer Forderungen nach „5 Stunden mehr für Liebe und Verkehr"[44] – der Druck durch überlange Arbeitszeiten wieder zunimmt. Männer sind in diesem schwierigen Suchprozess bisher weniger vernetzt als Frauen und von Frauen erhalten sie statt Verständnis für Veränderungsprobleme mitunter eher Schadenfreude, nach dem Motto: „Jetzt seht ihr mal, wie sich Doppelbelastung anfühlt."

Während die materiellen Veränderungen greifbar sind, ist der mit ihnen einhergehende Wertewandel eher ein schleichender, aber er ist nicht weniger gravierend. Der Mann verkörpert heute nicht mehr den „Normalmenschen" und schon gar nicht dient er noch als menschliches Vorbild. Männlichkeit gilt jetzt weithin als Problem. Kaum jemand würde es heute noch wagen, den größeren Anteil von Männern in Führungsetagen öffentlich mit ihrer größeren, genetisch bedingten Kompetenz zu rechtfertigen. Wir sind von einer echten Gleichberechtigung noch ein Stück weit entfernt, aber das Ansehen von Männern als Männer ist beträchtlich gesunken.

Auch in Forschung und Wissenschaft wurde der Mann zunehmend zum Objekt des Interesses, pikanterweise häufig im Rahmen einer von Frauen und feministischen Positionen dominierten Genderforschung. Unabhängige Ansätze einer Männerforschung, die das patriarchale Erbe nicht ausblendet, sich aber auch nicht von feministischer Ideologie vereinnahmen lässt, sind noch recht jung.[45] Die Brisanz dieser Thematik zeigt sich schon in der umstrittenen Frage, ob Männerforschung aus Fördermitteln zur Gleichberechtigung der Geschlechter finanziert werden darf. Nehmen Männer damit den Frauen schon wieder etwas weg?

Gendermainstreaming hat inzwischen innerhalb der EU Gesetzesrang, d.h. bei jeder staatlichen Maßnahme müssen die Folgen für die Gleichstellung der Geschlechter berücksichtigt werden. In den letzten

Jahren gerät zunehmend in den Blick, dass auch Jungen und Männer in mancherlei Hinsicht benachteiligt sind oder diskriminiert werden. Wer dies offen thematisiert, geht jedoch ein hohes Risiko ein, dass man ihn als Emanzipationsbremse brandmarkt. Obwohl Männer sich beispielsweise häufiger das Leben nehmen, suchtkrank werden, sich schlecht ernähren und vor allem früher sterben, kommt kaum jemand öffentlich auf die Idee, spezifische Hilfsangebote für Männer zu entwickeln oder überhaupt männerspezifische Forschung zu betreiben. Es scheint, als wenn die traditionelle Grundhaltung „Selbst ist der Mann" immer noch die Perspektive auf die Lebenswirklichkeit von uns Männern dominiert und Unterstützung für Männer entbehrlich erscheinen lässt, obwohl manche Veröffentlichungen gar schon das Ende der Männer[46] verkünden.

Durch die vielfältigen, hier nur skizzierten Veränderungen sind Männer vielfältiger geworden bzw. ihre Vielfältigkeit kommt deutlicher zum Ausdruck. Sie sind weniger mit ihrer Arbeit identifiziert, sie haben mehr Kontakt zu ihren Kindern, sie spüren und zeigen deutlicher ihre Gefühle, sie müssen Schwächen nicht mehr in solch hohem Ausmaß verleugnen, in der Beziehungskrise verweigern sie sich nicht mehr durchgängig einer Paartherapie und sie haben sich auch sexuell weiter entwickelt. Vor allem letztere Entwicklung geschieht weitgehend im Verborgenen. Obwohl auch die ausgefallensten sexuellen Themen heute talkshowfähig sind, sind die Scheu und die Scham, sich mit dem eigenen, oft widersprüchlichen erotisch-sexuellem Empfinden öffentlich zu zeigen, nach wie vor groß.

Zumindest halböffentlich kommt manches Intime heute in anonymen Onlineforen zur Sprache. Lassen sich hier relevante Entwicklungen ablesen? Nach unserem – zugegeben eher rudimentären – Einblick in diese virtuelle Welt klingen die Beiträge hier oft mehr nach Werbebotschaften in eigener Sache denn als verletzliche Selbstoffenbarung. Außerdem bleiben viele Subkulturen gerne unter sich, was der öffentlichen Transparenz dieser Entwicklungen auch nicht zuträglich ist.

Aus besagten Gründen kommen die sexuellen Veränderungen bei Männern in der öffentlichen Wahrnehmung bisher nur unzureichend vor. In den Medien verengt sich die manchmal reißerische Beschreibung aktueller sexueller Entwicklungen beim Mann immer wieder auf Klischees, nicht zuletzt auch deshalb, weil diese medientauglicher erscheinen als die vielschichtige, einzigartige Erlebnisweise eines einzelnen Mannes. Allerdings sind auch die Klischees selbst widersprüchlicher geworden. Inzwischen gibt es zu jedem klassischen Klischee einen gleichfalls klischeehaften Gegenpol:

- Männer sind Egoisten im Bett. – Männer wollen es immer nur der Frau Recht machen.
- Männer können immer. – Männer machen immer öfter schlapp.
- Männer weinen nicht. – Männer sind weinerlich.
- Männer wollen immer nur das Eine. – Männer ziehen den Schwanz ein, wenn die Frau Sex will.
- Männer sind prinzipiell untreu. – Ein einzelner Mann reicht nicht aus, um eine Frau zu befriedigen.

Solange wir diese Widersprüchlichkeit nicht durchschauen, sitzen wir in der Falle, es niemals recht machen zu können. Die Medien interessiert das wenig. Im medialen Mainstream wurden Männer immer mehr zur defizitären Spezies, die dringend der Nachbesserung bedarf.[47]

Wir könnten hier einfach Medienschelte betreiben, aber zeichnen die Medien nicht ein zwar betrübliches, aber doch auch realistisches Abbild des heutigen Mannes? Sind nicht sexistische Anmache und sexuelle Gewalt durch Männer nach wie vor Alltag? Zeigt nicht die Niveaulosigkeit der massenhaft von Männern konsumierten Pornografie, wie es um uns Männer wirklich bestellt ist? Niemand zwingt doch Männer, sich so etwas anzuschauen.

Es gibt stumpfsinnige Pornografie, es gibt sexuellen Missbrauch, es gibt sexuelle Gewalt. Auch wenn diese nicht ausschließlich von Männern konsumiert[48] bzw. verübt wird: Sexualität, wie sie von uns Männern gelebt wird, hat unübersehbar Schattenseiten. Wir glauben aber nicht, dass Männerbashing der Weg ist, die Situation dauerhaft zu verbessern, weder für Frauen noch für Männer und auch nicht für nachfolgende Generationen. Stattdessen – und wir kommen im Schlussteil ausführlich darauf zurück – möchten wir hier zunächst anregen, Männer mit ihren sexuellen Vorlieben und Verhaltensweisen erst mal wahrzunehmen – möglichst ohne fixe Vorannahmen. Offenheit und grundsätzliche Wertschätzung: Mit dieser Grundhaltung sind wir in die Gespräche für dieses Buch gegangen und wir haben sie beibehalten, auch wenn wir Dinge erfuhren, die wir nicht für vorbildlich halten. Aber …eben: Es geht uns nicht um Vorbilder, sondern um Raum für Wahrheit und Vielfalt.

Nicht für möglich gehalten.
Chance und Risiko des eigenen Weges

Wenn wir Männer uns weiter entwickeln wollen, werden wir nicht darum herumkommen, Risiken einzugehen. Es macht dabei wohl einen erheblichen Unterschied, aus welchen Motiven wir das tun. Wollen wir uns verändern, weil wir glauben, wir müssten? Weil es unsere historische Pflicht ist? Weil wir nur so anerkannt und geliebt werden? Weil wir uns nach wie vor als Mann beweisen müssen? Oder weil wir ein eigenes Bedürfnis damit verbinden? Was motiviert uns nachhaltig, lässt uns wirklich etwas wagen? Risiken einzugehen, etwas Neues anzupacken und dabei über sich selbst hinauszuwachsen, all das gehört zum klassisch-männlichen Klischee, das in Hollywood immer noch gern beschworen wird. Die Filmindustrie bietet allerdings inzwischen auch differenziertere Bilder an und zeigt Männer, die in ihrem Heldenmut gebrochen und widersprüchlich sind. Sie werden nicht nur in ihrer Größe, sondern auch in ihrer Menschlichkeit gezeigt, wie in *Ziemlich beste Freunde* oder in *The King's Speech*.

Noch menschlicher wird es beim wöchentlichen Krimi. Die Männer, die uns im Tatort als Identifikationsfiguren angeboten werden, haben fast ausnahmslos ein massives Problem mit Frauen und Beziehungen, baggern wie blöde, können sich nicht einlassen, werden verlassen oder sind mit ihrem Job verheiratet.

Das sich verändernde, irritierende Geflecht von Mythen und Klischees, von Wünschen, Erwartungen und Enttäuschungen, wie es in den Medien zum Ausdruck kommt, bildet das kollektive Umfeld, in dem wir Männer uns als sexuelle Wesen erfahren und definieren. Es sieht so aus, als könnten wir dabei mehr falsch als richtig machen. Wir stehen unter dem Generalverdacht des Triebtäters, unsere Sexualität gilt als etwas sehr einfach und zu zielorientiert und wir werden unmissverständlich aufgefordert, auf jeden Fall die Grenzen der Frau zu respektieren. Noch besser aber sind wir so unwiderstehlich männlich, dass eine Frau nur noch eines im Sinn hat: sich uns grenzenlos hinzugeben oder sogar zu unterwerfen. *Shades of Grey*[49] lässt grüßen.

Aus diesem zuweilen paradoxen Umfeld[50] kommen wir nicht ohne weiteres heraus, und dies kann selbst schon einiges in uns in Gang bringen. Wir können uns jedoch auf unsere eigene Entdeckungsreise begeben und unserem Selbstbild eine lebendige, von innen unterstützte Grundlage verschaffen. Wir können Verantwortung für unsere Entwicklung übernehmen. Es ist uns nicht egal, was von uns erhofft, erwartet oder erwünscht wird, aber all dies muss nicht das letzte Kriterium sein, an dem wir uns orientieren.

Einen solchen Weg einzuschlagen schaffen wir Männer nicht im Alleingang. Wir brauchen dafür ein wohlwollendes Umfeld, in dem wir nicht ständig unter Rechtfertigungsdruck geraten. In unseren Gesprächen lag es uns am Herzen, ein solches Umfeld anzubieten. Die Männer, die Sie bald näher kennenlernen werden, ringen mit sich, ihrer Lust, ihren Ängsten und vor allem auch mit ihren Partnerinnen und Partnern. Sie waren bereit, an diesem Buchprojekt mitzuwirken, weil sie selbst gerne früher in ihrem Leben von dem in ihnen schlummernden Potenzial gewusst hätten. Sie wollen anderen Männern ermöglichen, möglichst frühzeitig davon zu erfahren. Sie sind keine Vorbilder, aber vielleicht Impulsgeber.

Nicht in einem klar umrissenen Set erstrebenswerter Eigenschaften liegt unser Reichtum als Mann, sondern in unserer Vielfalt, mit der wir hier und da auch anecken. Im Bestreben, ein richtiger Mann zu

sein, verpassen wir diesen Reichtum. *Was sollte das sein, ein richtiger Mann?*
Der „richtige Mann" ist ein Phantom, das wir zwar bewundern können, das uns aber davon abhält, unsere eigenen Lieben und Vorlieben zu erforschen und diese zu leben. Wie liebenswert ist dagegen *ein ganz realer Mann?*

WAS LEIBHAFTIGE MÄNNER WIRKLICH BEGEHREN.
INTIME GESPRÄCHE VON MANN ZU MANN

Die Gespräche rund um Lust und Liebe hat jeweils einer von uns, Saleem oder Rainer, geführt. Nach einem Vorgespräch am Telefon, in dem mögliche Schwerpunkte ausgelotet wurden, trafen wir uns an einem ungestörten Ort, der Rekorder lief mit und wurde Zeuge, wie sich jedes Gespräch auf besondere Weise entfaltete. Nicht selten waren nicht nur wir, sondern auch unsere Gesprächspartner erstaunt, was da alles zum Vorschein kam. Längst vergessene Episoden ihres Liebeslebens fielen ihnen wieder ein oder wurden in ihrer Bedeutung plötzlich fühlbar. Manchmal wurden die Augen feucht, weil etwas ans Herz ging oder an die Nieren, oft wurden wir nachdenklich. Und wir haben viel gelacht. Vielleicht wird das zwischen den Zeilen spürbar, wir haben es nicht protokolliert.

Nach den Treffen wurden die Tonaufzeichnungen in einem aufwendigen Verfahren transkribiert, redigiert, anonymisiert und autorisiert. Zugunsten der Lesbarkeit haben wir einiges verdichtet, aber versucht, die Gesprächsatmosphäre weiter durchklingen zu lassen. Unsere Mitautoren haben ihre eigenen Beiträge autorisiert, kennen aber nicht diejenigen der anderen.

Wir nähern uns nun also den Gesprächen mit leibhaftigen und ganz realen Männern. Die Auswahl unserer Gesprächspartner ist ganz offensichtlich nicht repräsentativ, das ist auch nicht unser Ansatz. Wir möchten Potenziale erkennbar machen, die bisher wohl nur von einer Minderheit von Männern für sich erschlossen werden. Auch liegt in der vorliegenden Reihenfolge der Gespräche keine Wertung. Lassen Sie sich überraschen und berühren! Tauchen Sie ein in die Lebenswirklichkeit dieses ganz besonderen Mannes. Vielleicht wird Ihnen bei mancher Passage die Kinnlade herunterfallen, bei einer anderen werden Sie möglicherweise voller Neid oder Bewunderung staunen.

Es wird Textstellen geben, die Sie langweilen, empören, begeistern oder inspirieren. Da beschäftigen sich Männer intensiv mit ihrer Sexualität. Was löst das bei Ihnen aus? Euphorie? Überdruss? Ambivalenz? Da verzichtet einer ganz bewusst auf seinen Orgasmus! Wie wäre das für Sie? Undenkbar? Interessant? Warum eigentlich? Oder: Da lebt jemand seine Fantasie aus, obwohl das seiner Partnerin wehtut! Darf er das? Solidarisieren Sie sich mit ihm oder mit ihr? Sie verurteilen ihn? Ah, interessant! Auf welche Ihrer Werte, Bedürfnisse, Hoffnungen und Ängste macht Sie all das aufmerksam?

Viele, aber längst nicht alle Männer, mit denen wir gesprochen haben, hatten Unterstützung auf ihrem Weg, in Form von Gruppen und Workshops, aber auch in Form therapeutischer Einzel- oder Paarbegleitung. Des Öfteren handelte es sich dabei um ein tantrisches Umfeld. Das hat einerseits damit zu tun, dass wir Autoren in diesem Feld unterwegs sind und dort Gesprächspartner fanden. Dazu kommt aber auch: Die offene, nicht wertende Haltung des Tantra[2] gegenüber der Sexualität und die teilweise Jahrtausende alten und zugleich modernen tantrischen Erkenntnisse zum beglückenden Zusammenspiel der Geschlechter sorgen dafür, dass intensive innere Entwicklung in Sachen Lust- und Liebesfähigkeit oft mit Tantra in Verbindung gebracht wird. Allerdings ist die Tantraszene sehr heterogen und die in ihr angewandten Methoden und die Grade dort gelebter Sexualität sind sehr verschieden. Sie werden merken, dass unsere Gesprächspartner in ganz unterschiedlichen Kursen und Schulen unterwegs waren.

In der Öffentlichkeit genießt Tantra einen zweifelhaften Ruf, und es ist von außen nicht leicht vorstellbar und einfühlbar, was in Tantraseminaren tatsächlich vor sich geht, auch wenn hier spezielle Geschehnisse daraus angedeutet werden. Wir hoffen, dass Ihnen dies nicht den Zugang zu den individuellen Erfahrungen verstellt, die hier mitgeteilt werden. Sie haben weniger mit Tantra als spiritueller Lehre zu tun, sondern eher mit Bereitschaft zur unvoreingenommenen Selbsterforschung. Eine solche findet sicher auch in anderen Kontexten statt, die wir Autoren nicht kennen.

Die Gedankensplitter im Anschluss an jedes Gespräch können Sie als weitere Inspiration über die individuelle Erfahrung hinaus auffassen oder überspringen. Lassen Sie sich bitte nicht davon abhalten, zu jedem Gespräch Ihren eigenen Eindrücken nachzuspüren, Ihre eigenen Überlegungen anzustellen und Ihre ganz persönlichen Schlussfolgerungen zu ziehen.

Noch ein Wort zu Ihnen, liebe Leserin. Da das Buch, wie bereits erwähnt, primär für Männer geschrieben ist, zählen wir auf Ihr Verständnis, dass wir die Leser in der Regel als männliche Wesen ansprechen. Sie erfahren hier Dinge, die nicht jeder Mann mit einer Frau teilen würde. Vielleicht lernen Sie hier Männer kennen, wie Sie noch keine je kennengelernt haben. Sie dürfen sich ganz sicher sein: Es gibt sie wirklich, diese Männer. Und vielleicht sind Sie gar nicht so anders als die Männer, die Sie dachten zu kennen.

Die meisten Namen und weitere Erkennungsmerkmale wurden verändert, sodass unerwünschte Rückschlüsse auf konkrete Personen für Außenstehende unmöglich sind. Auch darin spiegelt sich, dass es für viele Männer unter den gegebenen Bedingungen immer noch schwer ist, sich so zu zeigen, wie sie wirklich sind.

"

1. Gespräch mit Urs

*Ich verstehe Frauen, die einen Mann spüren
wollen und nicht so ein verwässertes Wesen.*

Frage: Urs, bist du ein normaler Mann?
Urs: Was heißt schon normaler Mann? Mein erstes Männerbild habe ich von Frauen eingeatmet. Das hat mich über viele Jahre geprägt. Frauen haben mir das Bild vermittelt, dass sie zerbrechliche Wesen sind und dass sie unter meiner Wucht leiden und dass ich mich mit meinem Verlangen nicht zeigen darf, sondern mich zurückhalte und schaue, was braucht Frau. Ich habe diesen Frauenblick entwickelt und mich einfach immer hinten angestellt. Ich peilte erst mal die Lage, anstatt mich zu zeigen und zu sagen: Hallo, ich habe Lust!
Um andere Perspektiven zu bekommen, brauchte ich Männer. Und ich brauchte Mut, um etwas Neues auszuprobieren und meine männliche Stärke und Potenz nicht zu verstecken. Jetzt komme ich immer mehr dazu, von Frau Stellung beziehen zu lassen. Wenn ich sage: „Hey, hast du Lust mit mir zu schlafen?", kann Frau sich zu diesem Wunsch äußern: Ja, nein, jetzt nicht, später oder mit dir überhaupt nicht. Keine Ahnung, was dann passiert, aber sie kann offen darauf reagieren. Das war früher völlig anders: Ich wusste nicht, dass es neben vernebelten Botschaften noch etwas anderes gibt, nämlich, meine Bedürfnisse offen zu äußern. Diese Entdeckungsreise mache ich in den letzten Jahren. Ich will mir selbst Klarheit verschaffen, was ich als Mann bin und was Sexualität für mich bedeutet.
F: Klingt gut. Wie findest du das heraus?
U: Ich traue mich manchmal auf Terrain, wo ich nicht mehr weiß, was passieren könnte. Ich gebe dir ein Beispiel: Wenn früher meine Frau ihren Orgasmus hatte, habe ich immer gedacht, jetzt muss ich hinterherpreschen. Ich habe versucht, ihr Lust zu verschaffen, anstatt zu schauen, wie sich das von selber entwickelt. Ich habe mich für

zuständig erklärt. Heute verlasse ich mich drauf, dass ich schon nicht zu kurz komme. Dabei habe ich den Vorteil, dass meine jetzige Partnerin mehrere Orgasmen haben kann. Mit meiner Stärke und meiner Präsenz versuche ich, ihr das Gefühl zu geben, dass sie sich sicher fühlen und fallen lassen kann. Das ist ja ein recht fragiles Gebiet, auf das Frau sich traut, wenn sie sich fallen lässt. Sie gibt die Kontrolle ab.

F: Hast du dich damals mit deinem „Frauenblick" für einen anderen, vielleicht besseren Mann gehalten?

U: Ja, den Wunsch, ein besonderer Mann zu sein, hatte ich schon sehr. Vermutlich war das eine Art versteckte Überheblichkeit. Ich wollte ein Mann sein, der nicht wehtut. Penetration war verbunden mit Schmerzen zufügen, das war mein Konzept. Mich davon zu lösen hat eine Weile gebraucht. Zu merken, dass ich nicht wehtue, sondern dass ich Lust tue, natürlich vorausgesetzt, meine Partnerin ist offen für eine sexuelle Begegnung mit mir. Ich dehne den Sex mit einer Frau gerne aus. In der Selbstbefriedigung habe ich mir schon vor vielen Jahren beigebracht, lange auf dem Grat vor dem Orgasmus zu balancieren und nicht in den Orgasmus herunterzufallen. Das ist ein total geiles Gefühl.

F: Konntest du das auch früher schon mit Frauen leben?

U: Den Wunsch hatte ich schon. Aber ich habe mit meiner früheren Partnerin nicht über Sexualität gesprochen, wir haben es schlichtweg gemacht, und dann war's gut, oder auch schlecht. Heute rede ich viel darüber, und spreche von meinen Wünschen. Für Frauen ist das manchmal verwirrend. Ich habe mal mit einer Frau geschlafen, die sagte: Das kann doch gar nicht sein! Sie war es nicht gewohnt, dass es eine Stunde oder länger ging. Ich fand das total geil. Da weiche ich vermutlich vom Klischee ab, von diesem Rein-Raus-Prinzip, umdrehen und schlafen. Ich habe oft gehört, dass Frauen das ziemlich scheiße finden und sich dann benutzt vorkommen.

F: Wart ihr in deinem Beispiel die ganze Zeit ineinander oder hast du das Eindringen herausgezögert, um möglichst lange auf dem Grat zu bleiben?

U: Nein, wir waren ineinander, das ist ja gerade der Trick! Ich kann sagen, stopp mal, halt, sofort still, und dann muss es auch sofort still sein, weil es mit einer kleinen Bewegung schon kippen kann. Das fände ich schade, weil ich dann nicht richtig gekommen bin, sondern nur zufällig. Wenn ich kommen will, möchte ich Gas geben, mich in meinem Wollen meiner Frau zeigen: So fühlt sich Mann an.

F: Wie hat sich das entwickelt, was du dich heute traust?

U: Mit 16 Jahren habe ich ein Mädchen kennengelernt und mit ihr das erste Mal Sexualität erlebt. Mit ihr blieb ich zehn Jahre zusammen, hatte also wenig Erfahrung. Danach habe ich meine zweite Liebe geheiratet und es ging ähnlich weiter wie in der ersten Beziehung. Dann kam eine Art Midlife-Crisis und ich habe mich von meiner Frau getrennt, nicht zuletzt, weil der Sex unbefriedigend war. Unsere zwei Kinder haben sich auf Dauer in den Vordergrund geschoben. Das tut einer Beziehung nicht gut. Die Trennung war der Aufbruch in eine zweite Jugend. Ich war knapp über fünfzig und habe mich ausgetobt. Das war wie eine Befreiung.

F: Hattest du auch Sex mit verschiedenen Partnerinnen?

U: Ja. Die Idee stammte noch aus der 68er Zeit. Ich war damals dreizehn und habe das bei meinen älteren Schwestern wie eingeatmet. Die eine ist in der freien Liebe bei Otto Mühl[51] gelandet, die andere nach Indien gegangen. Nach meiner langjährigen Ehe wollte ich schauen, ob ich damit etwas anfangen kann. Und es hat natürlich meinem Bedürfnis nach Abenteuer und Abwechslung entsprochen. Ich bekam das supertolle Gefühl, dass ich ein Mann bin, der für andere Frauen attraktiv ist. Als ich aus der Ehe kam, wusste ich überhaupt nicht, wo ich stehe, ob ich auf dem Markt überhaupt noch einen Wert habe. Das hört sich jetzt blöd an, aber ich war total verunsichert.

F: Du konntest nun völlig neue Erfahrungen machen?

U: Wenn du mit mehreren Frauen zusammen bist, machst du garantiert neue Erfahrungen: der Umgang mit Eifersucht, der Umgang mit dir selbst. Aber ich bin nicht so tief eingetaucht wie andere in dieser Szene. Der Tag hat nur 24 Stunden, sich einzulassen bedeutet, dass man Zeit miteinander hat, das habe ich nicht gebacken gekriegt. Eine

Schwierigkeit war auch, Frauen zu finden, die das wirklich wollten. Frauen in meinem Alter sagten mir: „Das kommt für mich nicht mehr infrage! Das hatte ich früher mal." Aber ich hatte es eben noch nie. Und es gibt tatsächlich Frauen, die mehrere Männer lieben wollen und es schlicht nicht aushalten, eingesperrt zu sein. Wenn alle Beteiligten das wirklich aus ihrem Inneren heraus wollen, kann es zu echter Intimität kommen.

Aber für mich hat sich das eher nach Flop angefühlt. Wenn beide wissen, dass der andere wieder geht oder einen festen Partner hat: Da ist keine wahre Intimität zustande gekommen, es war zwar eine sexuelle Begegnung, aber nicht, was ich wollte. Ich kann zwar Sex mit verschiedenen Frauen haben, aber ich kann so nicht wirklich intim sein. Ich brauche große Vertrautheit. Ich kann mich nur zeigen, wenn ich sicher bin, dass sie mich wegen meiner Verletzlichkeit nicht ablehnt und mich nicht bewertet, wenn ich zum Beispiel weine. Polyamory[52] war für mich ein Ausflug in eine andere Erfahrungswelt, von dem ich gerne wieder zurückgekommen bin. Die Ideen von Klarheit und Offenheit pflege ich weiter, aber im Augenblick lebe ich monogam. Wenn sich etwas nicht gut anfühlt, lasse ich es sein.

F: Wie lange brauchtest du für diese Erkenntnis?

U: Ich habe fast zwei Jahre versucht, mit Steffi polyamor zu leben. Ich habe ihr von Anfang an gesagt: Vorsicht, du kriegst mich nicht alleine! Sie hat zugestimmt, aber eigentlich spürte sie ein Nein. Das ist bei vielen Polys so, dass sie an der Stelle nicht ganz ehrlich zu sich selbst sind und nicht wirklich hin spüren. Steffi hat nicht die innere Klarheit gehabt, Nein zu dieser Beziehungsform zu sagen, weil ich sonst wieder gegangen wäre, das hat sie gespürt. Und ich hatte meine Idee noch nicht ausgelebt und ungelebte Ideen fühlen sich scheiße an. Ich dachte, ich brauche das, weil ich sonst ersticke.

Ich habe das aus innerem Bedürfnis heraus wieder abgestellt. Solange Steffi im Hinterkopf hat: Der will ja gar nicht mich, sondern manchmal mich und manchmal andere, wird sie sich versperren, wird sie mir einen Teil ihres Wesens nicht zeigen, sich nicht ganz öffnen. Das ist aber genau die Tür, durch die ich gehen möchte. Jetzt tut sich in manchen Momenten das Türchen auf und wir gehen hindurch. Das hätte ich nicht bekommen, wenn ich nicht gesagt hätte: Du bist die Einzige und ich möchte das gerne mit dir leben. Unser Zusammensein ist eh schon oft von konfliktreichen Wachstumsprozessen bestimmt, ich brauche nichts anderes.

F: Hatte das auch mit Liebe zu tun?

U: Früher konnte ich zu keiner Frau sagen: Hey, ich liebe dich! Das kam nicht über meine Lippen. Stattdessen habe ich mit ihr Liebe gemacht, das war mein Transportmittel. Heute kann ich beides, ich kann sagen: Ich liebe dich, und gleichzeitig kann ich mich mit meiner ganzen Verletzlichkeit zeigen. Das ist auch ein Geschenk an die Frau.

F: Was ist dir nach all deinen Erfahrungen am wichtigsten in deiner Sexualität?

U: Vom ganzen Spektrum meiner Sexualität habe ich bisher erst einen Teil gelebt. Jetzt nehme ich mir den Platz, mich auszudehnen. Ausdehnung war früher mit einem Verbot verbunden.

F: Konstantin Wecker singt sehnsüchtig: „Und dann dehn' ich mich ganz einfach aus in dir ..."

U: Das ist ein schönes Bild. Wenn ich in einer Frau bin, bedeutet mich auszudehnen auch: Ich kann *ganz sein*. Ich kann zum Beispiel auch weinen. Das ist eine irre Erfahrung, mit einem steifen Schwanz in einer Frau zu stecken und gleichzeitig so viel zu fühlen, dass mir die Tränen kommen. Das ist ein so beseelter Augenblick, dass ich ihn nie vergessen werde. Oder auch nach einem Orgasmus zu weinen. Der Orgasmus wird dadurch zu einem Transportmittel für das ganze versteckte Zeug, das ich früher festgehalten habe.

Dass man während des Sex weinen kann, habe ich zunächst bei Frauen erlebt. Früher dachte ich, das hat mit Frausein zu tun, bis ich dahinter kam, das hat was mit Menschsein zu tun und das steckt auch in mir. Was für ein geiles Gefühl, einen Orgasmus zu haben und gleichzeitig zu heulen und zu schreien! Das hätte ich mir früher nie erlaubt. Ich kann das nicht erzeugen, das kommt einfach. Mit dem Orgasmus wird so viel Lebenskraft und Power herausgeschleudert, aber auch Traurigkeit und Verzweiflung. So viele tausend Gefühle, und alles darf gleichzeitig sein! Da spüre ich, dass Sexualität mit Lebenskraft verbunden ist, mit Feuer. Und ich verbrenne niemanden, das hat mich auf meinem Weg bestätigt, auch wenn es schon mal Angst machen kann.

F: Gefühle spielen in deiner Sexualität eine große Rolle. Gibt es auch Gefühle, die dich in deiner Lust eher behindern?

U: Das ist eine gute Frage, da muss ich nachdenken. Zweifel und Unsicherheit zum Beispiel, wo Frau gerade steht. Ich habe eine feine Antenne für Präsenz. Die Abwesenheit von Präsenz kann für mich Lust verhindern. Meine Aufgabe ist es dann nachzufragen, um meine Unsicherheit zu beseitigen. Früher habe ich fantasiert, Frau wird wohl gerade beim Einkauf sein oder bei ihren Sorgen über die Arbeit, und ich dachte: Jetzt bin ich wohl der einzige, der Sex will. Das hat mein Verlangen getötet. Jetzt versuche ich, mich zu vergewissern: „Sag mal, wo bist denn du gerade?" Und ich schaue auf meine Unsicherheit. Die hätte ich mir früher nicht erlaubt. Von meinem Vater habe ich gehört: Unsicherheit gibt es nicht! Aber wenn mein Schwanz zusammensackt, dann ist ganz klar, dass ich unsicher bin und irgendetwas passiert ist. Dann nicht in einer Grube zu versinken und mich zurückzuziehen, das ist mein aktuelles Lernfeld.

F: Nach meiner Erfahrung wird es mit zunehmendem Alter wichtiger, diese Unsicherheit auszuhalten.

U: Ja, aber ich mache in dieser Hinsicht auch ermutigende Erfahrungen. Das Klischee lautete: Nach dem Orgasmus ist der Penis nicht mehr steif. Früher machte es „Puff", und dann war es fertig. Jetzt mache ich die Erfahrung, dass er auch danach noch hart oder zumindest halb erigiert sein und meiner Partnerin noch Orgasmen verschaffen kann. Mein Penis ist einfach eine Nummer kleiner, und die Orgasmen sind bei Frau ja auch örtlich sehr unterschiedlich. Ich bin schon erfüllt, aber ich spüre den weiblichen Vulkan, mit dem ich gerade zusammenliege, und das führt manchmal dazu, dass ich länger hart bleibe.

Und es verlangsamt sich. Die Phase nach dem Orgasmus, in einer Frau zu sein, in ihr zu verweilen und nachzuspüren, die genieße ich total. Das ist etwas Beseelendes. Mir wird plötzlich klar: Ich stecke in einer Frau, wir haben uns gerade geliebt. Das passiert aber nicht jedes

Mal. Die Abwechslung, von der ich im Zusammenhang mit Polyamory gesprochen habe, die habe ich an der Stelle auch. Manchmal könnte ich Bäume ausreißen in den Augenblicken, wo ich diese Lebenslust und Lebenskraft spüre.

F: Du sprachst von unterschiedlichen Orgasmen bei Frauen und deinen Möglichkeiten, sie zu „verschaffen". Welche Bedeutung hat das für dich?

U: Da habe ich einen großen Wissensdurst. Erfahrungen mit Intimmassage haben mir sehr viel gegeben. Weibliche Sexualität kann ich nur von Frau erfahren, da kann ich nur zuhören und zugucken. Frau tickt anders und braucht andere Formen der Zuwendung, der Erregung und der Zärtlichkeit, um sich öffnen zu können. Als Mann bin ich vermutlich ein bisschen einfacher gestrickt. Ich kriege einen steifen Schwanz und könnte in drei Minuten fertig sein. Bei Frau ist das eher die Ausnahme. Sie braucht Zeit und Sicherheit, um sich wirklich fallenzulassen. Das ist der Rahmen, den ich als Mann zur Verfügung stellen sollte.

F: Wir Männer können aber auch ganz schön kompliziert sein, oder?

U: Ja, schon. Früher war bei mir zum Beispiel die Ejakulation mit viel Scham verbunden. Ich dachte, ich gebe einen Stoff von mir, der sich für Frau unangenehm anfühlen muss. Als ich in meiner Jugend mal plötzlich eine nasse Hose hatte, weil ich mit einer Frau geschmust hatte, war mir das völlig peinlich. Heute sehe ich mein Sperma als mein Geschenk an. Ich habe die Erfahrung gemacht, dass Frau damit ganz anders umgeht als ich selbst, nämlich völlig normal. Das hat mich beruhigt. Aber da merke ich auch noch die alte Abhängigkeit von der Bewertung der Frau. Es ist einfach superschön zu ejakulieren, da möchte ich mich nicht mehr verstecken.

F: Hat diese Erfahrung auch dein unmittelbares Erleben beim Abspritzen verändert?

U: Ja, sehr. Heute nehme ich einen großen Unterschied wahr zwischen Selbstbefriedigung und echter Sexualität. Mein Orgasmus ist ein völlig anderer, wenn ich mit einer Frau schlafe. Selbstbefriedigung, die früher so wichtig für mich war, um nicht in meiner eigenen

Energie zu ersticken, wird plötzlich fad. Und die Ejakulation ist nicht mehr so wichtig, sondern eher das orgasmische Gefühl. Früher gab es nur eines: abspritzen. Heute variieren die Orgasmusgefühle in einer Vielzahl, die ich mir früher gar nicht habe vorstellen können.

F: Kennst du Orgasmen ohne Ejakulation?

U: Ja, die sind nicht so penisorientiert, sondern eher im ganzen Körper. Allerdings empfinde ich Orgasmen mit Ejakulation als natürlicher. Ich denke, das muss die Natur so vorgesehen haben. Das andere habe ich ausprobiert, bestimmte Tricks wie Muskeln zusammenziehen, damit ich nicht ejakuliere, das habe ich als sehr kontrolliert empfunden. Für mich ist Sexualität das Gegenteil von Kontrolle, ich möchte mich laufen lassen, schreien, toben, weinen und heulen, aber auf keinen Fall kontrollieren.

F: Was führt dazu, dass sich dein sexuelles Erleben derart ausdehnt?

U: Es hängt davon ab, wie sehr ich mich in diesem Augenblick zeige. Zum Beispiel mit offenen Augen Sex zu haben, war früher überhaupt nicht drin. Da wäre ich im Boden versunken. Heute kann es sein, dass ich ihr in die Augen schaue und dann komme, weil das ein göttlicher Augenblick ist, wenn sich zwei Menschen so einlassen. Ich bin gerade ganz berührt, wenn ich das erzähle. Das sind besondere, heilige Momente, wenn ich sie in meine Seele schauen lasse, gerade auch in so einem verletzlichen Moment. Damit ist eine Form von Intimität verbunden, die weit über Sexualität hinausgeht. Dagegen ist Ficken, rein-raus, Umdrehen und Schlafen ein winziger Punkt, um den jetzt ein riesiger Raum gespannt wird, der grenzenlos ist und ins Universum reicht. Das klingt ein bisschen pathetisch, aber ich empfinde das so.

F: Du betonst sehr das Göttliche. Es klingt, als sei die spirituelle Seite im Sex das Wichtigste.

U: Ich spreche zwar von göttlich, aber ich bin nicht so bewandert mit spirituellen Sichtweisen. Offenbar habe ich eine Sehnsucht, das Göttliche zu erfahren. Das war mir selbst gar nicht so präsent. Aber das entsteht ja auch nicht immer, sondern nur in ganz besonderen Augenblicken.

F: Kennst du auch den anderen Pol? Kann auch einfach nur Ficken erfüllend sein?

U: Nun bin ich ja nicht mehr der Jüngste und Sex, wo beide nur befreiend ficken und sich nicht unbedingt lieben, das habe ich gar nicht erlebt. Das mögen andere machen, und ich könnte das vermutlich auch, weil sich diese triebhafte und lustvolle Seite ja gut anfühlt, bis hin zu anonymem Sex, wo man noch nicht mal den Namen des anderen weiß. Aber ich muss das nicht haben, das ist nicht das Feld, das ich gerade erforsche, ich habe andere Forschungsfelder.

F: Was möchtest du anderen Männern sagen? Was sind für dich Schlüssel zu einer erfüllenden Sexualität?

U: Mein Hauptschlüssel ist, nicht mehr so große Angst zu haben, mich in meiner Verletzlichkeit zu zeigen. Mir selbst einzugestehen, dass ich ein höchst verletzliches Wesen bin und trotzdem Mann sein darf.

Ein anderer Schlüssel ist, das zu leben, was in mir steckt. Die innere Stimme „Das kannst du doch nicht machen!" beiseite zu schieben und mir zu sagen: „Doch, das kannst du machen, probiere es einfach!" Mutig zu sein, Felder zu betreten, in denen Mann sich nicht gut auskennt. Neues entsteht, wenn du rausgehst in die Welt. Ich glaube, dass das ein männliches Prinzip ist, mutig neue Kontinente zu entdecken und das zu leben. Der Kontinent Sexualität ist genial, da gibt es viele Sachen, die ich nicht gewusst habe ...

Dann den Blick dafür zu haben, dass weibliche Sexualität anders funktioniert, das sich nochmal erklären und zeigen zu lassen. Und meine Männlichkeit und Power nicht zu verstecken. Vor ein paar Jahren hat mir mal eine Frau gesagt, wie toll sich meine Kraft anfühlt. Kann man sich das vorstellen? Ich musste mir das von einer Frau erzählen lassen? Das hat bei mir einen Schalter umgelegt. Solchen Frauen zu begegnen, ist ein Traum, auch wenn es nur ein kurzer Impuls ist.

F: Spannend. Zu Beginn unseres Gesprächs sagtest du, für deinen Weg brauchst du nicht die Sicht der Frauen, sondern vor allem die der Männer.

U: Männliche Energie zu erleben, wurde erst in letzter Zeit zum wichtigen Thema für mich. Das kommt auch durch das Tanzen nach den fünf Rhythmen[53]. Da spüre ich, wie Männer sich anfühlen, darf ihre Power genauso spüren wie meine, ohne dass ich in Konkurrenz trete. Einfach zu sagen: Wir sind Männer, fühlst du das? Das fühlt sich geil an. Ich verstehe Frauen, die einen Mann spüren wollen und nicht so ein verwässertes Wesen.

Mit Männern verbindet mich auch der Austausch. So wie wir beide jetzt reden, so hätte ich früher nur mit Frauen gesprochen, weil ich diese Offenheit nur von Frauen kannte. Ich dachte, wenn ich mit Männern über verletzliche Themen spreche, bin ich kein Mann mehr. Heute weiß ich, dass andere Männer die gleichen Themen haben, dass Verbotsschilder oft an der gleichen Stelle auftauchen.

F: Hast du auch eine Botschaft an die Frauen?

U: Ja, einen Wunsch: Obwohl ihr vielerlei Verletzungen erfahren habt, erinnert euch, dass dahinter auch in euch eine kraftvolle, lustvolle und spielerische Seite schlummert. Die wünsche ich mir von euch. Als Mann, der sich selbst langsam aus den alten Prinzipien herausschält, möchte ich gern das passende Gegenstück spüren.

F: Danke vielmals für das berührende Gespräch.

Gedankensplitter: Sexuelle Eigenart als Geschenk

Mit welchem Blick schauen wir auf das Phänomen Mann? Am Anfang jedes Männerlebens steht eine Frau: die Mutter. Ihr Männerbild haben wir sozusagen mit der Muttermilch aufgesogen. Meistens gibt es im Laufe des Lebens weitere Frauen, an deren Männerbild wir uns in der Hoffnung ausrichten, angenommen und geliebt zu werden – und nicht zuletzt auch, sexuell zum Zuge zu kommen. Um uns von dem verinnerlichten „weiblichen Blick" zu lösen, brauchen Jungen und Männer die Orientierung an männlichen Leitbildern – so wie wir alle einen Vater oder eine Vaterfigur brauchen, um uns von der Mutter zu lösen. Irgendwann sind wir dann vielleicht mutig genug, unsere Einzigartigkeit zu leben.

Unsere Einzigartigkeit zu leben heißt, Neuland zu betreten. Das gehört zwar längst zum männlichen Klischee: Odysseus, Columbus oder Neil Armstrong, sie alle brachen todesmutig zu neuen Ufern auf. Was aber die Entdeckung innerer Welten angeht, tun sich Männer traditionell schwerer. Nicht weil es da nichts zu entdecken gäbe, sondern weil dazu nötig ist, wovor viele Männer zurückschrecken: verletzlich zu werden und sich auch verletzlich zu zeigen. Die Bereitschaft zur Verletzlichkeit ist ein wichtiger Schlüssel für echte Intimität. Dazu gehört, das ganze Spektrum unserer Gefühle zu fühlen. Insoweit wir Unsicherheit, Angst, Wut, Trauer und natürlich auch Liebe, Glück und Freude nicht länger von unserer Lust trennen, öffnet sich unser inneres Universum. Was wir dort finden, können wir auf intime Weise teilen, anstatt es von Frauen zu erwarten.

Auch unsere sexuelle Eigenart als Mann kann zum Geschenk werden, allerdings wohl erst, wenn wir unsere Zwanghaftigkeit hinter uns lassen. Auch das ist Neuland. In der Sexualwissenschaft wird immer noch die typische Erregungskurve sexuellen Erlebens als normal und gesund propagiert, dabei sind viele Männer bereits in anderen Erlebnisräumen angekommen. Statt einer linearen Abfolge von Erregungs-, Plateau-, Orgasmus- und Rückbildungsphase[54] gibt es auch für Männer andere Dimensionen von Empfindungen wie intimer Augenkontakt, emotionaler Ausdruck, meditatives Innehalten und nicht zuletzt eine Vielfalt von orgasmischem Erleben, die keinerlei linearen Verlauf und auch kein Ziel nahelegen. Die vermeintliche Zwangsläufigkeit in Richtung Orgasmus und Ejakulation wird dadurch zumindest relativiert.

Trotz seiner vielschichten Erfahrungen findet Urs, er sei als Mann einfacher gestrickt als Frauen. Woher nimmt er das? Spielt ihm der verinnerlichte weibliche Blick immer noch einen Streich? Was brauchen

Männer, um diesen Blick loszulassen? Vielleicht eine Initiation ins Mannsein? Dazu hat Christian einiges zu sagen.

//

2. Gespräch mit Christian

*Wenn die Sehnsucht da ist,
eröffnet sich irgendwann eine Chance.*

Frage: Christian, bist du ein ganz normaler Mann?
Christian: Spontan würde ich sagen: nein. Ich denke dabei an Fabian, den Sohn meiner Partnerin, er ist 24, groß, kräftig, super sportlich und ziemlich draufgängerisch. Wenn er etwas erreichen will, kann er sehr charmant sein. Und natürlich hat er super Erfolg bei den Mädels.
F: Glaubst du, normale Männer sind Draufgänger?
C: Jetzt müssen wir aufpassen. Was ist männlich und was entspricht nur dem allgemeinen Bild vom Mann? Das müsste man sehr genau auseinanderhalten. Im Vergleich zu dem, was einem so von männlicher Sexualität vermittelt wird, bin ich nicht normal, sicher nicht. Ich habe ja erst mit vierzig meine Sexualität wirklich für mich entdeckt und entwickelt. Ich bin ein enormer Spätzünder. Sexualität war immer ein Riesenthema, aber lange Zeit nicht gelebt.
F: Du hast 40 Jahre lang keinen Sex gelebt? Wie war das?
C: Es gibt ein wunderbares Wort, das in unserer Zeit verloren gegangen ist: Initiation. Meine Pubertät war eine schmerzliche Zeit, ich hatte lange keinen Zugang zur Sexualität. Ich habe mich ausgeschlossen gefühlt, denn Sex war in den Siebzigern überall präsent.

Es fehlte eine Initiation, der Übergang von einem Bereich in einen anderen, mir hätte da geholfen werden müssen. Aber das Schöne ist, meine tiefe Sehnsucht habe ich nie losgelassen und ich durfte die Initiation in einer sehr schönen Form nachholen, viele Jahre später ...
F: Du hattest vorher überhaupt keine sexuellen Beziehungen?
C: Nicht wirklich. Ich habe erst mal Dinge nachgeholt, das ist mir im Rückblick bewusst geworden. Meine Eltern haben das gemacht, was sie in der Lage waren zu tun, aber das war einfach zu wenig, zu karg. Mein Vater war in keiner Weise ein Vorbild, was Männlichkeit betrifft. Er war eigentlich überhaupt nicht da. Also war das die Aufgabe meiner Mutter, und die hatte auch ein sehr merkwürdiges Verhältnis zu Körperlichkeit und Sexualität.

Mit Anfang 20 habe ich einen älteren Studenten kennengelernt, der brauchte jemanden, der ihm bei der Doktorarbeit assistierte. Ich studierte ebenfalls und war sehr orientierungslos. Ich hatte halt meine Schule gemacht und gelernt und gelernt, aber kein eigenständiges Denken gelernt. Es war für mich eine ganz neue Erfahrung, plötzlich so viel Aufmerksamkeit zu bekommen. Er hatte eine Riesenbibliothek, er hat mich in die Welt der Philosophie und Literatur eingeführt. Viele Jahre haben wir zusammengelebt. Von außen sah das wahrscheinlich so aus, als ob wir ein schwules Pärchen wären. Wir sind auch zusammen in die Ferien gefahren. Rückblickend betrachtet war ich in einem Kloster. Ich habe überhaupt nicht mitgekriegt, was sonst so in der Welt lief. Natürlich hatten wir auch körperlichen Kontakt, aber wohl eher nicht wie in einer homosexuellen Beziehung üblich.
F: Was für eine Körperlichkeit hattet ihr miteinander?
C: Es war zum Teil schon sexuell, aber es bestand vor allem aus körperlicher Nähe, zusammenliegen, zusammen sein, im Bett zusammenschlafen. Dabei habe ich manches mitgemacht, was mir eigentlich kein Bedürfnis war. Oralen Sex, das habe ich gemacht, aber keinen Analverkehr. Natürlich war manches problematisch, eindeutig, da habe ich später vieles aufarbeiten müssen. Aber ich habe auch im Rückblick keine schlechten Gefühle dabei.
F: Was hat dir diese Beziehung gegeben, und was war problematisch?

C: Es war der erste echte Körperkontakt in meinem Leben. Das gab mir Nähe, und das blieb ein ganz zentraler Punkt. Über 20 Jahre konnte ich nie Nähe spüren, zu meinem Vater nicht, zu meiner Mutter nicht, zu meinem Bruder nicht. Und es wurde immer prekärer, als ich in der Pubertät quasi aufs Abstellgleis geriet. Ich war total isoliert und vereinsamt. Dann tauchte er auf. Er war in vielerlei Hinsicht genau das, was ich gesucht hatte. Ich brauchte ihn wie eine Vaterfigur. Er war diktatorisch, es gab immer nur Gut und Böse, Schwarz und Weiß, aber es gab dadurch auch eine gewisse Klarheit. Mit einem Mal hatte ich plötzlich eine Meinung – auch wenn es seine war, die ich einfach übernahm. Mein Verhältnis zur Welt hat sich schlagartig verändert und das hat mir zweifellos auch geholfen.
F: Aber es gab auch schwierige Aspekte ...
C: Natürlich. Er war absolut unfähig zu diskutieren. Sich mit meiner Persönlichkeit auseinanderzusetzen, war nicht sein Thema, ich war sein Publikum. Und Sexualität mit Frauen war nach wie vor vollkommen unerreichbar. Ich hatte schon Sehnsucht, Lust, Neugier, im Kopf war ich enorm sexuell. Ich war total sexualisiert. Weil ich es nicht ausgelebt habe, war Sex ständig in meinem Kopf. Ich sah keine andere Möglichkeit, als Prostituierte – oder Liebesarbeiterinnen, wie ich das korrekt ausdrücken sollte – zu besuchen. Nicht oft, ich hatte gar nicht das Geld dazu. Das war natürlich nicht erfüllend, das war einfach nur Neugier, um einen Schritt weiterzukommen.

Nach dieser intensiven Zeit mit dem väterlichen Freund, wahrscheinlich knapp zehn Jahre, habe ich auch noch das mit meiner Mutter nachgeholt. Ich habe eine Frau kennengelernt, einige Jahre älter als ich, die quasi den mütterlichen Part übernahm. Auch das war eine wertvolle Zeit. Sie hat sehr viel für mich gemacht und mir auch beruflich weitergeholfen. Auch mit ihr habe ich vor allem die Nähe gelebt.
F: Hattest du Sex mit ihr?
C: Ja, aber auch keinen intensiven Sex. Es ging mir vor allem um die Nähe.
F: Ich kann mir das noch nicht vorstellen. Hattest du dann ihr zuliebe Sex und hast selbst nicht viel dabei empfunden?

C: Der eigentliche Sex war mir nicht so wichtig. Aber ich hatte heftige Fantasien. Und ich konnte in all den Jahren nicht darüber sprechen, mit ihm nicht und mit ihr auch nicht.

F: Das fühlt sich sehr schmerzhaft an: einerseits diese Nähe, aber andererseits von etwas ganz anderem zu fantasieren ...

C: Ja, aber diese Trennung war normal, ich habe ja nichts anderes gekannt. Bis heute eigentlich. Mich lustvoll oder sexuell zu spüren, habe ich immer abgespalten, und so kam es zu meiner Obsession, einer Sehnsucht nach Orten, wo es keine Tabus gibt, sondern wo alles ganz offen gefühlt, gelebt und darüber gesprochen werden kann. Solche Orte üben eine totale Anziehungskraft auf mich aus, ich finde die erotisch und sexuell erregend. Ich war schlichtweg nicht in der Lage, im normalen Leben da dran zu kommen.

F: Hattest du Sex mit dir selbst?

C: Klar habe ich onaniert. Ich habe manchmal ewig lange onaniert und bin nur sehr schwer zu einer Ejakulation gekommen, ich habe ziemlich heftig gedrückt und gemacht und mit Fantasien im Kopf geschafft, mich angestrengt. Und dann war da dieses Riesenthema, wo ich bis heute nicht weiß, was der Grund dafür ist. Ich habe als Jugendlicher rasend schnell eine starke Erektion gekriegt, ich musste nur eine halbe Brust oder irgendetwas Sexuelles sehen, oder überhaupt Nacktheit, dann hatte ich sofort eine Erektion. Das war sehr unangenehm, es hatte überhaupt nichts Schönes oder Lustvolles, ich habe meinen Unterkörper überhaupt nicht gespürt, und ich hatte es nicht unter Kontrolle. Das hat mich enorm belastet. So Geschichten wie mit anderen zusammen duschen bin ich total aus dem Weg gegangen. Nach der Schule, also mit 18, 19, war für mich die Vorstellung der absolute Horror, zur Bundeswehr zu müssen. Auch wegen meinem Problem, nicht mit anderen duschen zu können. Durch das Studium in Berlin konnte ich zum Glück die Bundeswehr umschiffen. Aber es gab auch eine andere Seite, eine fast exhibitionistische Lust.

F: Aha. Was hast du damit gemacht?

C: Ich hatte, auch weil ich mich eingesperrt fühlte, große Lust, mich nackt zu zeigen, das hat mich angeturnt und angeregt. Aber als ich es dann zwei- oder dreimal versucht habe, nach dem Schwimmen oder so, war das schnell sehr peinlich und ich habe mich gleich wieder versteckt. In meinen ersten sexuellen Erlebnissen hatte ich deswegen große Probleme, zum Orgasmus zu kommen. Später haben mir Atemtechniken geholfen, auf den Atem achten und vieles andere mehr, aber das haben mir Leute erst Jahre später beigebracht.

F: Du hast einen Weg aus deiner Isolation herausgefunden. Wie kam das?

C: Natürlich war das eine Riesenherausforderung, aus diesem Käfig rauszukommen. Eines Tages, wir saßen zu viert oder zu fünft am Tisch, eine Bekannte erzählte herrlich locker und ohne sich was dabei zu denken, von ihrem Urlaub in Indien, in Poona. Da läuteten bei mir sofort die Glocken. Poona, da ist doch dieser Bhagwan, Tantra[2] und so. Ich war voll elektrisiert, habe das aber für mich behalten. Bei einem denkwürdigen Ausflug in den Spreewald habe ich sie dann darauf angesprochen. Interessanterweise hatten wir nackt in einem See gebadet, das fand ich toll. Sie hatte eine wunderbare Art, in mir etwas aufzubrechen. In meiner Jugend sind mir solche Menschen leider nicht allzu viele begegnet. Sie hat mit einer Selbstverständlichkeit erzählt, dass sie Tantraseminare besucht hat, und hat sie mir auch noch empfohlen. Da gehe ich nicht allein hin, habe ich ihr gesagt. Dann komme ich eben mit, war ihre Antwort, und so war's dann auch. Es war trotzdem eine Riesenherausforderung. Ich wusste nicht, was mich erwartet. Völlig klar, da ziehen sich wahrscheinlich alle nackt aus, und ich habe das Problem mit der Erektion, was denken die dann über mich? Aber die Not war so groß, dass ich doch hingegangen bin. Ich weiß noch, ich war vorher tagelang panisch. Dann war es gar nicht so schlimm, und wir haben uns auch nicht ausziehen müssen (lacht).

F: Welche Sehnsucht hat dich getrieben, so ein Risiko einzugehen?

C: Gute Frage, was war die Sehnsucht? Das ist jetzt vielleicht ein bisschen abstrakt, aber die Grundsehnsucht ist die, dass sich Grenzen auflösen. Und dann war da vor allem ein Bild. Bilder sind ja enorm wichtig. In einer Illustrierten sah ich eine Doppelseite über Osho[55] – oder Bhagwan, wie er damals hieß. Auf dem Bild waren fünf Frauen, die aus dem Wasser stiegen. Die waren leicht verschleiert, aber eben nackt, und das hatte etwas vom Paradies. Eine paradiesische Sehnsucht wurde geweckt. Viele meiner Sehnsüchte wurden angesprochen, nicht nur nach Sex, sondern – durch den Gesichtsausdruck dieser Frauen – auch nach einer Verbindung zum Gefühl und zum Herzen. Ganz anders als bei Pornografie. Die hat bei mir keine Sehnsüchte geweckt, obwohl auch sie ein großes Thema für mich war: um etwas über die sexuelle Welt zu erfahren, die mir sonst verschlossen blieb. Aber nicht zuletzt durch dieses eine Bild bin ich auf das Seminar gefahren.

F: Wie ist es dir dort ergangen?

C: Erstaunlicherweise sehr schnell wunderbar. Ich weiß noch, wie ich in der ersten Runde unter Tränen sagte, dass ich in mir so ein Potenzial spüre, und ich könne es überhaupt nicht leben. Das Potenzial hat sich dann tatsächlich verwirklicht. Ich entdeckte so viele Seiten in mir, plötzlich habe ich mich auch wirklich männlich gefühlt.

F: Wie kam es dazu?

C: Die The Art of Being[56]-Seminare haben in einer wunderschönen Form meine Initiation nachgeholt. Da war ein Raum, den ich nicht gekannt hatte, ein Raum, in dem man so sein darf, wie einem gerade zumute ist. Plötzlich durften sich alle Gefühle öffnen und auch Sexualität durfte da sein. Plötzlich war selbstverständlich, was in meinem normalen Leben überhaupt nicht selbstverständlich war. Allein schon das Tanzen. Ich war vorher so blockiert, dass ich nicht einen Schritt getanzt bin. Bis vierzig habe ich niemals getanzt, vielleicht allein zu Hause, aber das war auch alles. Ich könnte ja beobachtet werden. Das gab's natürlich auch: Wenn ich es doch mal probierte, musste ich mir prompt dumme Sprüche anhören. Aber schon vom ersten Tag dieses Workshops an habe ich plötzlich alles aus mir herausgetanzt. Männliche Rhythmen, aber auch die weiblichen. Ich fühlte mich in beiden schnell zu Hause.

Danach habe ich einiges an Seminaren mitgemacht, das war eine tolle Zeit. Irgendwann fühlte ich mich in der Begegnung mit Frauen befreit, nicht nur im Sex, sondern auch mit Berührungen und in der Nähe. Ich fühlte mich gut und empfand mich voll in meiner Männlichkeit.

F: Wie würdest du das beschreiben: voll in deiner Männlichkeit? Woran merkst du das?

C: Ich bin ja leider eher ein kopfgesteuerter Typ, aber in Berührungen oder im Kontakt kann ich meine Energie laufen lassen, und die finde ich männlich, die weiß, wo sie hin will, die spüre ich und ich kann dann wunderbar meine Erregung annehmen. Es ist fast ein bisschen schizophren. Sobald ich diese Nähe aufnehmen kann, geht es mir gut. Dann fühle ich mich absolut männlich. Wenn ich aber davon abgetrennt bin, habe ich richtig Probleme mit meiner männlichen Rolle. Das Tanzen hat enorm viel gelöst, und dann die Erfahrung in Kleingruppen: Das zu sagen, was gerade ist, war das Zauberwort. Andere haben einem zugehört, es hatte eine große Selbstverständlichkeit. Das kannte ich überhaupt nicht. Natürlich hat das auch Zeit gebraucht, aber es erfüllte für mich alles, was eine Initiation ausmacht: eine liebevolle Hinüberführung von einer Welt in eine andere. Ich sehe jetzt manchmal junge Menschen, die das auch bräuchten. Dann frage ich mich: Bin ich jemand, der das geben könnte? Ich habe nichts Missionarisches im Sinn, ich will niemandem etwas aufdrängen.

F: Die Frau, die dir von dem Seminar erzählt hat, hat dir ja auch nichts aufgedrängt.

C: Ja, und das macht die Erfahrung viel wertvoller. Ich bin nicht mitgeschleppt worden. Mein Gott, andere haben viel spektakulärere Dinge im Leben gemacht, auch als Männer und mit männlicher Sexualität, aber bis heute bin ich irgendwie stolz. Ich habe mit meinen Möglichkeiten gemacht, was ich konnte, und ich habe mein Leben wirklich verändert. Es gibt vielleicht nur drei bis vier Punkte, wo die Weichen im Leben neu gestellt werden. Ich glaube, es ist gut, wenn man das selber getan hat.

F: Irgendwann hast du Sonja kennengelernt. War das auch so ein Schritt?

C: Das hatte viel mit den vorherigen Schritten zu tun. Wir haben uns auch in einem Seminar kennengelernt, und der gemeinsame

Erfahrungsschatz war enorm wichtig. Gerade dieses Seminar war für mich übrigens schwierig. Ich habe vorhin gesagt, alles sei so wunderbar gewesen, aber da bin ich ziemlich ausgerastet. Ich fühlte mich streckenweise vollkommen als Außenseiter. Es kam viel Zorn hoch, den hat der Seminarleiter natürlich auch noch wunderbar hoch geholt. Das haben auch die anderen gespürt und ich wurde gemieden, ich war absolut nicht erste Wahl, auch nicht zweite oder dritte. Das war heftig.

F: Und dann tauchte plötzlich Sonja auf. Hat sie dich mit deiner Aggressivität angenommen? Oder hat sie dich zuerst auch gemieden?

C: Sie hat meinen zornigen Anteil gesehen, aber der verbindet uns auch. Wir hatten eine sehr herzliche erste Begegnung. Es war wunderbar. Ich dachte, der Abend sei längst gelaufen. Man saß noch zusammen, es lief Musik, und plötzlich saß sie vor mir, mit dem Rücken zu mir, und ich habe sie von hinten in den Arm genommen, sie hat mich überhaupt nicht gesehen. Ich habe nicht optisch ihre Aufmerksamkeit erweckt, sondern durch meine Nähe, durch das Spüren. Das fand ich irgendwie bezeichnend. Ich sah sie übrigens auch nur von hinten. Ich wusste nicht, wer sie überhaupt ist.

F: Aber du bist deinem Impuls gefolgt und hast sie in den Arm genommen.

C: Ja, das war natürlich wundervoll. Vorher haben wir uns überhaupt nicht groß bemerkt, ich sie nicht und sie mich nicht. Später war ich natürlich verwirrt und wusste nicht, was das bedeutet und wie ich mich verhalten soll. Ich habe erst mal so getan, als ob nichts gewesen wäre, und sie hat zwei, drei Tage lang gedacht: Der interessiert sich wohl doch nicht für mich. Am zweitletzten Tag ist sie dann zu mir gekommen. Das war nicht männlich von mir, da hat sie die Initiative übernommen und ist auf mich zugekommen. Dann haben wir uns gefunden. Ich war ja mit Beziehungen noch ganz unerfahren.

F: Erst hast du einen Schritt gemacht ...

C: Ja, und dann sie. Es war nicht der Verstand, der sagte: Jetzt will ich dies oder das erreichen. Was ja eigentlich männlich wäre. Es war eine entspannte, offene Atmosphäre, man konnte die Dinge so laufen lassen, wie sie waren. Begehrt zu werden ist für meinen Typ eigentlich schwierig. Normalerweise will ich mich nicht in den Mittelpunkt spielen. Ich arbeite gerne aus der zweiten Reihe, nicht aus falscher Bescheidenheit, sondern es geht mir gut damit. Ich erwecke weniger Aufmerksamkeit. Das Zweite-Reihe-Gefühl ist aber mit einem Schlag weg, wenn ich in dieser Nähe bin und mich begehrt fühle.

F: Dann wart ihr ein Paar! Wie ging es weiter?

C: Sex ist in der Beziehung zu Sonja ein ganz wichtiger Weg gewesen, um uns grenzenlos und unbedingt nah zu sein. Wir haben neugierig Dinge ausprobiert, zweimal haben wir zum Beispiel auch einen Intimmassage-Workshop mitgemacht, einmal haben wir sogar assistiert. Ich fand es toll, absolut klasse. Die Scham- und Tabulosigkeit habe ich total genossen. Sonja und ich haben uns nur gegenseitig massiert, aber uns intim zu berühren, während andere im Raum waren, das fand ich klasse.

F: Da bekommst du leuchtende Augen.

C: Es ist interessanterweise nicht die Intensivierung oder die Verlängerung des Orgasmus, was ich im Sex ersehne, sondern umfassender, ein Raum, wo alle Gefühle da sein dürfen, auch eine gewisse Spiritualität. Vor drei Jahren habe ich zwei Stunden lang die Erfüllung meiner Sehnsüchte erlebt, perfekt. Wir wussten nicht, auf was wir uns da einließen, Sonja und ich, wir sind einfach hingereist. Wir waren zehn oder zwölf Personen, Männer und Frauen. Sie hatten aus Brettern eine Wanne gebaut und mit einer Gummiplane ausgelegt. Es war warm. In einem Ritual wurde jeder einzeln entkleidet und mit geschlossenen Augen in den Raum geführt, wo wir uns in die große Wanne legten. Es lief Musik, man wusste nicht, wer neben wem liegt. Dann wurden wir mit Olivenöl übergossen; in kürzester Zeit war der ganze Körper ölig und natürlich auch die Plane. Zwei Stunden haben wir uns mit geschlossenen Augen herum geaalt. Das sind unglaubliche Erfahrungen, du rutschst über fremde Körper drüber und drunter, es fühlt sich alles ganz warm und glitschig an, eine Urerfahrung. Totales Aufgehobensein, eine super-totale Nähe und auch erotisch. Ich hatte die ganze Zeit, ich meine sehr lange, einen Ständer und das war auch ganz normal. Das sind meine Sehnsüchte im Sex. Das Zauberwort heißt Nähe.

F: Das klingt, als wenn es nicht nur um persönliche Nähe ging, sondern auch um etwas Überpersönliches.

C: Die Energie ist nicht mehr vom Einzelnen abhängig, es ist einfach eine menschliche Verbindung. Aber natürlich ist das auch ein Beziehungsthema.

F: Wenn du aus der Wanne wieder rauskommst, musst du schauen, mit wem lebe ich was, wann, wo und wie, vor allem, wenn du in einer Partnerschaft lebst.

C: Das habe ich eigentlich enorm gut hingekriegt. Ich habe danach zwei bis drei Nächte davon geträumt, aber ich konnte das gut trennen. Ich habe es als ein wunderbares Experimentier- und Spielfeld erlebt, aber außerhalb dieses Experimentierfeldes sind wir ein Paar.

F: Und ihr lasst euch genügend Spielraum für das, was darüber hinaus geht?

C: Ja, mich interessiert auch das Überpersönliche. Da ist die Sehnsucht, dass sich Grenzen auflösen, und das heißt auch, dass ich mich in dem Moment selber auflösen kann. Andere rennen ihrem Ego hinterher und versuchen, es noch mehr zu bereichern. Meine tiefste Sehnsucht ist jedoch, dass sich das Ego auflöst. Das ist mit den glücklichsten Erfahrungen verbunden, und zwar nicht nur im Jenseits, sondern auch im Diesseits. Die großartigsten Sachen entstehen immer in einer Gemeinsamkeit, wenn man etwas zusammen erarbeitet und zum Schluss nicht mehr weiß, was von wem kommt. Das finde ich die beglückendsten Erfahrungen, die man im Leben machen kann, um den Käfig des Egos zu überwinden, und da sind Sex und Erotik zentral. Ich finde es bejammernswert, dass in dieser so sexualisierten Gesellschaft Menschen, die nicht initiiert sind, kaum Chancen haben, sich sexuell wirklich zu entwickeln.

F: Du bist einen weiten Weg gegangen. Was würdest du anderen Männern empfehlen?

C: Wenn die Sehnsucht da ist – es ist ganz erstaunlich –, dann eröffnet sich irgendwann eine Chance. Es ist eine zentrale Erfahrung von mir, dass ich meine Situation als verzweifelt und aussichtslos angesehen habe. Ich hätte mir nie träumen lassen, dass ... Es muss Sehnsucht da sein, und man muss auch von sich aus etwas tun. Und man muss gleichzeitig offen bleiben für das, was von außen, von der anderen Seite kommt, und man muss unter Umständen ziemlich lange warten, wie bei mir. Wobei die anderen Lebensjahrzehnte ja auch ihren Stellenwert hatten, vielleicht brauchte ich das für meinen Lebensweg. Zehn Jahre den Vater nacherleben und dann noch die Mutter, das mütterliche Element, vielleicht war ich dann erst richtig vorbereitet.

F: Was lange sehr schmerzhaft war, die Defizite aus der Kindheit, hat dir letztlich die Kraft gegeben, große Schritte zu machen.

C: Ich glaube, dass darin eine Wahrheit liegt, nicht nur ein Trost. Für mich stellt sich nun die Frage: Was ist jetzt meine Aufgabe ab fünfzig? Das habe ich noch nicht klar. Ist es jetzt vorbei mit dem Sex? Oder verändert er sich noch mal?

F: Hat Sonja nicht mehr so großes Interesse am Sex, du aber schon?

C: Irgendwie beruhigt es sich auch bei mir. Ich glaube, dass es noch nicht vorbei ist, aber ich weiß es nicht.

F: Ich danke dir für deine Offenheit und für die vielen spannenden und intimen Einblicke, die du uns gegeben hast.

Gedankensplitter: Sexuelles Erwachen und Initiation ins Mannsein

Die meisten Menschen versuchen in erwachsenen Liebesbeziehungen nachzuholen, was sie bei den Eltern vermisst haben. Oft ist uns das nicht bewusst. Wie wird aus einem Jungen ein Mann? Wann sind wir tatsächlich bereit für eine Liebesbeziehung auf Augenhöhe? Brauchen wir dazu eine Initiation, wie in alten Kulturen üblich?

Initiationen können ganz unterschiedliche Ziele verfolgen; sie dienen nicht unbedingt der freien Entfaltung des Initianten, sondern möglicherweise seiner Anpassung an jeweilige gesellschaftliche Erwartungen. In manchen Initiationen mussten schmerzhafte oder sogar lebensbedrohliche Rituale überstanden werden, um in den jeweiligen Männerbund aufgenommen zu werden, nicht selten, um danach in den Krieg ziehen zu „dürfen". Der Grundwehrdienst beim Bund galt noch bis vor wenigen Jahrzehnten als bundesdeutsche Initiation ins Mannsein, allerdings in einer ziemlich kruden Variante: „Was mich nicht umbringt, macht mich nur härter." Seit den 1980er-Jahren werden Männerworkshops angeboten, die dem anscheinend nacheifern wollen. Dort gehören rituelle Boxkämpfe manchmal noch zu den sanfteren Methoden der Erweckung *wahren* Mannseins.

Aber wer definiert, was wahres Mannsein ist? Wäre eine Initiation vorstellbar, die dem Jüngling die Freiheit lässt, seinen eigenen, individuellen Weg als Mann zu entdecken? Einen Raum, in dem er eingeladen ist, zu fühlen, was er gerade fühlt, zu tanzen, was ihn gerade bewegt, und auszusprechen, was im Moment tatsächlich in ihm vorgeht? Das hätte eigentlich nichts mit Männlichkeit, mit authentischem Menschsein aber sehr viel zu tun. Es wäre wünschenswert, wenn Kinder von Anfang an in einem solchen Umfeld aufwachsen dürften.

Sinn eines Rituals bliebe die Unterstützung eines Übergangs, und ein solcher ist sicher die Pubertät mit der in ihr heranreifenden Sexualität. Wessen sexuelles Erwachen wurde oder wird gefeiert? Mit all den Bedürfnissen, Fantasien, Gelüsten und Ängsten, die in dieser Zeit auftauchen, gehört, bestätigt und sogar geehrt zu werden, das wäre vielleicht eine lohnende Alternative zur Aufklärung durchs Internet.

So lange eine solche Unterstützung nicht selbstverständlich ist, braucht es Mut, der eigenen Sehnsucht zu lauschen, zu folgen und für sie Risiken einzugehen. Den Schritt, unserem inneren Ruf zu folgen, kann uns niemand abnehmen, im Gegenteil, er gewinnt an Bedeutung, je mehr er gegen innere wie äußere Widerstände erfolgt. Auf solche Schritte können wir später stolz sein. Je mehr wir dabei auf unsere eigenen Bedürfnisse hören, desto eher entdecken wir, dass

Sex auch uns Männern ganz unterschiedliche Bedürfnisse befriedigt, nicht zuletzt das nach persönlicher Nähe, aber auch das nach überpersönlicher Verbundenheit.

Manche Männer scheuen sich nicht, eine solche Verbundenheit göttlich zu nennen. Alex ist einer von ihnen.

"

3. Gespräch mit Alex

> *Wenn du nicht sowieso schon gedacht hättest, dass es Gott gibt: Jetzt weißt du es.*

Frage: Alex, bist du ein ganz normaler Mann?

Alex: Ich weiß ja relativ wenig, wie andere Männer sind. Über Sex rede ich nur mit wenigen Männern, und so detailliert dann auch wieder nicht. Mit meinen sonstigen Freunden käme ich nie auf die Idee, da ist eine viel zu große Schranke. Eine Frau hat mir mal gesagt, Sex mit mir sei ganz anders als mit allen ihren Männern davor.

F: Inwiefern anders?

A: Meine extreme Lust am Streicheln und Massieren. Was den Softies eingebläut wurde, war für mich schon immer so. Streicheln, Berühren, Kuscheln: das mache ich einfach total gerne, vor allem, wenn mir der Körper der Frau gefällt. Auf den gleitenden Übergang von der Massage eines schönen Körpers zur Berührung mit dem ganzen Körper, da war ich schon immer spitz drauf, das darf dann auch gern ins Stöhnen übergehen. Bis ich mich selbst massieren lasse, brauche ich allerdings viel Vertrauen. Aber auch das kann mich in den Himmel lupfen, schon durch die Massage der Brustwarzen ...

Jenseits vom Streicheln bin ich auch sehr gerne wirklich lang in Frauen drinnen und das überrascht viele Frauen. Sabine, mit der ich in den letzten Jahren zusammen war, hat mir beim ersten Mal gesagt, dass sie es eigentlich gewöhnt ist, sich gegenseitig möglichst schnell zum Orgasmus zu bringen. Sie hatte immer eine zielorientierte Sexualität gelebt, was ja wohl nicht ungewöhnlich ist. Ich habe das einfach nicht so drauf.

F: War das schon immer so?

A: Ja. Meine erste Beziehung nach den jugendlichen Rumknutschereien hatte ich mit Dana. Sie war drei Jahre älter als ich, gerade in Scheidung und wir haben uns auf einer Reise kennengelernt. Ich hatte noch nie mit einer Frau geschlafen. Am ersten Abend war ich total geil aufs Vögeln, aber da ging es nicht, weil wir keine Kondome hatten und sie auf jeden Fall verhüten wollte, logischerweise. Meine Erregung ging weg und ist die ganze Woche nicht wieder gekommen, ich war impotent. Aber ich war total empfänglich. Manchmal, wenn ich nicht erregt bin, ist meine Haut ein bisschen pelzig und nicht so sensibel, weil irgendwelche Ängste da sind. Aber nicht in dieser Woche. Ich hätte gern mit ihr geschlafen, aber was dann passiert ist, hat mir so viel gegeben, dass ich immer weiter wollte. Wir haben zum Teil nur vier oder fünf Stunden geschlafen. Ich konnte nicht satt werden, sie in allen möglichen Stellungen zu berühren und zu spüren, am ganzen Körper. Eigentlich hat sie mir körperlich gar nicht so gefallen, große, weiche Brüste sind für mich eigentlich nicht so attraktiv. Aber das Schöne daran war, dass man sie in den Mund nehmen konnte. Einmal hat sie einen Orgasmus gehabt, bloß weil ich ihre Brüste in den Mund genommen, nach Herzenslust daran gesaugt und sie dabei gestreichelt habe. So was war ihr noch nie passiert.

F: Schon beim ersten Mal war das Berühren wichtiger als das Vögeln?

A: Meine Sehnsucht wäre schon gewesen, mit ihr zu vögeln. Aber dieses Berühren hatte ich mir schon so oft vorgestellt, im Schwimmbad und überall, wie das wäre, wenn man Frauen einfach ausziehen dürfte und anfassen. Meine Mathelehrerin fand ich richtig schön und ich habe mir vorgestellt, ihr mit einem Laser kurz den Pullover wegzufräsen ... wie schön das wäre, sie einfach anzufassen. Diese Sehnsucht hat sich später mal erfüllt. In einer Übung in einem Tantraseminar liefen Frauen und Männer mit verbundenen Augen herum und du konntest berühren, wen du wolltest, und dabei spüren, ob der oder die Andere das auch will. Keiner wusste, wem er gerade begegnet, das war Berühren pur. Ich dachte, ich bin im Paradies.

F: Wie war es, als du zum ersten Mal mit einer Frau geschlafen hast?

A: Wunderschön. Zunächst fand ich Maria körperlich uninteressant und zu jung. Aber dann habe ich im Vorbeigehen gehört, wie sie spricht, mit der Stimme einer reifen Frau, so richtig schön weich, da habe ich mich direkt verliebt. Wochenlang bin ich mit schlotternden Knien an ihr vorbeigelaufen, bis ich mich traute zu fragen, ob sie sich mit mir trifft. Wir sind einmal essen gegangen und beim nächsten Mal haben wir uns bei ihr zu Hause getroffen. Ich habe ihr ganz förmlich erklärt, dass ich in sie verliebt sei, so war ich damals drauf. Sie war erst verlegen und hat gesagt, dass man das doch nicht einfach so sagt. Dann zeigte sie mir Bilder von sich und ich bin die Nacht bei ihr geblieben. Das war ein wunderschönes Erlebnis, ich habe mich sehr aufgehoben gefühlt. In ihr zu kommen war, wie wenn ich ganz weit weg gewesen wäre, in einem anderen Raum. Das fällt mir schwer zu beschreiben.

F: Es ist dir gelungen, langsam zu sein, obwohl es dein erstes Mal war?

A: Das war einfach so, ich war langsam. Sie war schon längst über ihren Punkt drüber, aber ich bin nicht gekommen, wir haben es zweimal versucht. Beim dritten Mal hatte sie keine große Lust mehr, aber mit dem Gefühl von Angenommen- und Aufgenommensein bin ich dann gekommen.

Wir haben nur dreimal miteinander geschlafen, dann hat sie die Beziehung beendet. Wir waren zwar gleich alt, aber von der Reife her war sie sechs Jahre älter, sie hatte auch eine kleine Tochter. Sie hat sich dann für einen älteren Mann entschieden. Die nächsten zehn Jahre war für mich klar: Am liebsten wäre ich mit Maria zusammen.

F: Was hat dich so besonders fasziniert?

A: Ihre reine und gegenwärtige Energie und dass sie sich ihrer selbst so sicher war. Sie hat darauf geachtet, was sie braucht, und hat sich nicht nach irgendwelchen auferlegten Maßstäben gerichtet. Einmal lagen wir zusammen und waren beide total geil. Dann ging sie aufs Klo. Beim Zurückkommen hat sie einfach gesagt: Jetzt bin ich gar nicht mehr geil. Das war neu für mich. Wenn umgekehrt ich eine Frau scharf gemacht hätte, könnte ich nie einfach bei meinen eigenen Körperempfindungen bleiben. Dazu lieferte sie ein radikales Gegenbild. Im Sex mit ihr habe ich mich verbunden und aufgehoben gefühlt. Sie war persönlich und direkt. Das bedeutete für mich viel Freiheit.

F: Meinst du mit Aufgehobensein etwas Mütterliches?

A: Da war sicher Mütterliches dabei, aber nicht im Sinne von matronenhaft, sondern im Sinn von Lebendigkeit. Natürlich war meine Mutter-Sehnsucht mit drin, aber das habe ich damals nicht so geblickt. Ich hab mir immer Frauen gesucht, die von mir nichts wollten, und habe genau darunter entsetzlich gelitten. Ich hatte im Kopf: Frauen, die von mir etwas wollen, disqualifizieren sich schon dadurch als Geliebte!

Es hat über zehn Jahre gebraucht, bis ich von Maria weggekommen bin. Ich war tief verliebt, aber die Begegnungen wurden zunehmend weniger erotisch, von ihr aus. Zwei Jahre haben wir eine Art Dreierbeziehung gelebt, da habe ich alle Schrecken der Liebe kennen gelernt. Sie hat mit dem anderen Mann zusammengewohnt, wir haben uns getroffen, aber es gab keinen Sex mehr. Dass sie für mich unerreichbar war, hat sie bloß noch interessanter gemacht. Sie war für mich der Schlüssel zum Paradies, der versteckt worden ist. Dass mich ihre Energie anzog, kann ich heute noch nachvollziehen, wenn ich sie manchmal treffe.

F: Gab es andere Frauen, die dich ähnlich stark beeindruckt haben?

A: Ja und Nein. Wirklich ekstatischen Sex habe mit Anita erlebt. Mit ihr habe ich einige Jahre eine Fernbeziehung gelebt, in der ich mich sehr eng verbunden fühlte, obwohl ich auch sie körperlich nicht so schön fand. Manchmal hab ich mich geschämt, dass ich mit so einer hässlichen Frau zusammen bin, mit so einem dicken Hintern. Dieses Gefühl war total schambesetzt. Aber wenn ich ihr Gesicht sah oder wir im Bett lagen, war das alles egal. In der ersten Nacht mit ihr habe ich befürchtet, dass ich nach dem Aufwachen möglichst schnell verschwinden möchte. Aber dann hat sie mich angelächelt und das Universum hat gestrahlt. Ab diesem Moment war ich total verliebt.

Nach mehreren Wochen hatte ich ein spirituelles Erlebnis mit ihr, es steht klar wie ein Baum vor meinem inneren Auge: Wir haben gevögelt, und ich hatte das Gefühl, die Welt steht für einen Moment still. Da war plötzlich ein Gedanke in meinem Hirn: Wenn du nicht sowieso schon gedacht hättest, dass es Gott gibt: Jetzt weißt du es. Und ich war einfach glücklich. Total glücklich. (Es folgt langes gemeinsames Schweigen).

Solche himmlischen Orgasmen hatte ich nur mit Anita. Ich kann mir die auch nur im Rahmen einer intensiven Verbindung vorstellen, das kann man nicht machen. Wir hatten keine Angst vor unserer jeweiligen Kraft. Wir sind da voll rein, wir haben alles gegeben. Das ist so, wie wenn du wild und chaotisch tanzt. Sie gab mir Raum für meine Energie und blieb gleichzeitig mit ihrer Energie dabei.

F: Was genau meinst du mit „Raum geben"?

A: Für mich ist es so: Wenn die Energie steigt, wird der energetische Raum, den man zur Verfügung hat, immer weiter. Das ist ein Raum, den man sich zu zweit eratmet, wo man sich wechselseitig findet, auch in der heftigen Bewegung. Das ist schwierig zu beschreiben, aber ich kann's vielleicht in ein Bild fassen: wie ein gemeinsames Gefäß, das immer weiter wird und immer mehr Energie aufnehmen kann. Ich habe dann das Gefühl, als ob die Yoni[57] immer weiter wird. Wir sind ein Körper, der gemeinsam atmet. Nicht nur die Trennung zwischen mir und der Frau ist aufgehoben, sondern auch die Trennung zwischen mir und dem Universum. Das klingt jetzt etwas pathetisch, aber in die Richtung geht es. Einmal haben wir am Strand gevögelt, das war irre. Ich bin eigentlich nicht so drauf, dass es mir keine Probleme machen würde, wenn zehn Leute beim Vögeln um mich rum sind. Aber ich bin so sehr in den Raum eingetaucht, den sie für mich eröffnet und zum gemeinsamen Raum gemacht hat, dass mir völlig egal war, dass jederzeit jemand vorbeikommen könnte.

Diese intensive Verbindung mit Anita hat mir auch die Trennung zur Hölle gemacht. Ich habe die Beziehung präventiv beendet, weil ich befürchtete, dass irgendwann ein Anruf kommt und sie mit jemand anderem zusammen ist. Diese Vorstellung war für mich schrecklich. Drei Monate ging ich durch die Hölle. Ich hatte das Gefühl, dass man mir körperlich etwas entreißt.

F: Anita gab dir mit ihrer weiblichen Präsenz Raum für deine männliche Energie. Was passiert, wenn dir dieser Raum nicht geschenkt wird? Könntest du ihn dir auch einfach nehmen?

A: Das ist ein unangenehmes Thema. Zur männlichen sexuellen Energie gehört auch eine aggressive Energie, wo man einfach loslässt und mit der ganzen Kraft da ist. Leider habe ich das Bild, dass ich das nicht kann, dass ich in meiner Männlichkeit beschädigt bin. In den letzten Jahren mit Sabine habe ich beim Sex häufig das Ekstatische vermisst. Das hätte anders laufen können, wenn ich meine eigene Kraft mehr hätte leben können, wann immer mir ihre weibliche Kraft entgegenkam. Vielleicht hätte das dann auch so eine Tiefe bekommen wie mit Anita. Seit der Pubertät habe ich Minderwertigkeitsgefühle gegenüber Männern, die größer und körperlich stärker sind und die eher in ihre Wut reinkommen als ich.

F: War Aggression mit Sabine ein Thema?

A: Wir hatten eine Phase mit total aggressivem Sex. Weil ich körperlich überlegen war, habe ich darauf geachtet, zwischendurch zu fragen, ob es wirklich okay ist. Das geriet bei mir nie außer Kontrolle, aber es war eine starke Gewalt-Energie drin. Wenn die da sein durfte, kam ab einem gewissen Punkt eine Sehnsucht nach Nähe und Angenommenwerden hoch. Solange es aggressiv war, war auch von Sabine sehr viel Erregung im Spiel, wenn ich aber umschwenke zu meinem Bedürfnis nach Vereinigung, dann stieg sie aus. Mich hat das verletzt, ich hatte das Gefühl, ich bewege mich ins Leere, sie ist nicht mehr da.

F: Sagtest du nicht eingangs, dass Sabine es sehr genoss, mit dir einen weniger zielorientierten Sex kennenzulernen?

A: Ja, Streicheln und Zärtlichkeit hat sie sehr geschätzt. In ihr drin habe ich mir immer sehr viel Zeit genommen, und sie hat auch viel

Zeit gebraucht. Ziemlich schwierig war die Phase, wenn die Erregung stieg und es Richtung Orgasmus ging. Um dann wirklich loslassen und mit ihr eins werden zu können, muss mir eine Frau Raum geben. Mit Sabine ging ich in eine Art kontrollierten Modus. Ich habe sie mit meinem Lingam[60] innerlich gestreichelt, sie war erregt und ist auch gekommen, aber ich habe meine Energie nicht wirklich rausgelassen. Wenn ich doch mal losließ, bin ich viel zu schnell gekommen.

Aber die Herzensverbindung war sehr stark. In ihr drin zu sein, war manchmal wie Fliegen. Auch Berühren und Massieren haben wir beide total genossen, und sie hat mir auch äußerlich total gefallen, anders als in den vorherigen Beziehungen. Sie war groß und schlank und hatte mittelgroße und relativ feste Brüste. Meine Sehnsucht, einen besonders schönen Körper zu berühren, ist immer noch ziemlich stark.

F: Mit deiner ästhetischen Traumfrau war der Sex schwierig, deine sexuellen Traumfrauen entsprechen nicht deinem Schönheitsideal ...

A: Ich komme immer noch schwer damit klar, obwohl ich inzwischen weiß, dass das Äußere für die Qualität im Sex nicht so wichtig ist. Schon eine meiner ersten sexuellen Erfahrungen verwirrte mich völlig. Zwei Klassen über mir gab es eine Frau ... im Gespräch war sie eher langweilig, aber sie hatte halt einen schönen Körper, groß und schlank, mit schönen Brüsten. Als ich dann bei einem Fest mit ihr auf einer Matratze landete, war es bestürzend, dass dieser Körper plötzlich völlig leblos schien. Ich hatte erwartet, im Himmel zu sein, die Glocken läuten und alles wird wunderbar, wenn ich so schöne Brüste anfasse. Aber als ich sie anfasste, war nichts da, wie bei einer Puppe. Das hat mich erschüttert. Ich habe eine Mischung aus Ekel und schlechtem Gewissen empfunden.

Das ist doch ein völliger Scheiß, wenn nur bei einer kleinen Auswahl von schönen Frauen kein Gefühl von Distanz oder Ekel da ist. Zum Teil haben Frauen ja den gleichen Blick auf Männer, und das schränkt die Auswahl radikal ein. Da läuft in unserer Gesellschaft etwas total schief, aber ich finde keinen Weg heraus. Außer irgendwie den Ekel zuzulassen. Das war eines von meinen tieferen Erlebnissen bei

Seminaren: Wir sollten uns etwas sagen, was wir uns noch nie getraut hatten zu sagen. Ich sagte einer Frau, dass ihre großen schlabbrigen Brüste mich ekeln. Sie konnte das total gut nehmen, sie hat mir sogar trotzdem erlaubt, sie anzufassen. Das war für mich sehr erleichternd, weil eigentlich der sekundäre Leidensdruck, so etwas nicht aussprechen zu dürfen, viel schlimmer ist als das ästhetische Empfinden.

F: Auch in längeren und intensiveren Beziehungen bist du den Frauen nie so nah gekommen wie du wolltest, oder?

A: In meinen sexuellen Beziehungen spiegelte sich wie in einem Brennglas meine gesamte Beziehung zur Frau. Sabine und ich haben uns auf vielen Ebenen gut verstanden. Wir konnten toll gemeinsam Freizeit und Urlaub gestalten. Aber wir sind nie soweit zusammengekommen, dass wir auch unseren Alltag miteinander teilen wollten. Ich habe noch nie mit einer Frau zusammengelebt! Das heißt, dass ich noch nie länger als 15 Nächte hintereinander zusammen mit einer Frau geschlafen habe! Auch wenn ich über Jahre mit einer Frau zusammen war.

F: Das klingt traurig.

A: Da ist einfach eine riesige Sehnsucht, mich tiefer einzulassen. Und offensichtlich, denke ich jetzt, auch eine riesige Angst. Es wird ja schon seinen Grund haben, weshalb das so ist. Aber da ist inzwischen etwas regelrecht wund, durch diese vielen intensiven Begegnungen, in denen immer klar ist, dass und wann wir wieder auseinandergehen.

F: Hilft dir Sex mit dir selbst, mit den Höhen und Tiefen deines Beziehungslebens besser umgehen zu können?

A: Nein. Selbstbefriedigung hinterlässt bei mir oft eine gewisse Leere. Nach längerer Zeit alleine war Selbstbefriedigung eine Notlösung. Andere Männer haben mir erzählt, dass sie sich nach einer intensiven Liebeszeit mit der Partnerin danach sehnen, es mal wieder mit sich selbst zu machen. Das ist mir total fremd.

F: Wie machst du es, wenn du es dir selbst machst?

A: Manchmal hole ich mir einen runter, wenn ich das Gefühl von Hormonüberschuss habe, so eine Art innere Unruhe oder Spannung. Dann will ich mir eigentlich kein schönes Erlebnis verschaffen, sondern eher etwas Unangenehmes loswerden. Manchmal ist es aber auch liebevoll und ich habe Freude an meiner Erregung. Heute Morgen zum Beispiel ging es so los, dass ich an zwei konkrete Frauen und sexuelle Erlebnisse mit ihnen dachte. Irgendwann war das nicht mehr der Punkt. Die Erregungsphase habe ich mit mir alleine, wenn das Feuer mal entfacht ist. Der Gedanke an die Frauen war nur der Anzünder. Wenn es richtig schön ist, kann ich mich mit bewusstem Atem richtig reinfallen lassen, mache ganz langsam und kann es ein Stück weit rauszögern, bis ich komme.

F: Aber deine Sehnsucht geht in Richtung Kontakt.

A: Ja, und sogar noch darüber hinaus. Ein heikles Thema, das oft vermieden wird, ist der Zusammenhang von Fruchtbarkeit und Sex. Im Katholizismus ist es anders herum, da ist die Entkopplung Sünde pur. Heute wird das Kind mit dem Bade ausgeschüttet, wenn die Entkopplung als Normalfall angesehen wird. Nachdem ich schon immer einen tiefen Kinderwunsch hatte, habe ich den Eindruck, dass ich durch diese Entkopplung eine wirklich tiefe sexuelle Begegnung künstlich verhindere. Ich weiß nicht, ob ich da eine Ausnahme bin. Ich hab auch lange gebraucht, um das herauszuspüren. Insbesondere in meiner Beziehung mit Sabine war es für mich immer ein Problem, ein Kondom überzustreifen und damit meine Fruchtbarkeit wegzupacken.

Ich habe nur einmal eine kurze Phase mit einer Frau erlebt, wo wir sozusagen absichtlich leichtsinnig waren. Wir wollten zwar nicht ausdrücklich ein Kind zeugen, aber wir hatten beide einen Kinderwunsch und haben es praktisch halb bewusst riskiert. Das hat der Sexualität eine andere Tiefe und Nähe gegeben.

F: Wolltest du sonst eher Kinder und die Frauen nicht?

A: Vielleicht steckt auch in meinem Kinderwunsch Ambivalenz. Ich habe Riesen-Schiss, dass es mich überfordert. In meiner Verwandtschaft haben die Männer große Ängste, ob sie genug Geld verdienen, um ihre Kinder zu versorgen. Außerdem heißt ein Kind mit einer Frau ja, dass die Beziehung möglicherweise schnell ganz eng wird, eigentlich unauflösbar. Gemeinsame Kinder sind einfach die dauerhafteste und engste Verbindung, die zwei erwachsene Menschen miteinander eingehen können. Alles andere lässt sich wieder lösen, eine Elternschaft nicht. Ich bin gespannt, ob meine Entwicklung in die Richtung geht, dass es nochmal etwas wird mit Kindern. Jedenfalls war ich beim Überstülpen des Kondoms nie glücklich damit.

F: Ging es da wirklich um Fruchtbarkeit oder war das einfach eine Lustbremse?

A: Schwer zu sagen. Ich habe mit Kondom zunehmend auf die letzte Phase beim Sex verzichtet und geschaut, wie weit meine tantrische Erleuchtung[58] schon reicht: ob es auch ohne Orgasmus funktioniert. Ich war lange in ihr und dabei hat auch eine tiefe und wunderschöne Begegnung stattgefunden. Dann habe ich einfach aufgehört, weil ich auf den Rest keine Lust hatte. Und wenn ich doch meinte, zum Orgasmus kommen zu müssen, hat sich das häufig nicht gut angefühlt, das hätte ich dann auch lassen können. Trotzdem, irgendwie bin ich wohl noch nicht so erleuchtet ... dass es ohne Erguss genauso schön sein kann, kann ich mir nicht richtig vorstellen. Ich träume immer noch ganz vulgär vom kosmischen Abspritzen, aber zusammen mit einer ganzkörperlichen Explosion, so wie damals bei Anita.

F: Du benutzt Worte wie „kosmisch", „himmlisch", „göttlich" und „Universum", wenn du von Sex und insbesondere von Orgasmuserfahrungen sprichst. Welche Bedeutung hat das für dich?

A: Ich glaube, dass man sich in der Sexualität in einer weiteren Dimension verbindet. Anders kann ich mir nicht erklären, warum diese Verbindungen so intensiv sind. Ich habe das Bild von einem Puppenspiel: Einerseits haben die Puppen miteinander Sex, aber gleichzeitig kommunizieren auch die Puppenspieler miteinander. In dieser anderen Dimension wird eine Verbindung mit eigener Wertigkeit und Dauerhaftigkeit geschaffen, die du auf der Puppenebene nicht mehr auseinander bekommst. Das würde für mich auch erklären, dass wir im Sex neues Leben erschaffen können.

Einen himmlischen Orgasmus habe ich noch nie getrennt von intensiver Verbindung erlebt. Ich verspreche mir auch nicht besonders viel vom Sex außerhalb einer intensiven Beziehung. Ich habe da

zwar durchaus Lust darauf und Spaß dabei. Aber richtige Tiefe braucht seine Zeit und damit auch eine längere Beziehung.
F: Noch eine letzte Frage: Wozu würdest du andere Männer ermutigen wollen?
A: Im Grunde genommen möchte ich jedem empfehlen, die Beziehungsdimension im Sex zu erkunden. Es macht mich traurig, weil ich selbst ja immer wieder Beziehungen abgebrochen habe. Ich überlege oft, ob das richtig war. Aber ich habe sie ja nicht leichtfertig abgebrochen, sondern mehrmals über Jahre versucht, an einen Punkt zu kommen, an dem ich glücklich bin. Und es ist einfach nicht gegangen.
F: Ich danke dir für deine Offenheit.

Gedankensplitter: Was macht sexuelle Begegnung einzigartig?

Hat man je davon gehört, dass sich Männer in ihrem unmittelbaren sexuellen Erleben beeinträchtigt fühlen, weil keine Chance auf Empfängnis besteht? Vielleicht gibt es noch mehr Männer, für die das von so großer Bedeutung ist. Es ist schwer, Phänomene wahr- und ernstzunehmen, von denen man nie gehört hat.

Auch die Verbundenheit wichtiger zu nehmen als das körperlich-sexuelle Erlebnis, wird gewöhnlich eher Frauen zugeschrieben. Es gilt als spezifisch weibliche Eigenart, eine emotionale Verbindung zu brauchen, um zum Höhepunkt zu kommen. Ist uns Männern die emotionale Verbindung tatsächlich weniger wichtig?

Vielleicht blenden Männer bestimmte Aspekte der Sexualität nur leichter aus. Wenn ja, warum tun wir das? Fühlen wir uns bedroht? Haben wir Angst, dass es nicht mehr „zur Sache" kommt, wenn wir uns auf das unsichere Terrain von Intimität einlassen? Sind wir einfach zu hungrig? Wer ausgehungert vor einem reichhaltigen Buffet steht, schert sich nicht um die Nuancen seiner Geschmacksrezeptoren, und schon gar nicht kümmert er sich um den Kontakt zu anderen Gästen, sondern er will erst mal satt werden. Wonach hungern wir Männer?

Sexualität gewinnt durch unterschiedliche Qualitäten von Kontakt und Beziehung tief berührende Facetten hinzu. Jede sexuelle Begegnung ist einzigartig. Wenn wir unsere Wahrnehmung dafür öffnen, ist es mit jeder Frau anders und jeder Augenblick kann uns überraschen. Die Fähigkeit, Einzigartigkeit wahrzunehmen, führt uns Männer auch über das Gefängnis ästhetischer Konditionierung hinaus. Es spricht nichts gegen optische Vorlieben, was das Aussehen unserer Sexualpartner angeht – solange wir nicht dem Irrtum aufsitzen, dass es darauf hauptsächlich ankäme.

Worauf kommt es beim Sex an? Dass die Welt still steht und sexuelle Ekstase den unmittelbaren Gottesbeweis liefert? Was wollen wir mehr?

Wir wollen Dauer. Wir sehnen uns nach einer Verbindung, in der diese Erfahrung kein einzelnes Erlebnis in einer Sammlung sexueller Jagdtrophäen bleibt, sondern sich immer weiter vertieft, indem wir uns aufeinander einlassen. Es scheint, dass wir an diesem Wunsch auf gewisse Weise scheitern müssen, mal mehr, mal weniger, denn in einer nahen Liebesbeziehung werden uns auch unsere Begrenzungen und Selbstzweifel vor Augen geführt.

Kann es sich lohnen, an diesen Hindernissen zu wachsen, zu reifen und dran zu bleiben? Auch in einer Beziehung, in der wie bei Walter sechs Jahre lang kein Sex mehr stattfindet?

4. Gespräch mit Walter

Wenn es ein Ziel gibt, dann kannst du fast sicher sein, dass es schief läuft.

Frage: Walter, bist du ein normaler Mann?
Walter: Ich weiß wenig über die „normalen" Männer. Was ich so höre, ist, dass es schnell geht, rein und raus, wenig Rücksichtnahme, irgendwie egoistisch.
F: Was ist bei dir anders?
W: Es war ein weiter Weg. Achtsamkeit ist mir mit am wichtigsten, das betrifft mein ganzes Leben. Das heißt nicht, dass ich das überall schaffe. Heute lebe ich nicht Sex, sondern Liebe. Da mache ich einen ziemlichen Unterschied. Ich habe sehr selten Sex. Wenn andere Menschen von Sex reden, weiß ich nicht, ob sie das Gleiche meinen wie ich. Für mich geht es um etwas Ganzheitliches und hat mit meinem Leben mit einer Partnerin zu tun. Es ist kein Abreagieren. Selbst wenn ich Notstand hätte, wäre es mir zu wenig, mit jemandem ins Bett zu steigen, mit dem ich keine Beziehung habe. Früher, mit meiner ersten Frau, war ich auch mit purem Sex zufrieden.
F: Wie kam es zu dieser anderen, ganzheitlichen Sexualität?
W: Nach der Trennung von meiner Frau habe ich eine neue Partnerin kennengelernt. Wir hatten eine sehr enge Beziehung, wenn auch nur für ein halbes Jahr. Ich war fast 40, aber plötzlich war der Sex völlig anders. Wir nahmen uns alle Zeit der Welt, um zusammen zu sein, körperlich vereint. Wir konnten stundenlang ohne irgendwelche weiteren Aktivitäten zusammenliegen oder aufeinander sitzen. Wir konnten Musik dabei hören oder einfach nur da sein. Ich begann innerlich zu fühlen, dass es jenseits des Sex Bereiche gibt, in denen das Herz, der andere Mensch und eigentlich die ganze Welt eingeschlossen werden. Das haben wir ein halbes Jahr lang gelebt, es war Hochsommer, es hatte etwas Meditatives und es war wunderbar.

F: Was andere in Workshops lernen, hast du anscheinend durch eine Beziehung geschenkt bekommen. Ihr wart tatsächlich frisch verliebt und trotzdem ganz langsam?

W: Anfangs war das schon eher normaler Sex, mit großer körperlicher Anziehung. Aber dann ist etwas gewachsen, ohne Anleitung. Wir haben gelernt, uns Zeit zu nehmen für die Liebe. Das Buch von Diana Richardson[59] habe ich erst viel später kennengelernt, leider. Wir hatten beide ein Defizit an Nähe, ich will nicht sagen an Streicheleinheiten, das wäre zu kurz gegriffen. In der Regel haben wir uns Stunden, einen ganzen Abend oder einen Teil des Wochenendes Zeit genommen. Das heißt nicht, dass wir nicht auch mal „Sex" hatten ohne viel Zeit. Wir gingen auch in Konzerte oder ins Theater, und es konnte sein, dass wir das Gehörte oder Gesehene mit Liebemachen abschlossen, was dann eine besondere Qualität bekam. Wenn wir uns Zeit nahmen, haben wir es langsam angehen lassen, da konnte uns keiner stören. Es war ein Fließen, alles war möglich und nichts vorgezeichnet, es gab kein Ziel.

F: Habt ihr auch miteinander gesprochen?

W: Nein, Reden war nicht notwendig, störte mehr. Wir haben das gelebt wie eine Religion, die mit dem Alltag verwoben ist und in der du auf eine andere Ebene der Wahrnehmung kommst. Bei dieser Art von Liebemachen können sich Yoni[57] und Lingam[60] etwas mitteilen, was du rational nicht begreifst.

F: Das klingt wie im Paradies. Warum ging diese Beziehung so schnell zu Ende?

W: Weil Sexualität nicht alles ist. Es gab andere Seiten in der Beziehung, die nicht gestimmt haben.

F: Konntest du diese langsame, fließende Sexualität auch in nachfolgenden Beziehungen leben?

W: Ich hatte ja nur wenige Beziehungen. Nach dieser Beziehung hatte ich zwei Jahre keinerlei sexuelle Kontakte. Dann lernte ich Birte kennen, meine heutige Partnerin. Aber mit ihr war es zehn Jahre lang eine standardisierte sexuelle Beziehung, die mit Zeit für Liebe nichts zu tun hatte.

F: Du hast tatsächlich wieder das gelebt, was du jetzt abwertend „Sex" nennst?

W: Ja, ich wundere mich selbst, dass ich mich wieder diesem alten Standard untergeordnet habe. Ich habe das zwar immer wieder angesprochen, aber wohl nicht so, dass es für Birte interessant geworden wäre.

F: Gab es deswegen Konflikte?

W: Nein, wir waren mehr oder weniger zufrieden mit diesem schnellen Sex. Manchmal haben wir uns auch Zeit genommen. Dabei hatte ich nie Probleme damit, wenn ich keinen Orgasmus hatte.

F: Für viele Männer ist Sex ohne Orgasmus undenkbar.

W: Das hat für mich nie gegolten, auch nicht bei meiner ersten Frau. Vielleicht habe ich immer schon gemerkt, dass es da was gibt, was mir wichtiger ist. Es war zwar schön, wenn es einen Orgasmus gab, aber ich hatte oft keine Lust, mich körperlich zu verausgaben. Mein Hirn hat mich niemals getriezt, ich bräuchte unbedingt einen Orgasmus oder eine Ejakulation, und meine Partnerin auch nicht. In körperlicher Vereinigung kann ich mein Hirn total vergessen, meistens. Dann bin ich „weg", einfach nur erotisch bestimmt.

F: Kennst du Orgasmen ohne Ejakulation?

W: Ich habe das nicht trainiert, aber ich kannte das schon in dieser Halbjahresbeziehung. Nach einem Orgasmus mit Ejakulation bist du am Boden, da läuft nicht mehr viel. Wenn du Lust hast, weiter auf der Welle zu surfen, kommst du von allein auf den Trichter, eine Ejakulation zu vermeiden. Das ist leichter, wenn du dich nicht so viel bewegst und nicht so stark in die Erregung gehst. Dann kannst du auf diesem schmalen Grat bleiben. Diese Ziellosigkeit ist für mich befriedigender als eine Ejakulation. Wenn beide Lust darauf haben, darf auch ein Orgasmus mit Ejakulation sein. Wir essen ja auch normalerweise vegetarisch, aber wenn die Lust auf einen Batzen Fleisch kommt, darf das auch sein.

Es gibt übrigens auch eine Ejakulation ohne Orgasmus. Die ist für mich in der Regel unbefriedigend, ich würde fast sagen herzlos, erniedrigend und hat einen faden Nachgeschmack. Befriedigung entsteht ja dadurch, dass du dich anschließend satter fühlst, und genau das ist dann nicht der Fall.

F: Magst du etwas zu deiner Geschichte erzählen? Wie ist der Walter so geworden, dass ihm Langsamkeit und Nähe wichtiger sind als ein Orgasmus?

W: Ich bin in einem streng kirchlichen Elternhaus mit sechs Frauen groß geworden. Mein Vater war arbeiten, mit dem hatte ich nicht viel zu tun. Trotz sexuell restriktiver Umgebung habe ich mich in meiner Sexualität nicht eingeengt gefühlt. Ich hatte mein geschütztes Reich, von dem ich nichts nach außen dringen ließ. Sechs Jahre habe ich in einem pietistischen Internat gelebt und war viel alleine. Noch heute komme ich relativ gut mit mir alleine aus. Meinen ersten Sex habe ich mit 15 mit einem Jungen erlebt, wir haben uns gegenseitig befriedigt. Das ist eine unheimlich schöne Erinnerung. Aber das ging nur mit diesem einen Jungen, weil der mir sehr nahestand.

Schon mit zwanzig bekam schnelles Abreagieren bei der Selbstliebe einen komischen Geschmack, wie leicht angebranntes Essen, was den Appetit verdirbt. Deswegen habe ich mir mehr Zeit genommen, 20 oder 30 Minuten, soviel brauche ich schon. Ich habe viele Stellen, an denen ich bei zarter Berührung sehr heftig reagiere, da wundern sich viele. Für mich ist es sehr lustvoll, mich am ganzen Körper zu berühren, nicht nur am Lingam[60].

F: Und was machst du dann so in der halben Stunde?

W: Ich versuche, den ganzen Körper zu erfühlen. Häufig mache ich eine Übung, bei der ich zuerst durch meine linke Hand meinen Körper wahrnehme, meine Spürrichtung geht von der Hand zum Körper. Dann drehe ich die Richtung um und nehme mit meinem Körper meine rechte Hand wahr. Das ist ein riesiger Unterschied, auch wenn das viele Menschen nicht glauben wollen. Wenn du das häufiger machst, dann kannst du dein Körpererleben deutlich schärfen, und das ist unheimlich schön. Das habe ich auch als junger Mann schon so gemacht.

F: Geht das auch in sexuelle Stimulation über?

W: Wenn ich Lust dazu habe, ja. Aber abends, wenn ich müde bin, eher nicht. Vielleicht morgens, wenn ich eine Morgenlatte habe und alleine bin. Da kann ich mich abreagieren. Wenn meine Partnerin da ist, finde ich das grenzwertig. Abends verbinde ich das inzwischen mit Reiki[61], das geht auch in diese meditative Richtung.

F: Hast du auch eine besondere Art, mit deinem Lingam umzugehen?

W: Ich vermute schon. Ich liebe ihn, wenn er ganz klein ist. Dieses Weiche oder Zarte ist für mich etwas sehr Anziehendes. Aus dieser Berührung kommt in aller Regel keine Aktion, mit der ich zum Orgasmus käme. Weil ich sehr gelenkig bin, konnte ich ihn lange auch in den Mund nehmen, bis ich weit über 40 war. Da gibt es viele Varianten.

F: Zurück zu deinen Erfahrungen mit Frauen. Ihr hattet zehn Jahre konventionellen Sex. Wie hast du es hingekriegt, dass ihr euch heute Zeit für die Liebe nehmt?

W: Eigentlich habe ich das gar nicht hingekriegt. Ich habe mich lange Zeit sehr angepasst. Nach zehn Jahren kam eine tiefe Krise, in der Birte nicht mehr wusste, ob sie weiter mit mir zusammen sein will. Wir haben fast sechs Jahre lang keinen Sex gehabt. Ich weiß noch, wie manche Männer gestaunt haben, als ich erzählte, dass wir seit Jahren keinen Sex haben und dass ich keinen Sex außerhalb will. Mir fällt es wohl leichter als anderen Männern, auf etwas zu verzichten. Mir war meine Partnerin wichtig und Sex außerhalb keine Option, solange nicht klar war, ob wir uns trennen.

F: Und wie hat sich das aufgelöst?

W: Wir wollten es nochmal miteinander probieren und haben langsam Schritte aufeinander zu gemacht. Und wir haben ein Seminar bei Diana Richardson[62] besucht. Nachdem wir schon 18 Jahre zusammengelebt hatten, hat das unsere Art, uns zu begegnen völlig verändert. Jetzt konnte Birte sich drauf einlassen.

F: Diana Richardson propagiert *Slow Sex*. Wie lebt ihr das ganz praktisch?

W: Wir verabreden uns einmal in der Woche, meistens am Wochenende und am besten sonntags, weil ich eine Vorbereitungsphase brauche, in der ich vom Berufsstress abschalte. Wir stellen das Telefon ab und an der Haustür kann jemand klingeln, solange er will.

Der Raum muss so sein, dass ich mich wohlfühle. Licht, Atmosphäre und Temperatur des Raumes müssen warm sein. Wir haben etwas zu trinken und ab und zu auch etwas zu essen da, Decken, einen Heizstrahler, wir machen Kerzen an und Duftlampen. Duft ist für mich wichtig, aber nicht zu intensiv, denn ich muss meine Partnerin riechen und unter Umständen auch schmecken können. Wer das einmal so richtig gerochen hat, wird sich nie mehr davon lösen können. Deshalb kann ich Parfum nicht ausstehen.

Wir nehmen uns zwei, drei oder vier Stunden Zeit, wobei das Ende meistens dadurch bestimmt wird, dass uns der Magen knurrt (lacht). Am Anfang schenken wir uns häufig Berührungen. Manchmal liegen wir erst mal eine Viertelstunde unter einer Decke. Ich habe häufig kalte Füße und Hände und muss mich anwärmen, weil Froschhände ein Erotikkiller sind. Es geht sehr langsam los. Es ist wichtig, dass du auf dich und auf dein Gegenüber achtest und rauskriegst, was in diesem Moment stimmt. Das funktioniert nicht immer in Richtung Erotik. Es kann auch sein, wir liegen da und fangen an zu kämpfen.

Sehr wichtig ist, dass sich keiner unter Druck fühlt. Dafür gibt es eine zentrale Voraussetzung, die wir *Grundsättigung* nennen. Wenn ich zu großen Hunger habe, komme ich in die Ungewissheit, ob ich auch meinen Hunger stillen kann. Für die Grundsättigung ist es zu wenig, wenn wir uns nur jede Woche oder sogar nur alle zwei Wochen begegnen. Deshalb liegen wir inzwischen jeden Abend und jeden Morgen eng beieinander. Diese emotionale Wärme ermöglicht mir ein Auftanken. Ich werde da schon satt, auch ohne „Einstöpseln"[63]. Die Grundsättigung ist auch eine wichtige Voraussetzung, ziellos ineinander eingestöpselt zu sein.

F: Kannst du dir auch über Selbstbefriedigung eine gewisse Grundsättigung verschaffen?

W: Ja, insbesondere, wenn wir uns lange nicht sehen. Auch das hat sich verändert. Bei meiner ersten Frau habe ich das häufig heimlich gemacht, so wie der Alkoholiker heimlich trinkt, weil er sich schämt. Heute ist mein Hunger nicht mehr so schambesetzt. Was ist schlimm daran, wenn ich Hunger habe und selbst einen Weg weiß, um diesen

Hunger ein klein wenig zu stillen? Ich kann mir das zugestehen und mir auch den Weg über die Selbstliebe erlauben.

F: Mit zunehmendem Alter wird manchmal das Halten der Erektion schwieriger, vor allem bei stillerem Sex. Kennst du so etwas?

W: Die Natur hat mich sehr wohlwollend bedacht, ich kann relativ lange eine Erektion haben. Wenn ich mich leicht bewege, kann ich kleine Reize ausnützen, so dass er nicht gleich zusammenschrumpelt. Es hilft, die kleinen Veränderungen des Fühlens sehr bewusst wahrzunehmen. Dabei bewegen wir uns durch alle möglichen Stellungen: ich oben, sie oben, ich ziehe sie oder mich zum Sitzen hoch und wir verschlingen die Beine. Drehen, Rollen, vorne, hinten, oder ein Partner liegt auf der Seite. Irgendwie musst du halt deine Beine entfädeln. Aber nicht schnell! Es ist wichtig, sich Zeit zu lassen, um den Wechsel zu genießen, nicht auszustöpseln. Das kann manchmal akrobatisch sein. Ich bin sehr beweglich, beweglicher als Birte. Ich kann immer noch meine Beine hinter den Kopf nehmen. Aber manchmal denkst du, verdammt noch mal, der Arm oder das Bein ist im Weg. Aber das macht Spaß, und es muss Spaß machen, sonst kannst du es vergessen.

F: Das klingt so, als hätte das Seminar einen Schalter umgelegt. Sind die alten Unterschiede verschwunden?

W: Nicht ganz, da hast du schon Recht. Aber heute lassen wir uns mehr auf den Augenblick ein, und der mündet häufig in gemeinsamem Erleben. Wir kommen jetzt schon lange sehr gut miteinander aus. Ich könnte täglich ein erotisch-sexuelles Zusammensein haben. Da hat aber Birte keine Lust drauf. Wenn ich diesen Unterschied übergehe, habe ich nichts gewonnen. Früher habe ich versucht, das trotzdem irgendwie zu erreichen, aber selbst wenn es mir gelungen ist, war das nicht befriedigend. Heute kann ich mich leichter arrangieren und trotzdem zufrieden sein. Mein sexuelles Erleben geht heute weit über das Einstöpseln hinaus. Auch Körperkontakt und emotionale Wärme ermöglichen es mir, aufzutanken.

F: Bei aller Harmonie: Wahrscheinlich gibt es trotzdem mal Stolpersteine. Was macht ihr, wenn ihr euch gerade gestritten habt, aber zum Liebemachen verabredet seid?

W: Wir treffen uns trotzdem. Was daraus wird, zeigt sich dann. Wenn wir allerdings richtig gestritten haben, muss ich abblasen, das kann ich nicht. Meistens merken wir das rechtzeitig und überlegen gemeinsam, ob wir verschieben sollen. Wir sind dann auch schon spazieren gegangen. Es gibt ja keinen Zwang, eine Verabredung unter Druck einzuhalten. Aber wir haben auch gute Erfahrungen damit, uns zunächst mal zu treffen, wenn bei einem irgendwas hochkommt. Wir versuchen, dem nachzuspüren und es dem anderen mitzuteilen. Dann tut sich vielleicht an einer anderen Stelle ein Türchen auf und du kannst in ein erotisches Abenteuer geraten, das viel schöner ist, als wenn alles ganz problemlos begonnen hätte.

Manchmal kommen mir während unseres Zusammenseins Dinge in den Sinn, die ich noch dringend erledigen müsste, und dann bin ich nicht mehr bei der Sache, ich muss dann überlegen, wie ich damit umgehe, damit es mich nicht weiter tangiert. Oder Birte wird plötzlich traurig, weil sie etwas nicht tun kann. Oder der Tod ihres Vaters kommt in ihr hoch. Für mich verbietet es sich, dann auf Erotik oder Sexualität zu bestehen. Wenn sie berührt ist, bin ich meistens genauso berührt und tauche mit in ihre Gefühle ein. Das gilt auch für den umgekehrten Fall. Emotionale Berührbarkeit ist bei mir besonders stark, auch im sonstigen Leben. Ich sehe mich da als nicht so sehr als männlich an, sondern eher als weiblich.
F: Was meinst du mit „weiblich"?
W: Dass ich vom Verhalten meines Gegenübers sehr berührbar bin. Außerdem liebe ich sanfte und zärtliche Berührungen, kräftige Berührungen turnen mich eher ab. Auch in Psychotests schneide ich als eine zum Weiblichen tendierende männliche Person ab. Ich kann auch in der Sexualität sehr gut empfangen, ich kann mich hinlegen und mich bedienen und verführen lassen.
F: Viele Frauen wünschen sich so einen empfindsamen Mann, oder?
W: Ja, aber das andere wollen sie genauso. Ich habe Probleme damit zu bestimmen. Wir machen häufig die Übung mit Königin/König auf der einen Seite und Dienerin/Diener[64] auf der anderen Seite. Ich habe es sehr viel leichter in der dienenden als in der bestimmenden königlichen Rolle.

F: Wenn wir schon bei männlich und weiblich sind: Hast du erotische Erfahrungen mit Männern?

W: Ja, ich sehe bei mir auch einen homosexuellen Anteil. Ich verliebe mich zwar nicht in einen Mann, aber es ist genug Neugierde da, dass ich mich auf sexuelle Berührungen mit einem Mann einlassen kann. Aber ich brauche ein Umfeld wie mit einer Frau. Ich muss eine sehr enge Beziehung zu diesem Menschen haben.

F: Das hast du schon erlebt?

W: Ja, mehrfach. Manchmal würde ich gern mehr auf der männlichen Seite stehen und die männliche Kraft besser wahrnehmen.

F: Gelingt dir das eher mit Männern? Oder bist du da der weibliche Pol?

W: Nein, da fühle ich mich männlich. Da sind wir eindeutig zwei Männer! Eigentlich ist es mehr Sex, aber doch auch nicht ganz. Es hat etwas mit dieser männlichen Kraft zu tun, die mir oft nicht zur Verfügung steht. Wir müssen uns nicht unbedingt einen Orgasmus verschaffen, aber das Berühren, auch ein bisschen kräftiger, macht etwas mit mir. Ich kann daraus etwas mitnehmen, was mich bestärkt und mir eine andere Seite meines männlichen Daseins näherbringt.

F: Sind das eher Zufallsbegegnungen?

W: Nein. Es gibt nur wenige männliche Partner, wo ich diese innere Freiheit habe. Es gibt einen, mit dem ich mich immer mal wieder treffe. Wir gönnen uns normalerweise einmal im Jahr einen Wohlfühlabend mit körperlicher Nähe. Da ist alles erlaubt. Je nachdem, wo er steht und wo ich stehe. Wir genießen das beide. Übrigens auch dort ohne jegliches Ziel. Das ist inzwischen etwas ganz Elementares für mich: Wenn es ein Ziel gibt, dann kannst du fast sicher sein, dass es schief läuft. Ohne Ziel erlebst du Dinge, die du sonst nicht erleben kannst.

F: Wo würdest du dich im Spektrum zwischen monogam und polyamor einordnen?

W: Definitiv bei monogam. Monogam bedeutet für mich, dass andere Frauen neutral sind, solange ich mit einer Partnerin liiert bin. Ich liebe es zwar, schöne Menschen anzusehen, mit schönem Körper, mit schönem Gesicht und schönen Haaren. Ich empfinde es als Geschenk, von schönen und gepflegten Menschen umgeben zu sein, es gibt ja auch wunderschöne Männer. Nur der Gedanke, mit dieser Frau ein Techtelmechtel anzufangen, ist mir während meiner Beziehungen nie in den Sinn gekommen. Das hat sich aber in den letzten Jahren etwas verändert.

F: Was ist passiert?

W: Es gibt ein Frauenpaar, wo ich von einer sehr tiefen Liebe sprechen würde, die den Körper mit einbezieht. Mit diesem Frauenpaar haben wir uns lange Zeit zu viert getroffen. Wir haben zunächst nur ausgetauscht, wie es uns geht. Irgendwann haben wir uns auch gegenseitig Nähe geschenkt. Die ganze Quatscherei mal sein zu lassen, war sehr erfrischend und wohltuend. Aber wo fängt die Sexualität an? Wenn du neben einem Menschen im gleichen Bett schläfst und dich gegenseitig berührst und streichelst, ist das Sexualität? Ich würde das so nennen, aber das heißt noch lange nicht, miteinander zu schlafen, das ist ein fließender Übergang. Es gab in den letzten Jahren auch erotische Begegnungen mit anderen Paaren, wo wir uns gegenseitig guttun, wiederum ohne Ziel. Inzwischen kann ich gemeinsam mit Birte auch mit anderen Menschen körperliche Nähe leben und genießen, wie das früher für mich nicht denkbar gewesen wäre. Wobei ich mich mehr zurückhalte, wenn ein anderer Mann im Spiel ist.

F: Gemessen an der konventionellen Definition von „monogam" schilderst du ein ziemliches Spektrum von erotischen oder sexuellen Erlebnismöglichkeiten …

W: Ja, wann beginnt Sexualität? Die Antwort hat sich bei mir in letzter Zeit sicherlich gewandelt, und damit vielleicht auch die Wahrnehmung, was monogam ist und was nicht. Klar ist für mich: Außenbeziehungen sind definitiv außerhalb monogamen Verhaltens. Aber ich habe heute mehr Möglichkeiten, eine gewisse Grundzufriedenheit zu bekommen als früher. Ich kann der Sexualität und Erotik schon unheimliche emotionale Kräfte entnehmen. Andere kriegen das vielleicht durch Literatur oder durch Musik. Das sind Sachen, die auch emotional nähren. Aber Sexualität ist ein Grundnahrungsmittel. Ohne Kunst und Musik könnte ich noch eher leben als ohne Sexualität. Und dann kommt noch die Verbundenheit mit einem höheren Etwas dazu.

F: Was meinst du damit?

W: Den spirituellen Aspekt. Den erlebe ich aber nicht in der Sexualität mit einer Partnerin, sondern mit mir allein. Bei einer Reise durch die Chakren[65] beispielsweise kann ich im Scheitel-Chakra in einen Zustand kommen, in dem ich entgrenzt bin. Ich erfahre das auch in der Meditation, da ist der Kopf auch plötzlich weg, also ein vergleichbarer Zustand. Durch meine streng kirchliche Erziehung habe ich die Kehrseite von Religion erfahren. Heute habe ich deswegen mehr Nähe zum Buddhismus und zum Zen.

F: Was würdest du anderen Männern mitgeben wollen?

W: Männer nehmen sich oft zu wichtig. Wir leben in einem Patriarchat, wo sich viele Männer Rechte rausnehmen, die sie nicht haben. Wenn ich mit einer Partnerin erfrischende, erfüllende und beständige Sexualität oder Liebe erleben will, dann brauchen wir mehr Achtsamkeit, mehr Geduld und weniger, die eigenen Bedürfnisse über alles zu stellen. Der Schlüssel für mich ist: Es muss etwas mit Liebe zu tun haben. Dann ist alles erlaubt, solange beide Seiten sich darin wohl fühlen. Dann die Erwartungshaltung beim Orgasmus. Bevor Mann keinen hat, hört Mann nicht auf. Was habe ich davon? Im Zweifelsfall jemanden übergangen und ausgenützt. Damit habe ich große Schwierigkeiten. Es ist für mich absolut abtörnend, wenn ich auch nur den Anflug davon empfinde, meine Partnerin zu benutzen.

F: Was würdest du den Frauen sagen wollen?

W: Sie sollen gut für sich sorgen, ohne ihre Macht auszuüben. Die haben sie durch ihre Möglichkeit, sich Männern gegenüber zu verweigern. Frau sollte sich trauen zu sagen, wenn und warum sie keine Lust hat. Es kann für den Mann unangenehm werden, wenn er den tatsächlichen Grund erfährt. Aber wenn Verweigerung als Waffe benutzt wird, dann finde ich das schlimm. Beide sollten für sich sorgen, aber nicht ihre Waffen einsetzen, um den anderen zu etwas zu zwingen. Sie sollten mehr aufeinander zugehen.

F: Danke, Walter, für das intime Gespräch.

Gedankensplitter: *Wollen es Männer schnell und heftig?*

Ein achtsamer, rücksichtsvoller, zärtlicher, einfühlsamer Mann mit sehr viel Zeit für Liebe und Erotik, der auf die Wünsche seiner Partnerin eingeht, ihr Raum für ihre eigenen Entwicklungen gibt und auch gut allein sein kann: Ist es nicht das, was Frauen wünschen? Was will frau mehr?

Einen richtigen Mann? Zielstrebigkeit und Dominanz gehören nach traditionellem Verständnis zum männlichen Pol. Aber das heißt offenbar nicht, dass ein Mann diese Eigenschaften verkörpern muss, um eine erfüllende Sexualität und eine intensive Liebesbeziehung zu leben. Manche Männer finden ihren eigenen, unkonventionellen Weg, sich mit männlicher Energie zu verbinden, zum Beispiel in körperlichen Kontakten mit einem anderen Mann. Viele Männer bekämen an dieser Stelle vielleicht Angst, schwul oder zumindest bisexuell zu sein. Solche Kategorien erscheinen im Vergleich zum realen Leben fantasielos.

Seit einiger Zeit wird eine spezielle Richtung des zeitgenössischen westlichen Tantra zunehmend vom Mainstream aufgegriffen: *Slow Sex*. Nicht zufällig erinnert der Begriff an *Slow Food*. Wer es langsamer und bewusster macht, hat mehr davon und trägt obendrein zu ökologischem Gleichgewicht und zu einer friedlicheren Welt bei. *Slow Sex* gilt als eher weiblicher Sex der Zukunft, aber ist er auch männergerecht? Wollen Männer nicht zumindest manchmal schnell und heftig zum Ziel kommen? Vieles spricht dafür, dass Männer sich in jungen Jahren durch ihre hektisch-verschämte Masturbation selbst auf schnelles Abspritzen hin konditionieren. Die Hirnforschung hat herausgefunden, dass das Gehirn – ähnlich wie ein Muskel – diejenigen Fähigkeiten ausbildet und später unterstützt, die ausgiebig genutzt werden. Ungenutzte Potenziale lässt es verkümmern.[66] Der manchmal biologisch hergeleitete Hang zu schnellerem Sex hätte so gesehen weniger mit Männlichkeit als mit entsprechendem Training zu tun.

Die Erektion – oder ihr Ausbleiben – ist neben zu schnellem Kommen das zweite große Thema, das mit männlicher Sexualität in Verbindung gebracht wird. Viele Männer kennen das Phänomen: Die Angst, dass *Er* nicht steht, entwickelt sich zur sich selbst erfüllenden Prophezeiung. Sich nicht unter Druck zu setzen und ein weiches Glied genauso sinnlich zu genießen wie den kraftstrotzenden Phallus, kann hingegen ein gutes Heilmittel sein.[67] Dazu gehört die Möglichkeit, sich auch ohne volle Erektion zu vereinigen, wie sie beispielsweise im *Slow Sex* gelehrt wird.

Viele Männer erleben Sex mit sich selbst als minderwertigen Ersatz, wenn Partnersex nicht verfügbar ist. Das muss nicht so sein, wir können in sexueller Selbstliebe sogar eine spirituelle Dimension entdecken. Die von Walter beschriebene Praxis, sich bei der Selbstliebe mal als aktiv, mal als empfangend wahrzunehmen, spielt dabei möglicherweise eine entscheidende Rolle. Denn Sexualität braucht Polarität. Wir können sie in einem Partner finden, aber auch in uns selbst.

Unser nächster Gesprächspartner lebt wie Walter seit langer Zeit in einer festen Beziehung und auch ihm ist gegenseitiger Respekt wichtig. Wie er seine Sexualität lebt, könnte aber konträrer kaum sein.

5. Gespräch mit Karl

> *Ich glaube nicht, dass ich Fantasien habe,*
> *die ich noch nicht ausgelebt habe.*

Frage: Karl, bist du ein ganz normaler Mann?
  Karl: Ich empfinde mich schon als normal, aber ich fände es schade, wenn mich jemand als normal bezeichnen würde. Ich finde, dass ich eine gewisse Persönlichkeit habe. Die möchte ich auch behalten.
F: Was ist an deinem Mannsein nicht normal?
  K: Ja klar, mein Schwulsein. Und dass ich sehr frei lebe und mache, was ich will. Nicht im Job, aber im Privatleben lebe ich mein Leben so, wie es mir oder uns Spaß macht.
F: Wann ist dir klar geworden, dass du schwul bist?
  K: Schon während der Pubertät, ich schätze mit 13. Ich fand Jungs einfach sexier als Mädchen, eigentlich schon mit zwölf.
F: Damals war Homosexualität noch strafbar.
  K: Das war nicht einfach, ich konnte mich ja nicht outen. Noch dazu komme ich aus einer Kleinstadt. Die paar Schwulen, die man kannte, waren stadtbekannt und berüchtigt. Meistens waren es ältere Herren, da kam ich mir sehr einsam und verlassen vor. Ich dachte, das kann doch nicht wahr sein, bin ich der Einzige auf dieser Welt, außer den Senioren auf der Bahnhofsklappe? Bis ich dann mal am Wochenende nach München ausgebüxt bin und gemerkt habe, das geht anders. Es gibt auch junge Leute, die schwul sind.
F: Hattest du damals eher Kontakt mit älteren Männern oder mit Gleichaltrigen?
  K: Die waren älter, aber mit 14 ist jemand mit 25 schon alt. Senioren hatte ich keine, die waren alle unter 40. Aber in diesem Alter ist man ja auch etwas blöd im Kopf. Man meint, man ist der Größte und der Beste ...
F: Wie war das, als unerfahrener Teenie mit älteren Männern?

K: Das war eigentlich ganz okay. Heute sehe ich das natürlich etwas anders. Für die war ich fast schon zu alt, ich nehme an, das waren fast so was wie Päderasten. Ich wusste damals nicht, dass die schon mit einem Fuß im Knast standen. Und ich wollte es ja auch. Es war nicht so häufig, wie ich es gerne gehabt hätte, ich konnte ja nicht immer abhauen. Ich habe dann offiziell bei einem Freund übernachtet, ich bin nach München, er ist woanders hin, und dann wir haben uns auf der Heimfahrt wieder getroffen.

Mit 15 haben es meine Eltern erfahren, da gab es einen Riesenknatsch. Ich bin einfach mal ein halbes Jahr nicht nach Hause gekommen.

F: Haben deine Eltern dir gedroht?

K: Sie haben gesagt, dass das kriminell sei, was ich mache. Dann gab es in unserer Familie noch einen großen Skandal aus der Zeit von Adolf. Ein Onkel von mir war bei der SS, wurde kurz vor Kriegsende als schwul geoutet und kam ins KZ. Das wurde mir vorgehalten! Und natürlich, was die Nachbarn denken. Ich habe mich da ein bisschen durchsetzen müssen und gesagt, dass mir egal ist, was die Nachbarn denken, es geht um mich, und sie können sich entscheiden, entweder sie akzeptieren mich ...

F: Du warst sehr früh herausgefordert, zu dir zu stehen.

K: Wohl oder übel. Mein Vater wollte eh nichts davon wissen. Dem war das Thema unangenehm, basta, hat für ihn einfach nicht existiert. Stress hatte ich nur mit meiner Mutter. Nach dem halben Jahr hat sie eingelenkt. Mit 16, 17 fand sie es toll, dass sie mit mir shoppen gehen konnte und solche Sachen, und dann hat sie es irgendwann mal akzeptiert. Sie hat auch meinen damaligen Freund sehr gemocht, da war ich 18, der war wie ihr dritter Sohn.

F: Wie hast du zu deiner Sexualität gefunden? Wurdest von älteren Männern eingeführt?

K: Es kommt drauf an, wo man anfängt. Mit 16 war ich eine totale Tunte. Ich dachte, das ist normal, ich wusste es ja nicht anders. Ich habe die entsprechenden Leute kennengelernt und war voll dabei. In der Hippiezeit waren viele Leute verrückt drauf. Es war ganz lustig, aber ich muss es nicht dauernd um mich haben. Das ist nicht so mein Ding, stehe ich absolut nicht drauf. Heute finde ich das furchtbar. Aber gut, das war eine Lernphase. Und ich habe Glück gehabt. Meine Jugend war eine harte Zeit. Da hat keiner jemanden in die Wohnung mitgenommen, man konnte schnell erpresst werden, was ja auch oft genug passiert ist.

F: Bist du selbst mal erpresst worden?

K: Nein, dafür war ich zu jung. Was wollten die bei mir holen? 1969, da war ich 16 oder 17, wurde der Paragraph entschärft. Ich hatte, Gott sei Dank, einen Schulfreund, mit dem ich darüber reden konnte. Der hat mich auch akzeptiert.

F: Der war selbst nicht schwul?

K: Nein, aber der hatte sich schon gedacht, dass ich mal schwul werde. Das waren Zeiten ... Auf dem ersten CSD[68] war ich nicht, aber ich war auf dem zweiten, da waren wir 600 oder 700 Leute. Heute sind es z. B. in Köln 500.000.

F: Hattest du dann eher feste Beziehungen oder sporadische Kontakte?

K: Unterschiedlich, mal hatte ich zwei bis drei Jahre eine Beziehung, dann musste ich eine Zeit lang meine Ruhe haben, und dann wollte ich wieder eine Beziehung.

F: Kam auch mal eine Frau infrage?

K: Jein. Ich war zwei Jahre mit einer Frau zusammen. Für mich war es nur eine Freundschaft, aber sie dachte, sie könnte mich umdrehen. Wir haben einmal probiert, miteinander zu schlafen, aber es ging nicht. Es war zwar schön, aber es hat mich nicht angetörnt. Wir haben uns toll verstanden, aber auf Dauer wäre es keine Lösung gewesen. Als wir noch nicht zusammengewohnt haben, bin ich abends noch schnell ausgegangen. Klar, woher will sie wissen, ob ich um elf noch auf die Piste gehen, wenn ich sage, ich gehe ins Bett. Was eigentlich Blödsinn war, weil sie es gewusst hat. Ein schwuler Mann ist viel aktiver als ein Hetero. Wenn du als Schwuler Sex willst, dann kannst du innerhalb einer Stunde Sex haben, über das Internet sogar noch schneller. Ich hätte meine Freiheit ausleben müssen, dann wäre es gegangen.

F: Wie hast du es angestellt, wenn du Lust auf Sex hattest?

K: Ich ging in Bars. Klappen waren nicht so mein Ding. Wenn, dann habe ich dort höchstens mal jemanden kennengelernt und mitgenommen.

F: Ist es prickelnd, so spontan jemanden zum Sex kennenzulernen?

K: Manchmal war es prickelnd, manchmal ganz normal. Aber mit dem Alter ändert sich das Empfinden. Früher habe ich keine Ansprüche gestellt. Das war für mich netten Sex haben, irgendwie abspritzen und fertig. Danach wollte ich meine Ruhe haben. Am liebsten war mir, wenn er heimgegangen ist, also nicht über Nacht geblieben.

F: Aber als du deinen jetzigen Partner kennenlerntest, hast du dich verliebt, oder?

K: Aber hallo! Ich habe ihn gesehen und gedacht: mein Gott, toller Typ! Schon in der ersten Nacht spürte ich: Das ist er. Aber dann hat er mir erzählt, dass er befreundet sei, und ich war total frustriert. Aber er befand sich in Trennung, ich konnte also hoffen. Nach meiner vorherigen Beziehung wollte ich nie wieder diesen Zirkus, ich hatte keine Lust, dieses Heteroleben nachzuleben, mit Eifersucht und so weiter. Da wusste ich, meine nächste Beziehung muss eine offene sein.

F: Was hat dich an ihm so fasziniert?

K: Sein offenes Lachen zum Beispiel. Wenn er mich frech angegrinst hat. Da hat die Chemie gestimmt. Das passiert mir nicht so oft. Nach drei Monaten sind wir zusammengezogen, aber klar in einer offenen Beziehung. Trotzdem haben wir drei Jahre gewartet. Wir hatten schon mal Dreier, aber die waren weniger gut, weil der Dritte meistens auf einen von uns fixiert war. Wir hatten nur zwei oder drei Dreier, die wirklich gut waren. Ansonsten waren es kleine Spielchen, die wir uns schnell wieder abgewöhnt haben. Dazu kam der Druck, sexuell nicht zu versagen. Auf einmal ging nichts mehr.

F: Bei wem ging nichts mehr, bei euch oder bei dem Dritten?

K: Beides. Der Erwartungsdruck vom Dritten war sehr hoch, und vor lauter Angst, dass das nicht klappt, hat es auch nicht geklappt. Wir haben das dann wieder bleiben lassen und damit das Problem beseitigt. Wenn das zum ersten Mal passiert, denkt man sich nichts,

beim zweiten Mal wird man schon unsicher. Wenn es sich erst mal im Kopf festgesetzt hat, hat man immer Angst vor dem nächsten Mal. Und dann stand auch noch der gute Ruf auf dem Spiel (lacht).
F: Spricht sich das herum?

K: Ja klar, in der schwulen Szene schon. Wir waren gerne unterwegs, wir waren bekannt wie die bunten Hunde, wir haben ausgiebig und intensiv gefeiert. Wir haben beide bei einer Airline gearbeitet und sind zu guten Partys durch die ganze Welt geflogen. Wir waren, wie man so schön sagt, Partytiere und haben uns gut die Kante gegeben. Wir hatten einen schlechten Ruf – also schlecht in Anführungszeichen –, einen guten natürlich! Wir haben gar nicht so viel rumgemacht, aber waren berüchtigt dafür, haben in Lokalen hemmungslos mit Typen rumgemacht und rumgeknutscht. Aber das war's dann, wir haben uns heiß gemacht und dann den Dritten stehen lassen. Leider. Ist halt so. Einmal hatten wir allerdings eine Dreierbeziehung über zwei bis drei Jahre. Das war anstrengend, weil der Dritte sich immer wieder ausgegrenzt fühlte, ohne Grund, er fühlte sich einfach so. Außerdem war er manisch-depressiv und zum Schluss hat er sich umgebracht. Damit muss man fertig werden. Es hat ein halbes Jahr gedauert, bis wir das auf die Reihe gekriegt haben.
F: Hat euch diese Krise einander näher gebracht?

K: Eigentlich haben alle Krisen unsere Beziehung gestärkt. Da haben wir immer zusammengehalten, Gott sei Dank, egal, was einer für einen Mist angestellt hat. Sicher streiten wir mal, wenn jemand etwas zum Einkaufen vergessen hat oder so Kleinigkeiten. Wir haben uns nur dreimal richtig gestritten in der ganzen Zeit.
F: Um was ging es dabei?

K: Um die Beziehung. Mein Mann hatte etwas mit einem anderen und der Dritte im Bunde fragte, was mich das anginge, ich solle mich da raushalten, das sei eine Sache zwischen meinem Partner und ihm. Womit er ja im Prinzip Recht hatte, aber ich habe das trotzdem nicht geschluckt. Immerhin ging es darum, ob wir uns trennen. Wir haben nächtelang diskutiert und versucht, einen Weg zu finden. Ein anderes Mal haben wir gestritten, als er mit jemandem in die Kiste ist, wo ich es partout nicht wollte. Ich habe gesagt: Mir ist egal, mit wem du was hast, aber nicht mit dem. Er hat es natürlich trotzdem gemacht. Aber ich habe sie leider nicht erwischt (lacht).

F: Bist du heute noch eifersüchtig?

K: Nein. Inzwischen haben wir uns auch in eine ganz andere Richtung entwickelt, wobei ich mir immer noch viel Zeit für meinen Partner nehme. Wir leben ja seit 26 Jahren in einer supertollen, offenen und respektvollen Beziehung, und seit drei Jahren sind wir auch „verpartnert". Die Wochenenden sind belegt, da habe ich keine Lust auf ein Date mit irgendjemand anderem. Da kommt kaum jemand anderes rein. Sexuell ist es natürlich sehr selten geworden. Man kennt sich zu gut, man findet sich nicht mehr – wie man so schön sagt – geil. Auch bei Hetero-Pärchen ist nach 20 Jahren die Luft raus. Aber für mich ist das sexuelle Leben nicht vorbei, wenn die Luft raus ist, sondern es geht weiter.

F: Was suchst du heute in deinen sexuellen Kontakten?

K: Dass sie intensiver werden. Ausschlaggebend waren Drogenerfahrungen, die haben meinen Horizont erweitert. Ich bin weitergegangen, als nur normalen Sex zu haben. Dann habe ich gemerkt, dass ich eine dominante Ader habe, eine Machoader. Erst kam mir das blöd vor, aber mittlerweile weiß ich, es gibt genügend, die genau das suchen. Ich mache absolut nichts, was jemand nicht will, ich bin kein Arschloch. Wobei man aufpassen muss, dass man sich nicht verheddert, sonst macht man nur noch das, was andere wollen, und bleibt selber auf der Strecke.

F: Hattest du immer die dominante Rolle oder hat es dich auch gereizt zu wechseln?

K: Ich war immer der Aktive. Das hat einen ganz banalen Hintergrund: Ich wurde als Kind vergewaltigt. Dadurch durftest du mich lange anal überhaupt nicht anrühren. Da habe ich kopfmäßig zugemacht, das hing einfach in mir drinnen. Keine Ahnung. Da habe ich heute noch ein bisschen Kopfsachen damit.

F: Wie alt warst du da?

K: Ich glaube, zehn oder elf. Ich konnte auch nicht nach Hause gehen und mit meinen Eltern darüber sprechen. Im Prinzip läuft das dann wie teilweise heute noch: Den Kindern wird die Schuld eingeredet. Hätte ich den Eltern etwas erzählt, hätte ich in ein Heim kommen können. Da hat man erst mal ruhig geschaut, dass man selbst damit fertig wird.

F: War das jemand, den du kanntest?

K: Nein, das war ein völlig Fremder. Das war alles andere als angenehm, und dadurch ist automatisch programmiert, dass ich nie passiv war.

F: Das ist bis heute so geblieben?

K: Jein. Ich bin eigentlich immer noch der Aktive. Aber mit dem Richtigen kann es auch schon mal passieren, dass ich passiv bin. Aber am liebsten ist es mir, wenn beide dominant und aktiv sind, das kann eine sehr spannende Geschichte werden, sehr aggressiver Sex, aber auch sehr gut. Da versucht jeder jeden zu unterwerfen. Ich hatte das erst einmal, aber das war genial, mit der beste Sex, den ich je hatte. Da hat jeder jeden gefickt, und obwohl ich es eigentlich nicht wollte, hat es mir Spaß gemacht. Man konnte den Spieß ja jederzeit umdrehen. Es war eine sehr aggressive Stimmung.

F: Und die hat die Geilheit erhöht?

K: Total! Das war mal ganz etwas anderes. Aber es passiert leider sehr selten. Die meisten wollen lieber passiv sein. Ich würde sagen, 60 bis 65 Prozent der Schwulen sind passiv oder beides. Nun gut, als Aktiver muss man mehr arbeiten (lacht). Langsam komme ich in ein Alter, wo das anstrengend wird.

F: Was törnt dich in der dominanten Rolle am meisten an?

K: Dass ich machen kann, was ich will, auch Fesselspiele und solche Geschichten.

F: Um Macht zu spüren?

K: Ja klar! Aber ich weiß natürlich, die vertrauen mir. Ich würde mich nicht von einem Fremden so fesseln lassen. Aber sie haben die Sicherheit, kennen meinen Namen und meine Adresse, ich könnte nicht so viel Blödsinn anstellen wie umgekehrt, wenn sie jemanden kommen ließen.

F: Was machst du mit den Männern, wenn du sie gefesselt hast?
K: Ich kann sehr hart sein, es kommt aber darauf an, auf was sie abfahren. Mit Augen verbinden fängt es an, auch Auspeitschen oder mit Wachs oder weiß der Kuckuck was, es gibt genügend Spielarten. Aber wie gesagt, ich muss Obacht geben, dass nicht der Herr zum Sklaven wird.
F: Inwieweit macht es dich an, wenn es ihn anmacht? Kann sich das gegenseitig hochschaukeln?
K: Klar macht mich das an, aber ich finde es noch interessanter, wenn es jemand zum ersten Mal macht. Der muss sich dann völlig auf seinen Tast-, Spür- und Geruchssinn verlassen und er muss natürlich ein gewisses Vertrauen in mich haben.
F: Gibt es ein Codewort für den Notfall?
K: Ja, ganz einfach Stopp. Genug ist genug. Ansonsten kann er jammern, und ich mache, was ich will, da kenne ich kein Pardon. Aber nur beim Sex, privat oder in Freundschaften bin ich total gleichberechtigt. Das könnte ich auch nicht anders haben, mein Partner muss gleichberechtigt sein und auch seine eigene Meinung vertreten. Ungerechtigkeit könnte ich nicht ertragen.

Bei psychischer Dominanz geht es auch mal um Beherrschung. Das ist schwer und kommt nicht oft vor. Es geht über Stunden. Wobei, Menschen zu erniedrigen finde ich nicht toll. Ich mache es lieber körperlich, da habe ich mehr Spaß, weil ich weiß, dass auch der andere Spaß daran hat. Und ich fessele gerne, ich genieße, dass er total wehrlos ist.
F: Fesselst du den ganzen Körper?
K: Nein, das ist mir zu anstrengend. Ich finde es nicht geil. Ich habe mir das mal angeschaut, es gibt Clubabende, da wird eine Stunde eingepackt und dann wieder ausgepackt, das war's. Das fand ich nicht prickelnd. Ich will so fesseln, dass ich Spaß daran habe. Ich bin auch ein absoluter Voyeur beim Sex. Deswegen finde ich es geil, die Augen zu verbinden, weil ich dann selbst nicht beobachtet werden kann.
F: Und ihn anschauen kannst, wie du möchtest?

K: Genau. Manchmal passiert eine Viertelstunde gar nichts. Ich bin sehr figuren- und bodyfixiert, der Körper muss stimmen. Er kann ruhig massig sein, aber kein riesiges Übergewicht. Er darf auch nicht zu dünn sein, das kann ich gar nicht ab. Und er muss ein Mann sein. Ich mag niemanden, der rasiert ist und solche Sachen. Leider liegt das sehr im Trend.

F: Suchst du deine Sexpartner über das Internet?

K: Ich lasse mich finden. Warum soll ich mir Arbeit machen und eine Absage kriegen? Mein Profil und meine Bilder sprechen für sich. Ich habe mein Alter nicht ganz ehrlich angegeben, aber fast. So spreche ich die Leute an, die sich dafür interessieren.

F: Du hast keinen Jägerinstinkt?

K: Nein, ich bin eher phlegmatisch. Ich habe eigentlich schon immer anderen die Initiative überlassen, wahrscheinlich, weil ich keine Lust hatte, einen Korb zu bekommen. Wobei man natürlich immer selbst signalisiert: Du kannst mich anmachen. Das ist ja genauso wie bei den Heteros, da ist es meistens die Frau, die das signalisiert. Früher ist man ausgegangen, da war der Augenkontakt das Prickelnde. Im Internet ist das schon eine Art *Meat-Market*, ficken und wieder gehen. Es ist okay, aber ab und zu fehlt der Flirtfaktor. Andererseits bekomme ich leicht das, was ich will.

F: Was erfüllt dich im Sex am meisten?

K: Wenn die Chemie stimmt, dann erfüllt mich alles. Dann kann mich eine Wade genauso erfüllen wie ein Schwanz, wie ein Arsch, wie ein Ohr, wie ein Kopf, das ist völlig egal, ich mache Sex mit dem ganzen Körper und nicht nur mit einem Körperteil. Auch der Orgasmus am Schluss ist nicht wichtig. Der ist dann zwar ein Tüpfelchen auf dem i, aber ich finde ihn manchmal ein bisschen überbewertet, muss ich ehrlich sagen. Er ist mir nicht mehr so wichtig.

F: Hat sich die Qualität deiner Orgasmen verändert?

K: Ja klar, aber ich muss dazu sagen, ich rauche ganz gerne dabei. Da ist es dann um vieles intensiver, aber auch schwieriger zu kommen. Ich kann eine geile Nacht mit jemandem haben, ohne dass einer von beiden kommt. Dadurch fällt auch der Leistungsdruck weg, immer gut zu sein, eine Erektion zu haben usw., ich meine, wir werden alle älter. Ich bin froh, dass ich immer noch eine habe, aber die kann mich auch mal verlassen, auch mit Viagra®. Sicher, wenn ich ficke, ist es schon wichtig.

F: Wie wichtig ist für dich das Ficken?

K: Nicht sehr. Es ist okay. Aber wenn ich nicht ficke, sterbe ich nicht dran.

F: Machst du es mehr für den andern als für dich selbst?

K: Ich mache es für mich selbst, aber auch für den anderen. Mir ist es nicht so wichtig, vor allem spiele ich auch etwas Russisches Roulette dabei, weil ich nur ohne Gummi ficke. Gott sei Dank bin ich immer noch negativ. Deswegen muss ich mir sehr sicher sein. Spontan mit jemandem zu ficken, klappt eh nicht. Das ist eine Kopfsache. Kondom an, und die Erektion ist weg.

F: Wie sicherst du dich ohne Kondom ab?

K: Es gibt zwei Möglichkeiten. Wenn er HIV-positiv ist, Medikamente nimmt und unter der Nachweisgrenze ist: Damit habe ich die besten Erfahrungen gemacht und mich bisher nicht angesteckt. Oder ich muss einfach ein gutes Gefühl haben, dass das kein Typ ist, der viel rumfickt, wo ich weiß, ich bin so ziemlich der Einzige, mit dem er das macht. Vielleicht ist das die Menschenkenntnis im Laufe der Jahre. Aber mit Kondom bin ich nicht der große Erfolgsmensch.

F: War das mal anders?

K: Bis zu einer gewissen Zeit brauchtest du ja keine Kondome. Danach hatte ich eine Zeit lang einen Schock, da habe ich gar nicht mehr gefickt. Wir haben Ende der Achtziger, Anfang der Neunziger viele Freunde verloren, fast die Hälfte unseres Bekanntenkreises ist gestorben. Wenn man das so mitkriegt, verliert man die Lust. Ich hatte schon einen Knacks weg, und das ging vielen so. Dann kam raus, dass man nur noch mit Kondom ficken sollte, was eigentlich schon klar war, bevor das publik wurde. Man hat nur schauen müssen, wer welche Praktiken hatte und wer daran gestorben ist. Da war mir irgendwie klar, dass das nur beim Ficken passieren kann.

F: Wurden eher die angesteckt, die sich ficken ließen?

K: Ja, meistens hat es die Passiven erwischt. Daher ist mir Ficken nicht mehr so wichtig. Ich mache gerne Dildospiele, oder wenn jemand auf Fisten[69] steht, finde ich das auch sehr geil. Wobei, das ist eine sehr intime Geschichte, da muss die Chemie schon stimmen. Dafür muss ich jemanden sehr geil finden, da muss es also schon zu 95 Prozent passen. Das ist ein sehr intensives Gefühl, du spürst das Herz schlagen. Man kann das schwer beschreiben. Das möchte ich auch nicht als Massenphänomen anwenden. Es ist ja mittlerweile keine besondere Sexualpraxis mehr, sondern gang und gäbe.

F: Hast du Vorlieben, die du noch nicht erwähnt hast?

K: Ja, Gruppensex, Orgien. Sex mit einem anderen vor Zuschauern, mitten im Lokal oder auch im Freien. Ein gewisser gesunder Exhibitionismus gehört dazu. Anfassen dürfen sie mich nicht, aber zuschauen, das kann mich sogar zu Höchstleistungen anspornen. Auch Sex mit mehreren kann gut sein. Ich glaube nicht, dass ich Fantasien habe, die ich noch nicht ausgelebt habe. Ich war auch schon der totale Sadist, aber nicht auf die ganz harte Tour, das widerspricht meiner Einstellung ...

F: Wo ist für dich die Grenze?

K: Wenn die Sache blutig wird. Finde ich nicht gut, nicht geil und es macht mich nicht an. Bei uns sagt man, ich mache SM light, also schon mit Klammern usw. einen gewissen Schmerzpunkt erreichen, aber einen, der erträglich ist. Ich habe natürlich alles erst mal an mir selber ausprobiert, damit ich weiß, wo die Grenzen sind oder wie weit ich gehen würde.

F: Du hast alles an dir ausprobieren lassen?

K: Nein, ich habe es an mir selbst probiert. Ich wollte wissen, wie weit ich gehen kann. Auch für Peitschen oder Elektro musste ich ein Gefühl bekommen, inwieweit jemand etwas ertragen kann. Noch Fragen?

F: Das ist eine ganze Menge, was du mir anvertraust.

K: Ich lebe sehr offen und intensiv. Ja, ich habe meinen Spaß. Gott sei Dank, dass ich noch relativ fit aussehe, dafür dass ich 60 bin. Ich hätte nicht gedacht, dass ich so lange in der Szene durchhalte.

F: Und wie stellst du dir das vor, wenn das mal weniger wird und du nicht mehr so leicht Partner findest?

K: Dann werde ich vielleicht aufhören, mir Hormone spritzen zu lassen. Dann ist Ruhe.

F: Du lässt dir Hormone spritzen?

K: Ja sicher, schon lange. Der Testosteronspiegel geht mit 50 runter, und solange man in der heutigen Leistungsgesellschaft steht und arbeiten und Leistung bringen muss, sollte man darauf achten. Das mache ich, seit ich 50 bin. Du hast mehr Energie in der Arbeit, und der Sexualtrieb ist auch wieder da. Als ich damit anfing, war das natürlich toll, wie wenn man wieder 20 ist. Mittlerweile kommt ein Gewöhnungseffekt, leider. Aber man hat einfach mehr Lust. Normal ist es ja von der Natur so gegeben, dass man irgendwann aufhört, was ja auch ganz vernünftig ist (lacht).

F: Das schreckt dich nicht?

K: Nein, gar nicht. Wenn es nicht mehr läuft, dann läuft es nicht mehr. Ich merke, dass ich immer seltener Lust habe. Wie sagt man in Bayern? I will mei Ruh ham. Mittlerweile ist der Sex in der Fantasie meist besser als in der Realität. Da gibt es immer irgendetwas, was nicht genau stimmt, was nicht passt. Es können Kleinigkeiten sein. Der Geruch stimmt nicht oder irgendwas stört und alles ist beim Teufel, da kann der Typ noch so sexy sein. In der Fantasie ist das nicht der Fall, da ist er immer perfekt, oder nahezu perfekt. Ich bin jetzt 45 Jahre aktiv dabei, langsam wird man auch ein bisschen müde. Ich habe im Leben alles gemacht, was ich wollte. Wenn man mich als Frau sehen würde, würde man sagen, ich bin eine Schlampe. Aber ich stehe dazu. Das ist mein Leben, oder unser Leben, und das muss klappen, der Rest ist mir völlig unwichtig.

F: Wir haben einen großen Bogen geschlagen. Hast du eine Botschaft an andere Männer?

K: Ja. Beim Sex keine Kompromisse einzugehen, weil Kompromisse immer schal sind. Das ist nicht von Dauer, nichts Befriedigendes. Man sollte einfach machen, was man gern macht, und man soll dazu stehen. Und respektiere deine Partner. Das ist für mich das Wichtigste überhaupt. Nur wenn du Respekt vor ihnen hast, kannst du auch Spaß mit ihnen haben.

F: Ich danke dir herzlich für das spannende Gespräch.

K: Ja gerne, kein Problem.

Gedankensplitter: Die Angst vor dem Bad Guy

Lebe deine sexuellen Fantasien kompromisslos aus! Muss man schwul sein, um dieser Lebensmaxime radikal zu folgen? Vielleicht ist es leichter, denn in homosexuellen Beziehungen schnappt die Täter-Opfer-Falle nicht so leicht zu. Manches von dem, was Karl berichtet, kann weniger Hartgesottenen die Haare zu Berge stehen lassen. Worum ihn mancher Mann vielleicht offen oder insgeheim beneidet: Er lässt sich nicht davon beirren, was andere über ihn denken könnten. Zum Beispiel Sie, lieber Leser, liebe Leserin. Beneiden Sie ihn? Verstört er Sie? Verurteilen Sie ihn?

Was macht es uns Männern schwer, zu dem zu stehen, was uns wirklich anmacht? Der verinnerlichte weibliche Blick? Spätestens seit *Shades of Grey* wissen wir, dass auch manche Frau von ausgefallenen Sexpraktiken träumt. Wenn es der Richtige ist, darf er auch verstörende oder zumindest gewöhnungsbedürftige sexuelle Vorlieben haben und eine hart zu knackende Nuss sein. Die erotische Attraktivität kann das sogar noch anheizen.

Die Antwort: Liebesentzug schmerzt, womöglich mehr als die Verleugnung unserer Lust. Deshalb haben viele Männer Angst, den Bad Guy zu geben. Ein Mann, der dazu steht, Sex in allen Variationen auszuleben, riskiert tatsächlich, verurteilt und abgestempelt zu werden. Karl ficht das nicht an. Gibt er uns damit einen Einblick, auf was Männer wirklich stehen, wenn der Ruf erst ruiniert ist?

Das würde implizieren, dass wir Männer im Grunde alle gleich sind: sexbesessen bis ins hohe Alter. Wenn wir näher hinschauen, entdecken wir allerdings auch bei Karl einiges, was nicht ins Klischee passt: Ficken ist ihm nicht das Wichtigste, schneller Sex zum Abspritzen reicht ihm irgendwann nicht mehr, er liebt Sex mit dem ganzen Körper, der Orgasmus steht nicht im Mittelpunkt, er will sexuelle, aber auch emotionale Intensität, er fühlt sich verletzlich, wenn es um seine Beziehung geht und stellt diese über seine sexuellen Bedürfnisse.

Es braucht immer wieder Mut, uns mit unseren Wünschen hervorzuwagen und nicht zu wissen, ob sie auf Gegenliebe stoßen. Das hat viel mit unserer eigenen Gestimmtheit zu tun, wie Hannes zu berichten weiß.

//

6. Gespräch mit Hannes

Dann komme ich nicht mehr los.
Dann will sie immer noch mehr.

Frage: Hannes, bist du ein normaler Mann?
Hannes: Es kommt drauf an, von welcher Warte aus du schaust. Bei Nähe und Intimität bin ich mir nicht so sicher. Aber was Sexualität angeht, ist mein Gefühl, ich habe mehr von meiner Sexualität als andere Männer. Ich kann aber nicht sagen, ob es stimmt.
F: Auf welche Weise hast du mehr vom Sex?
H: Ich glaube, ich habe mehr Spielraum, bei der Sexualität, aber auch beim Tanzen. Ich tanze viel, Contact Improvisation[70] oder Wave-Tanzen[53] zum Beispiel. Ich mache Körperübungen, damit ich

beweglich bleibe. Und ich habe mehr Frauen, mehr als die anderen Männer meiner Männergruppe. Obwohl, der eine hat auch gerade zwei ... Mir fällt es leicht, in Kontakt zu kommen.

F: Du kommst bei Frauen gut an?

H: Meistens. Je nachdem, wie ich mich gerade fühle, ob als König oder als Bittsteller. Ich mach gerade beruflich eine Veränderung durch, das letzte halbe Jahr war nicht so der Bringer. Dadurch komme ich auch beim Tanzen bedürftiger daher, und das macht einen großen Unterschied in der Resonanz.

F: Was ist dir im Kontakt zu Frauen am wichtigsten?

H: Dass es vertraut ist, ehrlich und offen. Ehrlich in dem Sinne, dass beide sagen, was sie wollen, anstatt zu tun, was sie denken, was der andere gerne hätte. Das ist manchmal nur ein subtiler Unterschied, aber er macht unheimlich viel aus. Im einen Fall fühle ich mich gehemmt, im anderen macht es viel mehr Spaß. Es kann sein, dass ich über meine Fantasien spreche oder ihre Fantasien anhöre oder mich selbst befriedige und sie ist dabei, oder umgekehrt. Ob dann eine Fantasie tatsächlich ausprobiert wird oder nicht, spielt keine Rolle.

F: Es macht dir Spaß, Wünsche auszusprechen?

H: Ja, oder Dirty Talking: „Ich will dich jetzt wirklich durchficken!", oder so was. Wenn sie empört reagiert, törnt das ab. Dann muss ich schauen, dass sie nicht davonrennt. Es macht einen feinen Unterschied, ob eine Frau genau das macht, was sie will und worauf sie Lust hat. Das finde ich am schönsten. Ich versuche, sie dazu zu ermuntern. Das hat allerdings Grenzen. Ich weiß nicht, wie man das am elegantesten macht. Ich kann ihr nicht sagen, komm, jetzt fass dich doch mal selbst an. Dann sagt sie: Wieso denn?

F: Du scheinst sehr zufrieden mit dir und deinem Sexualleben. War das immer so? Wie hat sich das entwickelt?

H: Es hat sich in den letzten Jahren gewandelt. Dass One-Night-Stands keinen Spaß machen, das passiert mir nicht mehr. Wie das so kam, ist mir nicht ganz klar. Das könnte mit den vielen Kursen zusammenhängen, die ich gemacht habe. Bei einer englischen Yogalehrerin habe ich angefangen, mich mit meinem Körper zu beschäftigen. Ein weiterer großer Schritt war ein spirituelles Jahrestraining, wo ich zum ersten Mal in ein Meer von Liebe eingetaucht bin. Das hat mich echt überwältigt.

F: Wie bist du auf die Idee gekommen, solche Seminare zu besuchen?

H: Ein Freund hat mir davon erzählt. Und dann hat mich Tantra angezogen, die Verbindung von Körper, Sexualität und Spiritualität. Und doch hat es etwas gedauert, bis ich dem Sog nachgegeben habe. Zu Beginn war es sehr einschneidend. Ich war hin und weg nach der Begegnung mit einer Frau, Marianne. Später bin ich wieder auf dem Boden gelandet und es wurde eine eher allmähliche Entwicklung, mit Aufs und Abs. Ich habe vor langer Zeit schon Sachen erlebt, die fand ich tiefer oder spiritueller als die, die ich jetzt erlebe. Ich erinnere mich an die Affäre mit einer Frau, das war eigentlich kein großes Ding. Aber wenn wir miteinander schliefen, bin ich wie weg gewesen, in einem anderen, leeren Raum. Ich habe sie gefragt, ob sie das auch so erlebt hat, aber bei ihr war das nicht so. Da war ich verblüfft.

F: Wie würdest du diesen Raum beschreiben?

H: Das ist der Raum, den man nicht beschreiben kann ... Ich würde es als akutes Erleuchtungserlebnis bezeichnen. Nenne es Einssein, oder was auch immer. Das habe ich beim ganz normalen Vögeln erlebt. Es hat sich etwas in mir total entspannt. Da kannst du auch zum Satsang[71] gehen, da kriegst du das Gleiche zu hören.

F: War es so, als wenn es den Hannes als Person gar nicht mehr gibt?

H: Die Frage hat sich nicht gestellt, ob es mich noch gibt oder nicht. Es ist mehrmals passiert, ich kam rein und wieder raus aus diesem Zustand. Ich weiß nicht, ob wir da eine halbe oder eine Viertelstunde zusammen waren. Ich erinnere mich noch total gut an diese Frau, obwohl ich sonst mit ihr nichts anfangen konnte.

F: Hat dieses Erlebnis weiter gewirkt? Hast du das wieder gesucht?

H: Ich habe es wiedergefunden, ohne es zu suchen. Das war in einem Intensivseminar. Eine Woche war ich mit einer Frau zusammen, die um einiges älter war als ich und ihren Wohnwagen dabei hatte. Wir haben miteinander geschlafen und ich habe zum ersten Mal erlebt, dass ich keinen Orgasmus hatte, die ganze Woche nicht, ich bin kein einziges Mal gekommen. Aber es war total erfüllend. Als wenn Gott und Göttin sich treffen. Das habe ich so nie mehr erlebt.

F: Der Orgasmus hat dir nicht gefehlt?

H: Nein, überhaupt nicht, im Gegenteil. Das war herrlich, ich habe das genossen. Diese Einfachheit, diese Klarheit. Sie ist dann weggefahren und ich bin dort geblieben und hatte so eine Freude in mir, überhaupt keine Trauer, dass sie wegfährt oder so. Wir haben uns beide gefreut, dass wir uns getroffen hatten. Das war alles. Sie hat gemeint, es wäre total sauber gewesen, noch nicht einmal ein Fleck auf dem Betttuch. Sogar im Swimmingpool haben wir uns verstöpselt ...

Ich habe lange nicht mehr an diese Erfahrung gedacht ...

F: Hat dieses Erlebnis den Stellenwert von Orgasmen verändert?

H: Oft wird es einfach so geil, dann geht es mit mir durch. Dann kriege ich einen Orgasmus. Aber wenn ich keinen habe und einfach entspannt bleibe, erlebe ich es als letztlich erfüllender. Dann bleibt die Lust auf mehr. Ich merke allerdings einen Unterschied, ob ich total entspannt bin oder Stress habe. Bei letzterem will ich einen Orgasmus, ausruhen und fertig. Wenn ich entspannt bin, dauert es länger und macht viel mehr Spaß. Wenn ich schnell komme, ist das auch ein Indiz dafür, dass ich der Frau nicht so nah bin. Es hilft mir, wieder wegzugehen. Das funktioniert gut.

F: Gibt es dabei einen Unterschied zwischen Orgasmus und Ejakulation?

H: Damit habe ich experimentiert. Ich hatte das mal gelesen, und dann konnte ich das auch erleben, einen Orgasmus ohne Ejakulation. Vielleicht könnte ich das immer noch, aber ich habe es nicht mehr geübt. Es ging aber immer nur alleine. Sobald ich in einer Frau war, ging das nicht.

F: Ist das dann eine andere Art Orgasmus?

H: Es ist ähnlich, außer dass nichts rauskam. Das Herz ist genauso dabei. Das Schöne war, dass es danach weiter ging. Nach dem Höhepunkt ging die Kurve ein bisschen runter, aber dann kam gleich noch einer. Ich habe mich einmal selbst befriedigt, da hatte ich vier Orgasmen hintereinander. Das ging mittels PC-Muskel-Anspannung[72], ich musste den Muskel im Orgasmus zumachen. Beim vierten Mal konnte ich es nicht mehr halten. Ich habe das aber nachher nicht weiter praktiziert.

F: Dann hat es nicht so einen nachhaltigen Eindruck auf dich gemacht?

H: So könnte man das sagen. Die einzelnen Orgasmen waren eher schwächer als der eine mit Ejakulation. Aber das macht ja nichts, wenn es dann mehrere sind. Ich erinnere mich an eine Freundin, die war der Meinung: Erst wenn der Mann gekommen ist, hat man richtig miteinander geschlafen. Ich hätte mit ihr schlafen können, aber wenn ich nicht gekommen bin, wäre es für sie so gewesen, als hätten wir nicht miteinander geschlafen.

F: Bist du dann ihr zuliebe gekommen?

H: Manchmal nicht, aber dann hat sie sich beschwert. Für sie gehörte zum Orgasmus das Abspritzen. Was ich aber fast genauso intensiv erlebe, das ist ein Zucken. Das kann bei Berührungen passieren oder wenn ich etwas esse, was sehr gut schmeckt. Auch mit Musik kenne ich das. Beim Berühren ist es am häufigsten. Ich gehe mit Daniela ins Bett und dann zucke ich los, wie ein kleiner Orgasmus, etwas Ekstatisches.

F: Wie ein lustvoller Schauer?

H: Ja, er entsteht irgendwo im Unterbauch, aber innen. Es ist unwillkürlich. Früher kannte ich das nicht, oder ich habe es unterdrückt. Eine Frau ist mal erschrocken, wir kuscheln nur und ich zucke. Was ist denn jetzt hier los? Also, ich finde das schön. Noch schöner ist es, wenn jemand mitzuckt. Aufeinander liegen, dann zuckt einer und der andere geht gleich mit.

F: Ist das eine andere Art von Lust als genitale Lust?

H: Ja, das Wort geil würde auch nicht passen. Ich erlebe es als ekstatisch.

F: Zuckst du denn auch manchmal beim geilen Sex?

H: Oh ja! Immer! Sex ohne Zucken? Ich glaube, das gibt es gar nicht mehr. Früher war ich viel enger. Mit 17 hat mir meine erste Freundin von ihrer Freundin erzählt, deren Freund habe sie unten geküsst ... Na gut, die Botschaft war klar. Aber ich habe damals nicht verstanden, was sie wollte. Jetzt liebe ich das. Es macht mir auch Spaß, herumzuforschen und zu fingern. Irritationen gibt es manchmal, wenn ich lecke oder am After herum spiele. Wenn es gut riecht, ist das schön. Andernfalls ... Es kann auch sein, dass sie das nicht will. Dann ist es besser, sie sagt nein, als dass sie sich verkrampft. Ich rieche einfach gern. Das macht mich an. Von manchen Gerüchen bekomme ich eine Gänsehaut, auch beim Zusammensein, frisch verschwitzt, lecker! Da zuckt es, da brauche ich nichts zu machen.

F: Hast du auch analen Sex erforscht?

H: Ja, ich habe mal irgendwelche Karotten oder so ausprobiert, bei mir selbst. Das fand ich immer ganz interessant, aber ich habe es danach nicht mehr gemacht. Ich habe auch schon mal eine Frau anal penetriert, das war auch ganz nett, aber nichts, wofür ich speziell eine Vorliebe hätte. Auch mit Spielzeugen bei Frauen habe ich wenig Erfahrung.

F: Verändert sich deine Lust, wenn du deinen Anus mit einbeziehst?

H: Ja, die Lust ist dann mehr verteilt. Ich habe es lange nicht mehr gemacht, außer dass ich mir einen Finger hinten reinstecke. Wenn ich mich anal stimuliere, ist das geil, auch ohne dass es vorne eine Wirkung hat. Der kann ganz schlaff sein und trotzdem ist es lustvoll.

Und ich weiß nicht, wo es hinführt. Wenn ich mir einen runterhole, weiß ich genau, wann es zu Ende ist. Beim Analen weiß ich das nicht. Da muss ich irgendwann aufhören, wenn ich genug habe, keine Ahnung wann und warum ... da gehe ich jetzt mit Hausaufgaben nach Hause und achte mal darauf.

F: Sind Selbstbefriedigung und Sex mit einer Frau für dich gleichwertig?

H: Nein, mit einer Frau macht das mehr Spaß. Wenn ich viel Sex habe, befriedige ich mich fast gar nicht selbst, über Wochen nicht. Wenn ich mit jemandem vertraut und nah bin, ist es viel erfüllender, Sex zu haben, auch wenn er nicht so geil ist. Wenn es nicht so nah ist, ist der Sex halt geil, vor allem, wenn sie irgendwie schon tropft, bevor man losgelegt hat. Nach geilem Sex ohne viel Nähe, wenn ich dann einen Orgasmus hatte mit Abspritzen, würde ich am liebsten direkt wieder gehen. Wenn aber Nähe entsteht, wird es richtig schön. Dann liebe ich es, noch lange ineinander zu liegen.

Manchmal gehe ich einen Kompromiss ein. Wenn es nicht so nah ist und ich gleich danach aus dem Bett springen würde, hätte ich es mir vielleicht verscherzt. Das mache ich lieber nicht. Wenn ich ehrlich wäre, müsste ich es ganz lassen, aber dafür macht es zu viel Spaß.

F: Angenommen, du fühlst dich einer Frau nah verbunden, hast du dann noch Lust auf andere Frauen?

H: Ja, die habe ich trotzdem. Ich fahre mit der Straßenbahn und sehe viele schöne Frauen, da schaue ich gerne herum. Ich bin gerade dabei herauszufinden, wie das geht, jemandem nah zu sein und dann noch mit einer anderen zusammen zu sein. Ich liebe Abwechslung. Mir scheint, dass sich das gegenseitig befruchtet. Manchmal bin ich aber so erfüllt, dann brauche ich nichts anderes, dann setze ich Prioritäten.

F: Bringt dich deine Lust auf Abwechslung des Öfteren in die Bredouille?

H: Ja, manchmal gibt es Stress und ich muss überlegen, ob ich einen Kompromiss mache, damit sie nicht davonläuft. Platt ausgedrückt.

F: Warst du auch schon mal länger mit einer Frau zusammen?

H: Zu mehr als zwei Jahren habe ich es bis jetzt nicht gebracht. Aber es war bis zum Schluss lustvoll.

F: Mit oder ohne Inspiration von außen?

H: Inspiration von außen, das ist schön gesagt. Eine Frau fand mich sogar interessanter, als noch eine andere Frau im Spiel war. Das hat sie zwar tierisch genervt, aber ich war so attraktiver für sie. Für mich ist es einfacher, wenn es nicht zu eng wird, sonst ziehe ich mich zurück. Wenn nicht äußerlich, dann innerlich. Ich fühle nichts mehr. Wenn ich so abstumpfe oder wie betäubt bin, läuft auch im Bett nichts mehr, dann brauche ich Luft dazwischen. In einer Beziehung zusammenzuwohnen, habe ich zweimal probiert. Das ist nichts für mich. Ich habe mich unbewusst so verhalten, dass sie geht. Bis sie gegangen ist.

F: Indem du fremdgegangen bist?

H: Was ich noch besser kann, ist, mich klein zu machen, zum Mamakind zu werden, anstatt als erwachsener Mann da zu sein. Ich merke, dass ich bedürftig werde, wenn es mir nicht gut geht. Das spüre ich auch direkt in der Resonanz, die dann eben nicht da ist. Als Mann brauche ich den Kontakt zu mir selbst. Ich muss wissen, wie ich es gerne habe. Solange ich das nicht weiß, tappe ich im Dunkeln, wenn ich mit einer Frau zusammen bin. Umgekehrt wundere ich mich manchmal, was Frauen sich gefallen lassen, in Anführungsstrichen, wenn ich klar bin. Ich berühre gern an den Brüsten, und nicht jede Frau lässt sich gerne gleich dort berühren. Bei einem Wochenendseminar hat mich überrascht, wie sehr manche Frauen das genossen, es hat einfach gepasst. Ein anderer Mann hätte sich vielleicht nicht getraut, und dann hätte es auch nicht gepasst. In einem Tantrakurs sah ich mal, wie ein Mann eine Frau streichelte und ich dachte: Das ist ja furchtbar! Ich konnte es kaum mit ansehen. Aber ich konnte ja nicht sagen, jetzt hör mal auf. Die Frau hat auch nichts gesagt.

F: Was war so furchtbar?

H: Wie er sie anfasst. Er hat sie unten stimuliert und irgendwie versucht, alles richtig zu machen, sodass es ihr gefällt. Sie hat mitgemacht, aber ich hatte nicht den Eindruck, dass es passt. Der hatte kein Gespür. Mir passiert das nur noch selten, am ehesten, wenn ich in die Bedürftigkeit kippe. Am letzten Wochenende war ich tanzen und wollte so gerne mit der Frau tanzen, mit der ich Wochen zuvor schon einmal getanzt hatte, da war es total stimmig und schön gewesen. Jetzt war sie wieder da, aber es blieb oberflächlich. Ich habe genau gespürt, an was es liegt. Ich war nicht gut drauf. Und dann passiert da nichts.

F: Wie lebst du deine Gefühle in einem nahen Kontakt? Angst, Wut, Trauer, Freude?

H: Verschiedene Gefühle können mitschwingen. Wut seltener, aber Freude und Trauer. Ich empfinde auch viel Liebe beim Liebemachen, selbst wenn ich mit der Frau sonst nicht viel zu tun habe. Aber in dem Moment ist Liebe im Spiel. Da ist große Aufmerksamkeit, etwas Fließendes, eine Bewegung von mir zu ihr, es findet Resonanz statt, es ist intim, nah und intensiv. Wenn wir uns wieder trennen, ist wieder Abstand da, das ist manchmal schwierig. Manchmal hat die Frau Erwartungen, dass es so intensiv bleibt, obwohl ich nicht mehr will.

Dann will ich wieder meine Ruhe haben. In dieser Hinsicht bin ich vielleicht ein eher gewöhnlicher Mann.

F: Ein Klassiker in der Dynamik zwischen Männern und Frauen ...

H: Manchmal ist es sogar so, dass ich mich eine Woche lang nicht melden kann. Für mich ist es einfach gut so, wie es ist, und sie liegt zu Hause und denkt: Warum ruft er nicht an?

F: Hast du Angst, von ihr gekrallt zu werden?

H: Ja genau, das stimmt, das ist ein gutes Thema. Das kenne ich gut.

F: Was machst du, wenn die Frau nicht loslässt, wenn sie dich besitzen will?

H: Früher bin ich dann noch mehr auf Distanz gegangen, ohne dass ich es unbedingt gemerkt habe. Jetzt gucke ich, was ich von der Frau will. Will ich sie vor den Kopf stoßen? Dann ist sie weg, und das ist blöd. Aber andererseits, mich vergewaltigen will ich auch nicht. Dann versuche ich, einen Kompromiss zu finden. Aber ich mache das nicht transparent. Das könnte ich ja mal probieren.

F: Das ist interessant. Am Anfang hast du gesagt, das Spannendste im Kontakt sei, wenn beide alles offen aussprechen. Das scheint nicht immer so zu sein.

H: Ja, in diesem Fall bin ich nicht so offen. Während des Liebesspiels ist es einfacher, aber vorher und nachher muss das nicht unbedingt sein. Dann will sie mit einem diskutieren. In der Männergruppe diskutieren wir manchmal, ob man alles sagen soll. Ich bin der Meinung: nein! Nur um sein Gewissen zu erleichtern? Das bringt nichts. Aber gut, andere machen es anders.

F: Wie kann man nach großer Nähe auf liebevolle Weise wieder mehr Distanz schaffen? Eine hochbrisante Frage!

H: Ich kann mir vorstellen, dass Transparenz helfen würde. Aber ich weiß nicht, ob ich so transparent sein will. Vielleicht, weil ich mich gar nicht so tief einlassen will. Dann komme ich nicht mehr los. Dann will sie immer noch mehr. Da bin ich Geheimniskrämer und lasse mir nicht gern in die Karten schauen. Das ist nicht unbedingt optimal, weil es die Frau kirre macht. Das kriege ich schon mit, aber es ist eine

Gewohnheit. Ich mache gerne etwas heimlich, erzähle nicht viel und lasse sie im Dunkeln tappen. Nicht unbedingt fair, aber so habe ich es oft gemacht. In der letzten Zeit wird es ein bisschen anders.

F: Was machst du jetzt anders?

H: Mit der einen Frau mache ich es transparenter, mit der anderen weniger transparent. Sagen wir mal so, ich fange damit an ... Im direkten Kontakt, beim Sex, finde ich es einfach, offen und ehrlich zu sein. In der Männergruppe sagte einer, er kann sich nicht vorstellen, sich einen runterzuholen und jemand schaut zu. Aber das ist doch etwas Schönes, wenn man sich so zeigen kann.

F: Machst du das, wenn die Frau keine Lust mehr hat?

H: Das kam nicht so oft vor, aber ich kann es mir vorstellen. Wenn das sein darf, ist es wunderschön, aber wenn ich das Gefühl habe, sie denkt, was macht der denn da, dann fühlt sich das nicht schön an. Da wäre es mir lieber, dass sie sich herumdreht und hilft ...

F: Gibt es etwas, was du gern noch erleben oder ausprobieren würdest?

H: Ich habe Fantasien, mit mehreren Frauen zusammen zu sein. Das habe ich wenig oder gar nicht erlebt. Ich habe kein Gefühl dafür, wie das wäre. In meiner Fantasie wäre es lecker. Eine sitzt auf meinem Schwanz und eine andere über meinem Gesicht und ich lecke sie. Und die beiden knutschen noch miteinander. Aber da traue ich mich noch nicht so ganz hin.

Und dann ist da die spirituelle Dimension, die ich vergessen hatte. Wenn ich sagen müsste, was das schönste Erlebnis in meinem Leben war, dann wäre das diese Woche im Wohnwagen, von der ich erzählt habe. Ich müsste mich aber wieder in diese Dimension trauen. Ich habe echt Respekt davor, mich mit jemandem tiefer einzulassen. Nachdem zum wiederholten Mal nach zwei Jahren eine Beziehung zu Ende ging, dachte ich, es lohnt sich gar nicht, sich einzulassen.

F: Das hört sich resigniert an. Hast du eine Vorstellung davon, was du dir wirklich wünschst?

H: Da kommt das Bild: zusammen alt werden. Mit 70 oder mit 90 noch glücklich zusammen sein. Sich zusammen ins Bett legen und was weiß ich machen. Aber vorstellen kann ich mir das nicht, davon habe ich keine Ahnung. Ich mache es so gut, wie ich kann. Außerdem würde ich gerne mit viel mehr Frauen schlafen, rein von meiner Lust her.
F: Wie passt das zusammen?
H: Da habe ich keine Antwort, es bleibt ein Widerspruch.
F: Wozu möchtest du gerne andere Männer ermutigen?
H: Ehrlich zu sein in dem, was du willst, beim Liebemachen offen zu sein und klar Ja und Nein zu sagen. Meine und deine Wahrheit gelten lassen. Bei beidem übe ich noch. Als Botschaft an die Frauen käme mir das Gleiche. Man muss nicht unbedingt drüber reden, beim Tanzen rede ich auch nicht. Man merkt, aha, da geht es nicht weiter, und dann geht es woanders lang. Auch beim Sex muss man nicht alles aussprechen. Aber das Hinspüren braucht Übung. Man muss sich Zeit dafür nehmen.
F: Hannes, ich danke dir für deine Offenheit und wünsche dir noch viele lustvolle und vertraute Momente. Und immer wieder mal beides zusammen.

Gedankensplitter: Schnell kommen als Spaß- und Notbremse

Wie komme ich bei Frauen gut an? Aufreißerbücher mit Titeln wie *So bekommst du jede rum!* findet man zuhauf, anscheinend gibt es für die Beantwortung dieser Frage einen Markt. Das Pendant für Frauen hieße: Wie binde ich ihn so an mich, dass er keiner anderen mehr hinterherschaut? Damit sind wir mitten in einem der traditionell brisantesten Konfliktpunkte zwischen Frauen und Männern: Er will Sex und Freiheit, sie Liebe und Verbindlichkeit. Ist das so?

Wie hängen unser körperliches Erleben beim Sex und das jeweilige Ausmaß an Nähe und Verbundenheit zusammen? Oft polarisieren sich Männer und Frauen rund um dieses Thema: Die Dynamik paradoxen Begehrens[73] kennt wahrscheinlich fast jeder. Je dringender einer etwas vom anderen braucht, desto mehr fühlt sich der andere bedrängt und verliert seinerseits die Lust darauf. Sexuelle Erregung (bis hin zur Geilheit) und Nähe (bis hin zur Verschmelzung) sind oft die Pole dieser Dynamik, wobei ein Partner den einen, der andere den anderen Pol besetzt.

Hannes gibt uns Einblick in die Hintergründe dieses Geschehens. Unsere Fixierung auf den Orgasmus nimmt möglicherweise umso mehr zu, je weniger wir der Frau emotional zugewandt sind. Die Diskrepanz zwischen körperlicher und seelischer Intimität macht Stress, und der leichteste Ausweg aus diesem Stress ist ein Orgasmus mit Ejakulation. Je ausgeglichener und freier andererseits die Intimität fließt, desto weniger steuert das Geschehen auf einen krönenden Abschluss zu und der Sex wird umso erfüllender. Ist männliche Orgasmusfixierung schlicht Ausdruck von Stress? Im Tantra ist schon seit Jahrtausenden bekannt, dass der schnelle Ejakulations-Orgasmus eher eine Spaßbremse ist denn der Lustturbo, als der er gemeinhin gilt. Oder ist er gar eine Notbremse? Eine Antwort auf die Frage: Wie komme ich aus der Nummer heil wieder raus?

Wir greifen zu kurz, wenn wir unterstellen, Männer strebten nach dem einen Pol und Frauen nach dem anderen. Erklärungen, warum Männer eher Sex und Frauen eher Bindung wollen, gibt es zuhauf, obwohl es heutzutage oft gar nicht mehr zutrifft. Da ist von Hormonen die Rede, von Reproduktionsvorteilen oder auch von patriarchaler Konditionierung. Was alle diese Erklärungen übersehen: Die unterschiedlichen Verhaltensweisen von Frauen und Männern bilden nur die Oberfläche eines tiefen inneren Prozesses. Wollen wir Liebe und Sex auf erfüllende Weise leben, sind wir alle mit der Frage konfrontiert: Wie bringen wir unser Bedürfnis nach Freiheit mit dem nach Bindung in Einklang? Wer ist neurotischer? Der lüsterne Mann oder die klammernde Frau? Beides sind Zerrbilder einer Kultur, die das Dilemma nicht als grundsätzlich menschliches würdigt. Lust und Liebe gibt es nur im Hier und Jetzt. Für beides aber wollen wir Dauer, wenn nicht Ewigkeit. Wie geht das zusammen?

Vielleicht, indem wir beides in uns selbst finden? In diese Richtung hat Thomas geforscht.

7. Gespräch mit Thomas

Die eine Seite ist drängend,
die andere gibt sich hin.

Frage: Thomas, bist du ein ganz normaler Mann?

Thomas: Ja und nein. Ich möchte ganz gern ein ganz normaler Mann sein. Wenn normale Männer nur nicht so bescheuert wären. Das klingt jetzt ziemlich unqualifiziert. Also, ich habe ein ambivalentes Verhältnis zu Männern.

F: Und zu deinem Sex?

T: Sexualität war schon immer wichtig für mich. Als Teenager fühlte ich mich ziemlich einsam, Sex war totale Geheimsache. Meine Geschwister, sogar meine jüngere Schwester, hatten längst einen Freund, aber ich hatte nur Fantasien und Selbstbefriedigung. Mein Zimmer konnte ich nicht absperren, daher habe ich es in der Dusche gemacht, zum Beispiel mit Klimmzügen an einer gekachelten Wand. Wenn ich hoch erregt war, konnte ich nur dadurch zum Orgasmus kommen. Heute geht das leider nicht mehr. Ansonsten flüchtete ich mich in eine freizügige Fantasiewelt. Ich habe mir vorgestellt, alle Menschen wären nackt, den ganzen Tag, überall. Keine Geheimnisse, alles ganz offen, auch der Sex. Fantasie war meine Art, mit der Einsamkeit fertig zu werden.

F: Und du konntest mit niemandem darüber sprechen?

T: Nein, nie. Mein älterer Bruder sammelte Sexbildchen, Mädchen mit nackten Brüsten, er sammelte sie so wie meine Oma Heiligenbildchen. Ich habe sie mal zwischen seinen „Karl-May-Romanen" gefunden, und ich glaube, er hat das gemerkt, denn später fand ich sie dort nicht mehr. Aber wir haben uns beide nichts anmerken lassen, das war viel zu peinlich. Niemand hatte Zugang in meine innere Welt, bis ich im Studium dann doch mit einer Frau zusammen kam. Ich weiß noch genau, wie ich im Hörsaal saß, nachdem ich zum ersten Mal mit Marianne geschlafen hatte. Endlich gehörte ich zum Club, ich war ein Mann. Das war eine enorme Befreiung. Mit Marianne blieb ich dann einige Jahre zusammen.

F: Konntest du mit ihr deine Geheimnisse teilen?

T: Nicht alle. Sie war ziemlich frauenbewegt, sie hätte bestimmt einiges verurteilt. Sie hat mir auch bald erklärt, dass es nur klitorale Orgasmen gäbe, und ich habe sie beim Sex immer entsprechend stimuliert, oder sie sich selbst. Trotzdem konnte ich es ihr kaum recht machen. Meine anfängliche Entdeckerfreude artete mehr und mehr in Stress aus. Jahrelang hatte ich darauf gewartet, endlich meine Sexualität leben zu können, dann war es soweit, aber es war nicht der erhoffte Eintritt ins Paradies. Ich war total naiv: Wenn ich eine Frau finde, mit der ich Sex leben kann, wird alles gut.

F: Was war so stressig?

T: Oft kam ich abends erschöpft nach Hause und sie wollte unbedingt mit mir schlafen. Das gab Stress. Richtig schlimm wurde es, als ich anfing, auf andere Frauen ein Auge zu werfen. Zwei Semester lang sahen wir uns nur am Wochenende. In einem Seminar habe ich mich in eine Frau verguckt, und eine andere fand ich auch ziemlich gut. Zu Hause habe ich Marianne freudestrahlend erzählt, was für tolle Frauen es doch gibt. Ich dachte, das nimmt ihr doch nichts weg, es war überhaupt nichts gelaufen, die Frau wusste noch nicht mal davon. Aber Marianne war vollkommen geschockt.

F: Führte das zur Trennung?

T: Langfristig schon. Irgendwann war es genug Drama. Es gibt eine Leitmelodie in meinen Beziehungen. In der Anfangsphase ist alles aufregend und beide sind neugierig, was es alles zu entdecken gibt. Aber irgendwann verlässt uns der Mut und einer muss ausbrechen. So wurde ich immer wieder auf mich selbst zurückgeworfen, das war schmerzhaft, hat mich aber nicht davon abgehalten, meine Neugier auf Sex zu bewahren. Die konnte ich auch alleine pflegen, das wusste ich ja noch aus der Pubertät.

Mit Mitte Zwanzig bin ich dann in eine Männergruppe gegangen, auch dabei hat mich Neugier angetrieben. Manche in der Männergruppe waren genauso experimentierfreudig wie ich, andere hatten eher Angst. Dabei waren wir eigentlich nur zärtlich. Für mich war das eine Offenbarung. Männer können zärtlich miteinander sein!

F: Hattest du auch sexuelle Beziehungen zu Männern?

T: In der Männergruppe nicht, das ging nicht übers Knutschen hinaus. Aber eine Kommilitonin wohnte damals mit zwei Schwulen zusammen, das fand ich sehr spannend, weil ich meine schwule Ader zu der Zeit wohl schon geahnt habe. In ihrer WG war ich öfter zu Besuch und habe die schwule Szene mitbekommen. Die Gespräche am Küchentisch, mir ist die Kinnlade heruntergefallen! Es hat mich fasziniert, wie offen die miteinander umgingen. Wenn einer einen Typen aufgerissen hatte, wurde am anderen Tag alles haarklein durchdekliniert. In meiner Männergruppe haben wir uns da nur langsam rangetastet. Mit einem habe ich mal eine Nacht verbracht. Wir waren total schüchtern, aber es war trotzdem heiß. Ich hatte einen Orgasmus nur vom Aneinanderliegen und Aneinanderreiben, ohne mich überhaupt auszuziehen. Es berührt mich noch heute ganz warm, wenn ich daran denke.

F: Ist mehr daraus geworden?

T: Leider nicht, ich weiß auch nicht genau, warum. Ich wäre offen dafür gewesen. Bis heute kann ich nicht sagen, ob ich nun schwul bin oder hetero, oder bi. Am wichtigsten war, erotische Gefühle mit einem Mann zu erleben. Sie existieren also auch unabhängig von

Frauen. Aber es fiel mir schwer, mich emotional auf Männer einzulassen. Das muss mit meinem Vater zu tun haben, ich hatte als kleiner Junge totale Angst vor ihm. Mit Männern hatte ich leider nur kurze Affären, ich habe damals sehr darunter gelitten, ich hätte so gerne einen festen Freund gehabt. Eine Zeit lang war ich Stammgast in der schwulen Szene, es war eine wilde Zeit, aber verliebt habe ich mich, wenn überhaupt, nur in unerreichbare Männer.

F: Wie ging es dir in der Szene, was hast du da erlebt?

T: Es war der Wahnsinn, wie offen da mit Sex umgegangen wurde. Teilweise erschütternd oder geradezu brutal, also zum Beispiel in den Darkrooms oder Saunen. Heute gibt es das ja auch in Swingerklubs, aber damals kannte ich das nur in der schwulen Szene. Natürlich musste ich dann mal in so eine Sauna rein.

F: Was hast du da erlebt?

T: Am verrücktesten war es in der Dampfsauna. Man geht da nackt rein, man sieht nichts, und plötzlich streichelt dich sanft eine Hand. Das kann ziemlich elektrisierend sein. Manchmal griff einer gleich nach deinem Schwanz, da muss man sich auch wehren können, mir war das oft zu grob. Aber die Direktheit hatte trotzdem etwas sehr Befreiendes für mich, das hat mich zu Männern hingezogen, Männer waren direkter, da musste ich nichts vorspielen.

F: Aber trotzdem bist du wieder bei Frauen gelandet. Wieso?

T: In Männer konnte ich mich nicht verlieben. Sibylle hat mich erlöst. Ich habe sie in einem Tanzkurs kennengelernt, sie ließ sich nicht von meinem schwulen Gehabe abhalten und lud mich zu sich ein, nicht gleich ins Bett, aber in die Badewanne ... Am Anfang war es wie Nachhausekommen, auch sexuell. Wahrscheinlich stehe ich doch mehr auf Frauen. Aber nach wenigen Jahren war ich wieder am gleichen Punkt wie schon mit Marianne. Sibylle zog sich sexuell immer mehr zurück, ich fand keinen Weg mehr zu ihr und wir konnten auch nicht gut reden. Dann kam ich über eine Freundin zum Tantra. Da habe ich eine noch viel größere Offenheit gefunden als in der schwulen Szene. Meine Fantasie aus den Teenagerjahren ... wurde plötzlich wahr. Ich weiß noch, die erste Gruppe, es war ein riesiger Gruppenraum, mit

weichem Teppichboden und mit bunten Batiktüchern geschmückt, Duftlampen, gedämpftes Licht, sanfte Musik, und überall lagen Paare kaum oder gar nicht bekleidet auf ihren Matten und hatten Sex. So sah es zumindest aus, oder ich wollte, dass es so aussah, denn es war natürlich nicht so, die meisten hatten keinen Sex, aber manche doch, völlig ungeniert. Ich war hin und weg.
F: Das klingt wie im Klischee: Gruppensex mit Räucherstäbchen.

T: An jedem Klischee ist ja auch was dran, aber das war mir völlig egal. Ich besuchte weitere Workshops und erlebte mich und meine Gefühle in einer Intensität, die ich nicht kannte. Manchmal war es die Hölle, aber diese Nacht da im Gruppenraum, von überall her hörte man lustvolle Seufzer. Da ist etwas in mir geheilt, in tiefen Frieden gekommen.
F: Hast du die Workshops allein besucht, oder hattest du da wieder eine Partnerin?

T: Jahrelang bin ich allein gegangen, und das war auch gut so, denn ich musste auf niemanden Rücksicht nehmen. Vor 14 Jahren habe ich dann Jaqueline kennengelernt, in einem Tantrakurs. Mit ihr musste ich bis heute nicht ausbrechen, jedenfalls nicht so, dass wir auseinandergegangen wären.
F: Mit ihr ist der Sex nicht eingeschlafen?

T: Nein, überhaupt nicht. Weniger geworden vielleicht schon, das hat mit etwas Speziellem bei ihr zu tun. Aber lass uns lieber über mich sprechen.
F: Okay, einverstanden: Was macht Sex für dich erfüllend?

T: Rein körperlich erfüllt es mich, wenn sich meine Geilheit im ganzen Körper ausbreitet, die Erregung in Wellen rauf und runter läuft und den ganzen Körper in Schwingung versetzt. Aber die seelische Ebene, mich vertraut fühlen, Nähe fühlen, ist genauso wichtig. Beim Orgasmus überschwemmt mich manchmal ein Schwall Traurigkeit, keine unangenehme, eher eine glückliche Trauer. Wenn es mit Jaqueline stimmt und ich das zulassen kann, genieße ich das unglaublich.
F: Wie ist es mit anderen Gefühlen beim Sex, zum Beispiel mit Angst oder mit Ärger?

T: Wenn ich Angst spüre, versuche ich, sie als Aufregung wahrzunehmen, dann ist sie sogar erregend. Und Ärger? Ärger mit Sex zu verbinden finde ich heikel. Geilheit mit Wut zu verbinden hat eine wahnsinnige Kraft, aber ich darf das nicht blind ausagieren oder ihr womöglich wehtun, deswegen erlaube ich mir das nur selten. Manchmal schreien wir uns an und strecken die Zunge heraus, während wir vögeln, das ist dann wild, aber sie muss mitmachen, sonst geht das nicht. Ich finde Sex umso erfüllender, je weniger dabei ausgeschlossen ist. Natürlich konfrontiert einen das mit dem einen oder anderen Thema. Sich gegenseitig zu benutzen ist so ein Tabuthema. Wenn eine Frau die Augen schließt, sich selbst stimuliert und sich nur um ihre eigene Lust kümmert ... es entspannt mich, wenn das sein darf. Sie benutzt mich und meinen Schwanz als puren Lustbringer. Wenn sie das darf, darf ich das auch, also ganz bei mir sein und bei meiner Lust. Und dann natürlich auch wieder ganz bei ihr.

F: Das klingt mutig. Die Frau könnte sich empören: Du meinst mich gar nicht.

T: Eben. Deswegen entspannt es mich, wenn sie sich das auch erlaubt. Dann traue ich mich auch, meine Impulse einzubringen, und der Sex wird bunter, und wenn ich nur gerne mal eine neue Stellung ausprobieren möchte. Humor ist auch hilfreich, zum Beispiel wenn die Stellung nicht so funktioniert ... Aber am wichtigsten ist es, im Hier und Jetzt zu sein. Aber ich finde das verdammt schwer.

F: Was macht es schwer?

T: Wenn man irgendwohin will. Ich habe vor langer Zeit mal ein Buch gelesen, „Die sieben Nächte des Tantra" oder so ähnlich. Darin werden Rituale beschrieben, in denen man sich bis kurz vor den Höhepunkt stimuliert und dann innehält. Das hat mir sowohl in der Fantasie als auch im Erleben einen Kick gegeben. Ich war heiß auf diesen Moment: Ich kann meine Geilheit nicht mehr aushalten, aber ich darf nicht kommen. Mit diesen Momenten zu spielen, kurz vor dem Point of no Return, hat für mich einen wahnsinnigen Reiz.

F: Und in diesem Moment bist du ganz im Hier und Jetzt?

T: Irgendwie schon, mehr als in jeder Meditation. Das hat sich über die Jahre entwickelt, so dass ich heute sagen würde: Ich kann wunderbaren, erfüllenden Sex haben, ohne zu kommen. Ohne Orgasmus würde ich gar nicht mal sagen. Ich kann heute Frauen verstehen, die nicht genau wissen, ob sie einen Orgasmus hatten oder nicht. Es ist nicht wie schwanger oder nicht schwanger. Es gibt einen fließenden Übergang von einem hoch erregten Schweben in einen Orgasmus. Es gibt auch Momente, wo mich die Ejakulation überrascht, aber das ist selten geworden. Meine Partnerin freut sich dann. Vielleicht gibt ihr das eine Art Bestätigung, wenn sie meinen Samen empfängt? So etwas Archaisches? Ich weiß es nicht.

F: Wie ist es, wenn du über einen längeren Zeitraum nicht kommst? Kommt dann doch mal der Punkt, wo du unbedingt willst?

T: Ja, das gibt es schon. Ich finde es spannend, was das mit meinem Energieniveau macht. Es hängt sehr davon ab, wie stark sich die Energie vorher in meinem Körper verteilt hat. Wenn ich mich schon nach wenigen Minuten zum Abspritzen bringe, ist die Energie im Keller, aber wenn ich sie langsam aufbaue, sie bis in die Zehenspitzen fließen lasse, dann ist der Energieabfall kleiner. Wenn ich gar nicht komme, fühle ich mich oft für Stunden oder sogar tagelang so, als könnte ich Bäume ausreißen. Ich wundere mich, dass Leistungssportler da noch nicht drauf gekommen sind. Wenn ich Fußballprofi wäre, wüsste ich, wie ich mich ganz natürlich dopen könnte.

F: Manche Männer meinen, sie würden ohne Ejakulation um den Hauptpreis betrogen.

T: Die kennen anscheinend den Reiz der Verzögerung nicht. Kürzlich las ich einen Roman, in dem die Frau ihren Liebhaber um Erlaubnis fragen musste, ob sie kommen darf oder nicht. Das fand ich total erregend. Wobei ich mich in dem Fall eher mit der Frau identifiziere. Die Ambivalenz zwischen Wollen und Verzögern finde ich total intensiv. Es ist wie Wellenreiten. Ich kann nicht kontrollieren, wann die Welle kommt, aber ich kann lernen, auf der Welle zu surfen, mit ihr zu verschmelzen, drunter durchzutauchen, das sind die verschiedenen Möglichkeiten, die ich total gerne erforsche.

F: Erlebst du das auch als Spiel männlicher und weiblicher Anteile in dir? Er will es jetzt und sofort, sie ist noch nicht ganz so weit?

T: Ja, das kann man so sehen, auf verschiedenen Ebenen. Unter schwulen Männern habe ich erlebt, wie es ist, von einem Mann begehrt zu werden, bevor es überhaupt sexuell wird. In einem Saunaclub wurde ich einmal regelrecht gejagt, von einem älteren Herrn. Ich geriet fast in Panik. Das gab mir eine Ahnung davon, wie Frauen das vielleicht erleben. Die Jagd hat ja zwei Seiten, eine attraktive, wow, da begehrt mich jemand, aber auch eine andere: Huch, da begehrt mich jemand, was muss ich jetzt tun? Kann ich auch nein sagen? Erleben Frauen das so?

F: Das wollte ich auch immer schon mal wissen ...

T: Natürlich können wir nie wissen, wie Frauen ticken. Aber es gibt definitiv zwei Seiten in mir. Die eine Seite ist drängend, will eindringen, will irgendwohin, ist direkt und zielgerichtet. Und dann gibt es die andere Seite, eher räumlich, die wird weit und gibt sich hin. Die erlebe ich auch bei meiner analen Lust. Sex ist am schönsten, wenn die beiden Seiten in einen lustvollen Dialog miteinander eintreten.

F: Ist die Lust im Anus wesentlicher Teil deiner Sexualität?

T: Jein. Sie ist eher sekundär. Früher hatte ich manchmal Schmerzen in den Hoden, wenn ich tagelang sexuell erregt war ohne zu kommen. Ich musste abspritzen, um diesen Schmerz loszuwerden. Durch die Erforschung des Anus habe ich mehr Bewusstsein im Becken, und das hilft, Spannungen dort unten loszulassen. Ich habe eine ganze Reihe von Toys ausprobiert, auch für den Anus, da kommt man ja anders nicht so gut dran. Und manche sind wirklich gut, anatomisch passend geformt.

F: Um die Prostata zu stimulieren?

T: Ja, genau. Wenn sich dort zu viel Spannung ansammelt, ist es schwierig, das sanfte Abklingen der Erregung zu genießen, und dann muss ich abspritzen, sonst wird es schmerzhaft. Die Prostata zu massieren ist besonders geil, wenn ich sowieso schon erregt bin. Ich glaube, das Lustzentrum bei mir als Mann ist gar nicht unbedingt der Schwanz. Die Lust wird dort ausgelöst, aber das geilste Gefühl habe ich mitten in mir drin. Es ist wie ein Luststrom von der Eichel bis mitten in den Körper.

F: Kannst du das körperlich genau lokalisieren?

T: Inzwischen schon, es ist eine Zone um die Prostata herum, etwas größer als ein Tennisball, vielleicht. Es fühlt sich nicht wie ein einzelnes Organ an, sondern eher wie eine pulsierende Mitte der Lust. Von dort kann die Lust sich in den ganzen Körper ausbreiten, die ganze Wirbelsäule hinauf, bis es überall blitzt und funkt und ein kosmischer Lichtregen über mich hernieder geht.

F: Geschieht das von alleine oder unterstützt du das durch bestimmte Atemtechniken?

T: (lacht) Das war nicht ganz ernst gemeint! Aber so steht es doch in den Tantrabüchern, kosmischer Orgasmus, ein Silvesterfeuerwerk im Hirn, oder? Manchmal sehe ich allerdings tatsächlich Lichtreflexe, wenn die Energie hochsteigt. Dann kribbelt es am ganzen Körper, vor allem im Nacken. Wie Gänsehaut, aber nicht nur auf der Haut, sondern auch innen.

F: Das klingt ekstatisch. Ist das bei dir immer so?

T: Nicht immer, aber immer öfter. Aber leider noch viel zu selten.

F: Was war dein abgefahrenstes Sexerlebnis?

T: Oh ... es gab unterschiedliche Erlebnisse, manche haben sich so richtig in mein Gedächtnis eingebrannt, vor allem die, die aus dem Rahmen fallen, in Workshops, auf Partys, mit mehreren Partnern, an ungewöhnlichen Orten ... Mein Kopfkino spult diese Filme immer mal wieder gerne ein. Aber ich glaube nicht, dass die spektakulärsten Erfahrungen mich am tiefsten berührt haben. Da fehlt die Intimität. Die entsteht eher beim normalen Sex, auch wenn der nicht so besonders in Erinnerung bleibt. Mir fällt gerade eine Begebenheit ein, die war wirklich sensationell. Wir waren zelten und haben uns im Zelt geliebt, und wir waren laut, bestimmt haben uns andere gehört, aber es war uns alles egal. Dann zog ein Gewitter über den Platz. Genau mit meinem Höhepunkt blitzte und krachte es ohrenbetäubend. Eine Sekunde dachte ich an das Jüngste Gericht, Orgasmus, Peng, tot. Es hat uns nicht erwischt, aber das wäre doch ein schönes Ende, oder?

F: Hörst oder schaust du anderen gerne beim Sex zu?

T: Wenn es nicht gerade so klingt, als würde jemand erwürgt, höre ich gerne zu. Und ich habe auch eine voyeuristische Ader in mir. Ich war ein paar Mal in Swingerklubs, vor allem zum Zuschauen. Wie schön Sex aussehen kann! Ich finde es ein totales Geschenk, zuschauen zu dürfen. Und wie verschieden Leute Sex haben! Extrem! Wenn man nur Pornos guckt, kriegt man das ja gar nicht mit. Es ist so wie bei Äpfeln. Natürlicherweise gibt es tausende von Sorten, aber im Supermarkt gibt es nur fünf, wenn es hochkommt.

F: Lässt du dir auch gerne zuschauen?

T: Wenn das Umfeld stimmt, macht es mich unglaublich an, wenn alles offen abläuft, jeder darf zuschauen, während wir auf den Wellen der Lust surfen. Ab einem gewissen Grad von Geilheit oder Intimität, am besten beides, ist alle Scham wie weggeblasen.

F: Schaust du auch gerne Pornos? Oder ist das etwas ganz anderes?

T: In Pornos ist natürlich das meiste gefaked. Aber es gibt Ausnahmen, auch im Internet. Das ist wie Muschelsuchen am Strand. Die meisten sind stumpf oder kaputt, aber hin und wieder findet man eine intakte, schillernde. So ist es auch mit Pornos. Wenn da etwas Authentisches rüberkommt, ist das für mich Kunst.

F: Woran machst du das fest?

T: Schönheit – oder Hässlichkeit – liegt natürlich im Auge des Betrachters. Aber manchmal bilde ich mir ein, die Person im Video wirklich zu spüren, dann kommt etwas in mir in Resonanz, da schwingt etwas mit, ich meine mehr als pure Geilheit. Das kann Projektion sein, aber dann ist es jedenfalls gut gemacht. Bei einem Charakterschauspieler fragt ja auch niemand, ob die Gefühle, die er spielt, echt sind. Hauptsache, sie kommen gut rüber. Ich würde sogar noch einen Schritt weiter gehen. Phallus und Vulva sind für mich heilig. Eine schöne Abbildung von diesen wunderbaren Organen ist mit das Schönste, in was ich mich als Betrachter versenken kann. Es ist der ganze verlogene, kommerzielle Kontext, der Pornos zu etwas Schmutzigem macht. Ich bewundere Menschen, die dem etwas entgegen setzen. Ich würde mich nicht trauen, erotische Kunst zu produzieren, schon gar nicht als Mann, weil mir das viel zu brisant wäre, es ist ein Minenfeld. Aber ist Eros nicht die Quelle aller Kunst?

F: Klingt gut, hat nicht Picasso auch so etwas gesagt? Aber das ist ein anderes Thema. Gibt es etwas, was du anderen Männer sagen möchtest?

T: Ein Tipp von Mann zu Mann? Aber dieses Buch lesen doch sicher vor allem Frauen ...

F: Na ja ...

T: Spaß beiseite. Ich finde, wir Männer sind liebenswert, auch wenn wir es niemandem recht machen. Frauen versuchen zwar, uns zu erziehen, aber wehe sie haben Erfolg, dann ist es mit der Lust auf uns bald vorbei. Wenn wir uns selbst liebens- und begehrenswert finden, wäre das doch schon mal ein guter Anfang. Ich hoffe, ich kann dazu auch etwas beitragen.

F: Ich danke dir für deinen beherzten Beitrag.

Gedankensplitter: Selbstbefriedigung zählt

Volker Elis Pilgrim[74] hat bereits in den siebziger Jahren ein Manifest zur Befreiung vom Tabu der Selbstbefriedigung geschrieben, aber von echter allgemeiner Wertschätzung ist Solosex immer noch weit entfernt. Das zeigt sich zum Beispiel darin, dass die meisten auf die Frage, wann sie zum letzten Mal Sex hatten, antworten: vor einer Woche, vor einem Monat oder vor einem Jahr – auch wenn sie gestern noch Sex mit sich selbst hatten. Richtiger Sex ist Sex mit einem Partner. Selbstbefriedigung zählt nicht.

Muss das so sein? Viele Facetten unseres sexuellen Reichtums können wir in uns selbst erforschen: Das Surfen auf der Welle vor oder im Orgasmus, das Wechselspiel von zielgerichteter Geilheit und Loslassen, das Erforschen analer Lust, den Einsatz von sexuellen Spielzeugen bis hin zum Genuss inspirierender Pornos, die mehr bieten als ödes, liebloses Einerlei. Kann Sex mit uns selbst tatsächlich facettenreich und befriedigend sein?

Fast alle Männer onanieren regelmäßig, da sind sich Sexualwissenschaftler einig. Die Art, wie wir das tun, prägt naheliegender Weise auch unser sexuelles Selbstbewusstsein. Masturbieren Männer sich zu erotischen Bittstellern, zu unsensiblen Fummlern oder gar zu Vergewaltigern? Wie kommen wir aus der Schmuddelecke heraus, wenn wir uns selbst lieben? Ein Symbol unserer inneren Verfasstheit sind Sexshops. Die für Männer sind meist immer noch düster und trostlos eingerichtet, kaum besser als öffentliche Bedürfnisanstalten. Sexshops für Frauen – soweit es sie überhaupt gibt – befinden sich dagegen in den besten Citylagen und präsentieren sich wie Tempel moderner Lifestyles. Ähnlich verhält es sich bei Pornos. Angeblich sind Männer diesbezüglich gnadenlos anspruchslos, Frauen muss da schon mehr geboten werden. Woran liegt das? Daran, dass Männer wirklich so primitiv sind? Oder weil sie sich insgeheim zutiefst ihrer Sexualität schämen?

Müssten wir uns Sorgen machen, dass Sex mit einer Partnerin uninteressant wird, wenn wir uns mit uns selbst königlich vergnügen? Kaum. Es ist ja auch nicht bekannt, dass, wer gerne für sich selbst kocht, deswegen ungerne gemeinsam mit anderen isst. Beim Partnersex beggenen wir der Herausforderung, unsere erotischen Wünsche und Sehnsüchte mit denen eines möglicherweise ganz anders gepolten Menschen zu konfrontieren, abzustimmen und zu teilen. Das erotisch-sexuelle Wechselspiel der Polaritäten in uns selbst zu erfahren, erhöht die Chance, dieses lustvolle Spiel auch mit einer Partnerin zu erforschen und zu genießen. Gilt dies auch für andere, noch heiklere Möglichkeiten, sich sexuell zu erforschen? Gerhard traut sich, von ihnen zu berichten.

8. Gespräch mit Gerhard

> *Männer sind das übergriffige Geschlecht,*
> *das sitzt tief.*

Frage: Gerhard, bist du ein ganz normaler Mann?

Gerhard: Ja und nein. Die Frage ist mir unangenehm, weil ich vielleicht normaler bin als mir lieb ist. Ich finde viele eher weibliche Seiten in mir, werde aber von anderen zunächst als eher männlich wahrgenommen. Da fühle ich mich häufig missverstanden und irgendwie anders.

F: Was würdest du als weiblich an dir bezeichnen?

G: Vor allem meine Verhaltensweisen und Bedürfnisse im Sex. Ich lege auf Streicheln davor und auf das Kuscheln danach viel Wert. Ich habe eine tiefe Sehnsucht nach Berührung, die ist mir noch wichtiger als das Eindringen, das für mich auch immer etwas von einem unzulässigen Angriff hat.

F: Was ist schwierig daran, dir diese weiblichen Seiten zuzugestehen?

G: Das geht jetzt gleich ins sehr Persönliche, nämlich zur Trennung von meiner Frau nach 25 Jahren Ehe. Ich hatte damals das Gefühl, dass sie sich in einen männlicheren Mann verliebt hat. In der Trennungsphase sagte sie, meine überbordende Zärtlichkeit wäre ihr manchmal zu viel gewesen. Das war ein Schlag ins Gesicht. Ich hatte doch gedacht, genau das braucht sie von mir. Ich habe sie immer erst gestreichelt und oral zum Orgasmus gebracht, bevor ich eindringen durfte. Sie hat immer gesagt, anders ginge das bei ihr nicht.

Zur Bewältigung der Trennung begann ich, diesen zärtlichen Mann zu kultivieren. Einen, der so zärtlich ist wie ich, wird sie nie wieder kriegen, danach soll sie sich noch zurücksehnen! Ich ging in Tantragruppen, weil Tantra für mich mit zärtlicher Sexualität verbunden war. Dort wollte ich meine Fähigkeiten vervollkommnen und auch bei den Frauen zur Wirkung bringen.

Beim Kennenlernen und bei den ersten Berührungen kam das auch gut an, aber dann gab es immer wieder Frauen, die irgendwann Stopp gesagt haben, obwohl ich doch meine Zärtlichkeit für umwerfend hielt. Ich habe gekränkt und geradezu empört reagiert und lange gebraucht, bis ich hören konnte, was mir da gesagt wird. Irgendwann merkte ich, dass Zärtlichkeit auch eine Form von Gewalt sein kann. Durch sie meinte ich, kein Nein akzeptieren zu müssen.

F: Deine Zärtlichkeit war also nicht nur frauenfreundlich.

G: Genau! Besonders ehrliche Frauen sagten mir, dass sie mir misstrauen, dass sie noch etwas anderes spüren als diese Zärtlichkeit. Anfangs hielt ich das für ein großes Missverständnis, mein Spiegel war völlig blind an dieser Stelle. Nur die anderen Männer wollen unbedingt Sex, auch gegen den Willen der Frauen, nur die anderen sind Vergewaltiger, ich könnte das doch gar nicht! Und so weiter.

F: Du fühltest dich unfreiwillig in Sippenhaft genommen?

G: Genau das war mein Gefühl. Bis ich in einer Seminarstruktur auf die Frage antworten sollte, wie ich damit umgehen würde, wenn eine Frau Nein zu mir sagt. Und meine ehrliche Antwort aus tiefstem Herzen war: Diese Situation gibt es für mich nicht. Entweder ich probiere es erst gar nicht oder ich kann so zärtlich sein, dass die Frau nicht Nein sagen kann (lacht). Da hat es klick gemacht und plötzlich wusste ich, da stimmt was nicht.

F: Hast du inzwischen auch deine männliche Seite besser kennengelernt?

G: Ehrlich gesagt weiß ich das nicht. Aus meiner Sicht habe ich in den letzten zehn Jahren riesige Entwicklungsschritte gemacht. Meiner Exfrau habe ich kein einziges Mal sagen können, dass ich mit ihr schlafen will! Ich musste es immer irgendwie durch Zärtlichkeiten hinkriegen, weil ich mich zu sehr geschämt habe. Meiner jetzigen Partnerin Susanne habe ich schon an unserem ersten Abend gesagt, dass ich gern mit ihr schlafen würde. Obwohl wir das erst einige Wochen später tatsächlich getan haben, hat das ihr Herz für mich geöffnet. Da freue ich mich bis heute drüber und bin stolz auf diese Entwicklung. Aber ich stehe immer noch auf Kuschelsex und kriege es nicht hin,

Frauen zu sagen, dass sie mich anziehen. Ich sehe mich immer noch auf der weiblichen Seiten des Spektrums, aber vielleicht ein wenig mehr in der Mitte.

F: Hast du dir diese weibliche Seite aus Angst vor Zurückweisung zugelegt oder lebst du die einfach gerne?

G: Berühren und Verführen, Berührtwerden und Verführtwerden, das ist immer noch meine Welt. Ich fühle mich darauf in geradezu schmerzhafter Weise festgelegt. Mit Susanne ist das aktuell Teil eines Konflikts, dass sie auch mal anderes von mir will. Sie sagt: Ich habe dich doch beim Tanzen als kräftigen Gegenpol kennengelernt. Warum lässt du mich im Sex nichts davon spüren? Ich will es auch mal wild, ich will auch mal genommen werden. Solche Wünsche machen mich ratlos. Ich liebe endloses Streicheln, ich liebe langsamen und auch stillen Sex, ich liebe es, mit dem ganzen Körper verbunden zu sein und sich in die Augen zu schauen. Das harte Stoßen, wildes Rein-Raus, das ist einfach nicht meins.

Das gilt auch für meine Onanierfantasien und Pornografievorlieben. Ich habe immer nach Fotomagazinen gesucht, in denen Frauen sich verführerisch sexuell anbieten, Fickszenen törnen mich eher ab. Früher habe ich mir häufig eine Frau vorgestellt, die einen Autounfall mit mir verschuldet hat und durch ein Sexangebot verhindern will, dass ich die Polizei rufe. Inzwischen stelle ich mir häufig verführerische Prostituierte vor, die in Massagesalons mit viel Öl auf meinem ganzen Körper rumglitschen. In meiner Ehe waren Selbstbefriedigung und auch Prostitution wichtige Gegenwelten zu der Welt, in der ich mir durch Zärtlichkeit Sex erschleichen musste. Da durfte es eindeutiger sein und auch mal schnell und heftig. Dort kann ich genießen, so scharf zu sein, dass ich in wenigen Minuten zum Orgasmus komme. Trotzdem war ich immer in der passiven Rolle, musste nicht zu meinem Wollen stehen. Die Machofantasie, etwas zu wollen und sich Frauen gefügig zu machen, gibt es bei mir nicht.

F: Was macht dich an in dieser Gegenwelt?

G: Ehrlich gesagt weiß ich das nicht so genau, wo ich jetzt doch mit einer tollen Frau zusammen bin, die selbst Lust auf Sex hat und mit der ich über alles reden kann. In den späteren Ehejahren bin ich alle paar Monate zu einer Prostituierten gegangen, nachdem ich lange Jahre davon geträumt, mich aber nicht getraut hatte. Ich hatte damals das Bild, dass sich in mir was aufstaut und ich das deshalb brauche, auch für unsere Beziehung, um wieder offen zu werden. Und das war auch so, danach hatte ich wieder richtig Lust, mit meiner Frau zu schlafen. Die wusste von nichts, weil wir nie über Sex geredet haben, erst recht nicht darüber. Das war so schambesetzt, dass ich mögliche Konsequenzen für Ehe und Gesundheit komplett verdrängt habe.

Einmal hatte ich ein traumhaft schönes Erlebnis mit einer asiatischen Frau. Sie hat mit mir gebadet und mich dabei gewaschen. Dann hat sie mich auf einem großen Bett eingeölt, sich auf mich gesetzt, mich in sich eingeführt und ganz langsam zum Orgasmus gebracht. Ohne großes Getue mit angeblichen Lustschreien von ihr, es war das pure sexuelle Caring. Da wird mir heute noch ganz heiß, wenn ich daran denke. Das Problem war, dass sie das ohne Gummi gemacht hat. Das war kurz bevor Aids bekannter wurde. Als meine Frau Jahre danach schwanger wurde, sagte ich ihr, sie solle sicherheitshalber einen Aidstest machen. Sie hat das gemacht und nicht nachgefragt. Ich habe das weder begründet noch selbst einen Aidstest gemacht. So doppelbödig war das. Irgendwie wussten wir es beide, hielten es aber lieber vor uns selbst geheim. Was für ein Elend! Trotzdem fühlte ich mich noch viele Jahre glücklich in dieser Ehe. Die Trennung ging erst zehn Jahre später von ihr aus.

F: Sind das heute immer noch zwei getrennte Welten?

G: Ja und nein. Einerseits bin ich zum ersten Mal mit einer Frau zusammen, der ich wirklich abnehme, dass Sex für sie ein eigenes Bedürfnis ist und nicht nur ein Liebeszugeständnis an den Mann. Du glaubst ja nicht, wie viele Jahre ich noch nach der Trennung brauchte, bis ich überhaupt für möglich hielt, dass Frauen selbst Lust auf Sex haben könnten und ich sie nicht durch Zärtlichkeit dazu überreden muss. Jetzt ist Sex auch in meiner Beziehungswelt erwünscht und Prostitution nicht mehr die notwendige Gegenwelt, wo Sex erwünscht ist, wenn auch nur als Geldquelle.

Andererseits konnte ich meine Sehnsucht nach Passivität, danach, verführt und bedient zu werden, bisher nicht wirklich in unser Liebesleben integrieren. Diese Wünsche kommen mir immer noch unmännlich und auch rücksichtslos und als Zumutung vor. Ich kann zwar drüber reden, es aber nicht initiieren. Ich kann es noch nicht mal annehmen, wenn Susanne das als Spiel anbietet. In Beziehungen ist Geben für mich viel einfacher als Nehmen.

F: Weiß deine Partnerin von deinen Prostitutionserfahrungen?

G: Die waren gleich zu Beginn unserer Beziehung sehr präsent. Bevor wir das erste Mal miteinander schliefen, musste ich ihr beichten, dass ich kurz zuvor, als wir uns noch nicht kannten, mit einer Prostituierten geschlafen hatte – ohne Gummi. Dann war es auch noch ein verwirrend schönes Erlebnis, das ich ihr zu erzählen hatte. Die junge, schlanke Frau hat mich angemacht, indem sie sich hinlegte und sagte: „Ich mache gar nichts. Du kannst machen, was du willst." Ich war erst wie gelähmt, ich war gewohnt, dass sie mich streichelt und mein Schwanz stimuliert wird oder so. Sie provozierte mich: „Was willst du denn jetzt? Mach was!" Ich stotterte, ich wolle gerne mit ihr vögeln. „Warum machst du es dann nicht?" „Ich habe noch kein Kondom." „Willst du es ohne Kondom?" „Eigentlich schon, aber das geht doch eigentlich nicht." „Ich habe doch gesagt, du sollst machen, was du willst!" „Wirklich?" So zitternd scharf war ich selten in meinem Leben. Sie wollte danach sogar von sich aus noch ein bisschen kuscheln. Ich hatte ein furchtbar schlechtes Gewissen und wollte ihr mehr Geld geben als ausgemacht. Das hat sie empört als Beleidigung abgelehnt. Bis heute verstehe ich nicht, was sie getrieben hat und wie sie gespürt hat, was mich anmacht. Auf jeden Fall hat sie perfekt mein Wunschbild bedient, mit einer Frau zu schlafen und dabei nicht nur die Erlaubnis, sondern geradezu die Anweisung zu bekommen, egoistisch zu sein. Mit Susanne konnte ich wochenlang nicht ohne Gummi schlafen, bis ich meinen negativen Aidstest hatte.

F: So ein Geständnis scheint mir ein krasser Einstieg in eine neue Beziehung. Hat Susanne das akzeptiert?

G: Nein, überhaupt nicht! Als vergangene Erfahrung und als Fantasie schon, aber als ich nach den ersten Verliebtheitsjahren wieder Prostituiertenbesuche gebeichtet habe, hat sie klargemacht, dass sie damit nicht leben will und nicht leben wird. Das war ein echtes Problem, weil ich das Gefühl hatte, mein Selbstbestimmungsrecht aufzugeben und einen wichtigen Erfahrungsraum zu verlieren, um mich weiterzuentwickeln. Man kann darüber den Kopf schütteln, aber ich habe in dieser Sphäre wichtige Erfahrungen gemacht, nicht nur rein sexuelle, sondern auch Beziehungserfahrungen. Viele Begegnungen dort habe ich als Minibeziehungen erlebt und öfter mal gefragt: „Warum bist du so freundlich zu mir?" Ein anderes Beispiel: Ich konnte in meiner ersten Ehe nie selbst eindringen, sondern musste mir immer „reinhelfen" lassen. Bei einer Prostituierten konnte ich das ansprechen und fragen, ob ich selbst mal probieren dürfte, einzudringen.

F: Das klingt nicht nach Straßenstrich. Wo hast du Prostituierte getroffen?

G: In Saunaklubs oder in Wohnungen. Ich wollte viel Zeit haben, mich zu entspannen und verführen zu lassen. Und ich wollte reden, das hat alles ausgeschlossen, wo Frauen nur das nötigste Fickdeutsch sprechen. Aber richtig viel Zeit wie bei Edelprostituierten war mir auch wieder zu unheimlich, vielleicht war ich aber auch nur zu geizig. Obwohl die Begegnungen also selten länger als eine Stunde dauerten, erinnere ich seltsamerweise einige deutlich besser als Sexerfahrungen in früheren Liebesbeziehungen.

F: Hast du dein „Selbstbestimmungsrecht" gegenüber Susanne dann aufgegeben?

G: Susanne hat darauf bestanden, dass ich auf jeden Fall alles erzählen muss, wenn ich irgendwohin gehe. Ich habe mehrfach nachgefragt, ob sie das ernst meint, weil ich von meiner Exfrau und auch aus Ratgebern das Gefühl hatte, dass Frauen das lieber nicht wissen wollen. Ich habe das zwar zugesagt, dann aber kleine Fluchten probiert, indem ich Massagen oder Oralsex nicht als Sex definiert und deshalb nicht erzählt habe. Aber das hat nicht funktioniert, weil ich nach einer intensiven Prostituiertenerfahrung nicht mehr mit Susanne zusammen sein konnte, bevor ich es erzählt hatte.

F: Und dann hast du allen Mut zusammen genommen und mit ihr darüber gesprochen?

G: Ich hatte keine andere Wahl. Wir hatten uns für zwei Stunden zum Sex verabredet und ich bin innerlich völlig ausgestiegen. Ich musste einfach darüber reden, weil es eben nicht nur Abspritzen, sondern ein intensives Erlebnis gewesen war. Bis heute fühle ich mich in der Zwickmühle, dass ich einerseits mit Susanne darüber reden will, andererseits wird dadurch dieser wichtige Erfahrungsraum für mich immer weniger begehbar, weil das immer in eine Beziehungskrise führt.

F: Du bist dieser zärtliche Mann, aber bei Prostituierten darf es auch mal schnell und heftig sein. Wie erlebst du diese beiden Seiten in dir?

G: Ich bin immer noch dabei, das zu verstehen und zusammenzubringen. Das Leben hilft mir dabei. Einerseits wird mit zunehmendem Alter der Pol des schnellen und scharfen Sex sowieso weniger zugänglich. Andererseits wird der Pol der Stille und inniger Verbindung durch neue Erfahrungen so gestärkt, dass ich versuche, mich auf diese Seite zu bewegen. Es scheint, dass ich erst still werden kann, wenn eine Frau sich wirklich ganz für mich öffnet. Auch konkret, indem sie die Beine ganz breit macht und mich tief in sich aufnimmt und so ihr Herz für mich öffnet. Mit meiner Exfrau habe ich immer in so einer Art Scherenstellung das Rein-Raus praktiziert. Aus heutiger Sicht würde ich das nicht mehr „Vereinigung" nennen, eher gegenseitige Befriedigung. Aber ich wusste damals nicht, dass es etwas anderes gibt.

Stell dir vor, ich musste 45 werden, bis ich merkte, dass man sich beim Sex wirklich vereinigen kann, als mich eine Frau zum ersten Mal zwischen ihre Beine nahm. Auch diese Erfahrung habe ich mit einer Prostituierten gemacht, mit Ines. Das hat mich so umgeworfen, dass ich mit ihr eine Beziehung anfing. Sie war immer ganz berührt, wenn ich zu ihr sagte: „Ich verehre das göttlich Weibliche in dir." Und ich war begeistert von ihrem schnoddrig selbstverständlichen Umgang mit Sex, von ihrem Selbstbewusstsein, mit dem sie darauf bestand, dass sie mich ins Hotel einlädt und nicht ich sie. Lange hat das nicht gehalten. Jetzt mache ich mit Susanne zum ersten Mal in einer Liebesbeziehung die Erfahrung, dass sie sich körperlich für mich öffnet, weil sie will, dass ich ganz in ihr bin. Das ist ein absolut geiles Gefühl, und mit diesem geilen Gefühl verbinde ich die Möglichkeit zur Stille.

F: Wie erlebst du es, in ihr drin willkommen zu sein?

G: Für mich ist das mit einem Gefühl verbunden, bei dem der Lingam[60] keine Bewegung braucht, weil er aus einer ganz anderen Quelle heraus stark und groß ist. Das Willkommensein lässt mich die Yoni[57] in einer viel intensiveren Weise spüren, als das beim Rein-Raus möglich ist. Manchmal habe ich auch das Gefühl, mit dem Lingam ihren G-Punkt zu spüren, obwohl das wahrscheinlich nur eine Vorstellung ist. Mein Wort dafür ist Streicheln, die Yoni von innen streicheln und dabei von ihr gestreichelt werden. Stiller Sex muss nicht bewegungslos sein, sondern kann auch ein langsames Sich-ineinander-Bewegen und Sichräkeln sein. Das Wesentliche ist, dass ich den Lingam viel mehr mit mir verbunden fühle, ein ganzheitliches Gefühl, als ob ich mit meinem ganzen Körper in der Yoni wäre (lacht). Das ist eine Mischung aus körperlichen Gefühlen und emotionalen Bildern.

Häufig traue ich meinem Lingam weniger Potenz zur Lustbeschaffung zu als meinen Fingern. Stillen Sex genieße ich auch deshalb so sehr, weil der Lingam aus mir herauswächst, aus sich selbst heraus stark ist und geben kann. Früher wollte der Schwanz immer nur nehmen. Auch heute streichle ich oft die Yoni bis zum Orgasmus, weil ich dem Lingam keine ausreichend befriedigende Potenz zutraue. Susanne mag auch das. Angesichts meiner Impotenzängste hat sie mich sogar dazu ermutigt: „Das ist doch kein Problem, du hast doch so schöne Hände."

F: Da ist immer noch die Unsicherheit, als Mann zu genügen?

G: Ja. Es ist der sicherere Weg, sie erst mal zu streicheln, bis sie ihre zwei oder drei Orgasmen hat. Meine Exfrau konnte nur durch den Mund, nie in der Vereinigung zum Orgasmus kommen. Das habe ich, Gott sei Dank, mit Susanne anders erlebt. Ihre Orgasmen oder sogar gemeinsame Orgasmen in der Vereinigung, was für ein Glück!

Aber gerade wenn ich ziemlich gierig bin, traue ich meinem Lingam nicht zu, genügend zu geben, wenn er doch nehmen will. Das bringt mich häufig in ein Dilemma: Ich genieße es sehr und es erregt mich, wenn sich meine Geliebte meinen Händen hingibt. Aber häufig bin ich dann so sehr bei ihr, dass meine eigene Erregung verschwindet. Dann genieße ich zwar ihren Orgasmus, kann aber nicht mehr vögeln. Mein Drang, mich in ihr auszubreiten, ist verschwunden.

F: Das klingt nach dem klassischen Ladies first. Und im Zweifelsfall tritt der Mann vornehm zurück.

G: Ja, ich gehe auch bei Massagen gern vollkommen in die Empathie mit der Frau, auch körperlich. Mit der weiblichen Energie intensiv mitzugehen, befriedigt mich auch selbst. Manchmal fühle ich mich aber auch ausgelutscht, oder sogar beides. Das dominierende Gefühl kann sowohl glückliche Entspannung sein als auch ein dunkles, dumpfes Gefühl, als ob ich verschlungen worden wäre. Gerade, wenn die Frau sehr intensiv ihre sexuelle Kraft gezeigt hat.

F: Könnte man sagen, du genießt deine weibliche Seite, aber der eher männliche Teil geht öfter mal leer aus?

G: (Lange Pause) Ich weiß wirklich nicht, ob ich meine unterentwickelten männlichen Seiten als Defizit ansehen sollte oder eher stolz darauf sein, wie weit ich es gebracht habe. In Männerseminaren geht mir häufig auf die Nerven, wenn der kraftstrotzende Krieger einseitig als Vision von Männlichkeit in den Raum gestellt wird. Die scheint für mich unerreichbar. Vielleicht entgeht mir ja was, aber das wird mehr als ausgeglichen durch das, was ich bekommen habe, vor allem wenn ich bedenke, wo ich herkomme und welche Schritte ich schon gemacht habe. Manchmal bin ich nach dem Sex mit Susanne so berührt, dass ich Sätze sage wie: „Dass ich mit dir noch so viel Glück erleben darf!" Das klingt vielleicht kitschig, aber ich komme aus einer absolut verklemmten Generation, hatte vielleicht sogar besonders verklemmte Eltern. Bis heute erinnere ich mich an das Schamgefühl, als ich als Junge im Wald benutzte Kondome fand. Alle anderen wussten offenbar, was damit gemacht wird, nur ich nicht. Mit meiner ersten Liebe habe ich mich nur Petting getraut, obwohl sie mehr wollte.

Eigentlich habe ich mich in all meinen früheren Liebesbeziehungen für meine sexuellen Wünsche geschämt, und erst heute kann ich dazu stehen, zumindest manchmal. Das ist doch großartig, das will ich nicht gleich wieder als nicht männlich genug abwerten.

F: Was meinst du mit „besonders verklemmt" bei deinen Eltern?

G: Als mein Vater mich zum „Aufklärungsgespräch" zitierte, fragte ich ihn: Wie geht das, ich kann mir nicht vorstellen, wie der Schwanz in die Möse kommt. Seine Antwort war, zu technischen Fragen gebe er keine Auskunft. Er könne nur sagen, dass Frauen nicht von sich aus wollten, sondern „erweckt" werden müssten. Das hat mich für Jahrzehnte beeinflusst, und danach habe ich mit niemandem mehr über Sex gesprochen, bis ich mit Tantrakursen begann. Außerdem hat mein Vater in der Familie geherrscht wie ein Tyrann, der seine Kinder und auch seine Frau schlug. Mich vorzugsweise auf den nackten Po, nachdem ich „freiwillig" die Hose heruntergezogen habe. Männer sind das übergriffige Geschlecht, das sitzt tief.

F: Und die Frauen?

G: Frauen sind machtvolle Wesen, weil sie wegen ihrer Verletzbarkeit unangreifbar sind. Meine Mutter war die eigentlich Starke in unserer Familie, aber in Konflikten hat sie sich immer ganz klein gemacht. Außerdem haben Frauen die Macht, den Sex zu gewähren oder zu versagen, auf den ich so dringend angewiesen war. Von der Pubertät an habe ich mich durchgängig als onaniersüchtig erlebt, in der Schule, im Studium, in der Ehe und noch in der Trennungszeit danach. Mindestens abends zum Einschlafen oder wenn ich irgendwie frustriert war, habe ich mir einen runtergeholt. Darüber konnte ich mit niemandem reden. Auch in den Selbsterfahrungsgruppen nach meiner Trennung konnte ich erst nach Jahren drüber reden. Ein Mann erzählte mir, dass er wegen Sexsucht in einer Klinik war. Was für ein Geschenk und eine Erleichterung, über Sex als mögliche Suchtform reden zu können!

F: Und heute lebst du im Glück?

G: Im Vergleich zu früher schon. Ich bin nicht nur mit meinen Sexwünschen willkommen, sondern sie wird sogar selbst initiativ und zeigt ihre Wünsche. Bei allem Auf und Ab ist das für mich eine völlig neue Welt. Wir wollen und können über alles im Sex reden. Zum ersten Mal in meinem Leben habe ich auch im Freien, im Meer oder im Eisenbahnabteil gevögelt. Zum ersten Mal erlebe ich gemeinsame Orgasmen und der ganze Körper kommt ins Spiel, einschließlich aller Öffnungen. Sex ist jetzt viel mehr, als sich gegenseitig einen Orgasmus zu verschaffen. Für mich ist es gigantisch, dass ich beim Sex weine, dass Scham da sein darf und dass mein schlaffer Penis ein Wegweiser sein kann. Dass ich so eine neue Welt in meinem Alter noch erleben darf, finde ich großartig! Manchmal will meine Lebensgefährtin sogar wilden Sex und überfordert mich damit. Aber zunächst mal spüre ich nicht den Mangel, sondern die Fülle, die mir nicht trotz, sondern eher wegen meiner weiblichen Seiten geschenkt wurde.

F: Was du weibliche Seite nennst, hat sich sogar noch ausgeweitet?

G: Ja, das ist eine schöne Sicht auf das, was ich als Ausweitung meines Spektrums wahrnehme. Früher hat mal eine Frau gesagt, ich sei ein „Macher in der Liebe" mit meiner Zärtlichkeit, die ein klares Ziel hatte. Heute kann ich viel besser warten und lauschen, was sich entwickeln will, ich öffne mich auch erotischer Unsicherheit, kann mich mehr hingeben und spüre auch, wenn sich mein Anus entspannt.

Zu all dem gehört auch mein intensives Orgasmuserleben, was offenbar nicht so normal ist für einen Mann. Häufig habe ich einen so lang andauernden Orgasmus, der durch die Ejakulation nur ausgelöst wird, aber sich eigentlich davon unabhängig anfühlt. Dann läuft mir ein Zucken die Wirbelsäule rauf und runter, es schüttelt meinen ganzen Körper und ich bin minutenlang in einer Art Trance, in der ich mich nur begrenzt steuern und meine Umwelt nur begrenzt wahrnehmen kann. Früher war mir das peinlich, weil ich meine Geliebte ein bisschen allein lasse. Aber Susanne liebt es, mir dabei zuzuschauen und lacht manchmal fröhlich. So etwas hätte sie noch nie mit einem Mann erlebt, sagt sie. Meinen Orgasmus könne man fast als „weiblicher" bezeichnen als ihren, weil meine Plateauphase viel länger dauert als ihre. Ich weiß nicht viel über das Orgasmuserleben anderer Männer, aber wenn ich mir Pornos anschaue, sehe ich nur Ejakulationen ohne jede Ekstase und verstehe nicht, was Männer daran toll finden. Solche Samenergüsse kenne ich zwar auch, finde sie aber eher enttäuschend.

Manchmal frage ich mich, ob ich mir meine Onaniersucht nicht verzeihen sollte. Früher war nämlich nur mein Onanier-Orgasmus ein so schüttelnder, Black-out verursachender Orgasmus. Das kann wirklich süchtig machen. Das Orgasmuserleben mit meiner Frau war zwar emotional viel schöner, aber körperlich nicht so umwerfend. Erst mit Susanne ist der Liebesorgasmus auch körperlich intensiver als der Onanierorgasmus.

F: Was gab dir den Mut, dich auf den Weg zu machen und so viel Neues zu erforschen?

G: Der wichtigste Anstoß war die Trennung von meiner Frau. Ein weiterer Anstoß waren Erfahrungen mit Impotenz. Das ging am Ende der Ehe los und wurde in den ersten Trennungsjahren immer bedrängender. Ein Leben, indem ich mit dem Sex nicht klar komme, war für mich unvorstellbar. Da hätte ich mich eher umgebracht.

F: Andere hätten vielleicht Viagra genommen.

G: Na ja, Viagra® und Cialis® habe ich auch probiert, das finde ich auch nicht verwerflich. Ich wollte auch erst, dass dieser Schaden repariert wird und alles wieder so wird wie früher. Aber ich wollte ja auch Liebe und Sex besser verbinden, dabei half mir das nicht weiter. Heute sehe ich das als riesige Chance, weil ab einem gewissen Alter die Erektion wackliger wird und jeder Mann damit irgendwie umgehen muss. Meine Erfahrung ist: Der Lingam wird sensibler für jede Störung, aber auch für das Schöne. Es war ein schwieriger, aber befreiender Schritt, zu dieser Störanfälligkeit zu stehen und darüber zu reden. Manchmal kann ich ihn zu meiner Wünschelrute machen: Was zieht mich wirklich an, welche Störungen blockieren mich? Aber es ist eben ein schwieriger Wachstumsschub, ähnlich wie die Pubertät.

F: Was hat dir auf deinem Weg besonders geholfen?

G: Ich bin zufällig in solchen Tantrakursen gelandet, die meine ursprünglichen Erwartungen nicht erfüllt haben. Ich hatte gehofft, dort meine Verführungskünste zu stärken und meine sexuellen Energien im Körper besser stimulieren und kontrollieren zu können. Stattdessen bin ich in der Schule des Seins[3] gelandet, in einer Art Wahrnehmungsschule mit dem Motto „Sein, mit dem was ist", die mir half, viele Gefühle erstmals wahrzunehmen und Glaubenssätze als mögliche, aber nicht einzige Sicht auf mich und andere zu relativieren. Eigentlich wollte ich in eine Art Sexschule. Bekommen habe ich eine unüberschaubare Zahl von Übungsbegegnungen mit mir und anderen, bei denen es nur zu einem sehr kleinen Teil um Sex ging, aber meistens darum, Unsicherheit auszuhalten und authentisch im Kontakt zu sein.

Ein entscheidender Schlüssel für mich war, schwierigen Gefühlen nicht aus dem Weg zu gehen, und auch nicht den Situationen, die sie anstoßen. Wenn ich nicht irgendwann hätte aushalten können, dass meine Zärtlichkeit auch eine dunkle Seite in sich trägt, hätte ich diesen Weg nicht gehen können. Dieser Prozess umfasst alle Beziehungen im Leben, aber natürlich auch den Sex. Er geht immer weiter, bis heute, und hat nach meiner Überzeugung auch kein Ende.

F: Aber unser Gespräch muss ein Ende haben.

G: Das war ein ziemlich herausfordernder Ritt durch mein Innenleben. Vieles was ich gesagt habe, habe ich so noch nie bedacht. Danke für deine herausfordernden Fragen.

F: Danke für deine mutigen Antworten.

Gedankensplitter: Sexuell willkommen sein und dafür zahlen

Was Gerhard uns anvertraut, berührt eine ganze Reihe von Themen, die hochbrisant sind und Anlass zu endlosen Auseinandersetzungen bieten könnten. Am brisantesten ist wahrscheinlich das Thema Sex gegen Geld. Darüber wird in den letzten Jahren wieder zunehmend polarisierend diskutiert. Da sind auf der einen Seite Frauen, die aus Not heraus anschaffen gehen, obwohl sie dazu alles andere als Lust haben, oder die sogar dazu gezwungen werden und sich – oft fern ihrer Heimat – nicht aus dem Teufelskreis des Zuhältermilieus befreien können. Trotz der Gesetzesänderung durch Rot-Grün im Jahre 2002, die die Lebensbedingungen von Sexarbeiterinnen verbessern sollte, hat sich die Lage nach Ansicht mancher sogar noch verschlechtert. Auf der anderen Seite gibt es Frauen, die selbstbewusst dazu stehen, sexuelle Dienstleistungen anzubieten, und die ihrer Tätigkeit weitgehend mit Freude nachgehen und/oder froh sind, dass sie dabei überdurchschnittlich verdienen können. Dann gibt es noch die Grauzone der erotischen Massagen. Auch wenn die meisten Anbieterinnen von Tantramassagen[75] sich von Prostitution abgrenzen, bleibt die Grenze fließend.

Die Polarisierung rund um diese Fragen können und wollen wir hier nicht zum Thema machen und erst recht nicht auflösen. Sie bildet aber den Hintergrund, der möglicherweise den Blick dafür verstellt, was einen einzelnen Mann bewegt, der zu einer Hure geht.

Manches von dem, was Gerhard in jungen Jahren erlebt hat, vor allem aber in den Jahrzehnten seiner ersten Ehe, dürfte vielen Männern auf leidvolle Weise vertraut sein. Wir entdecken den Sex weitgehend heimlich und allein, onanieren schamvoll mit Hilfe von Pornografie und bilden dabei Wünsche und Fantasien aus, die auf eine ganz andere Welt abzielen als das, was wir in der Beziehung mit einer realen Frau erleben. Und in der sexuellen Vereinigung fühlen wir uns nicht immer – oder gar nie – wirklich willkommen.

Was oft am meisten zu schaffen macht, ist die verbreitete Sprachlosigkeit in sexuellen Themen. Vielleicht tut sich die jüngere Generation heute leichter. Aber wenn es darum geht, zu den eigenen Wünschen zu stehen, auch und gerade dann, wenn unsere Partnerin nicht sofort Begeisterung signalisiert, dann tun sich wohl auch heute noch viele Männer wie Frauen schwer.

Was die Ausgangslage für viele Männer erschwert: Es ist nicht leicht auszuloten, wo und bei wem wir sexuell willkommen sind. Schon allein die Frage – auf welche Weise auch immer sie gestellt wird – kann als Übergriff gewertet werden. Einerseits wird von Männern oft nach wie vor erwartet, dass sie die Initiative ergreifen, aber wehe, sie greifen daneben! So bleiben viele Männer in unbefriedigenden Situationen hängen, träumen aber von einer anderen Welt, in der ihr Schwanz als lustbringendes Geschenk des Himmels gilt, und dies nicht nur für den Mann selbst.

Die Wunde, sexuell nicht willkommen zu sein, reicht tief in den Kern männlicher Identität. Sie ist das unmittelbare Pendant zur weiblichen Lustlosigkeit, die noch bis vor einem halben Jahrhundert entweder pseudobiologisch begründet oder moralisch geboten wurde. Vielen Männern steckt in den Zellen: Frauen haben im Grunde nur dem Mann zuliebe Sex. Die Konsequenz aus dieser Prämisse: Wir müssen irgendwie immer für Sex bezahlen, wenn wir uns ihn nicht stehlen wollen. Warum also nicht gleich mit Geld bezahlen? Differenzierte Berichte jenseits ideologischer Prämissen oder pornografischer Vermarktung gelangen selten an die Öffentlichkeit. Kann Sex gegen Geld befreiend sein? Entwicklung fördern? Etwas anderes sein als sexuelle Ausbeutung? Kann das, darf das wahr sein? Solche Fragen konfrontieren wohl jeden von uns mit den eigenen Glaubenssätzen.

Einer davon könnte sein, dass nur Männer Sex kaufen, die es nötig haben, keine andere abkriegen oder auf Erniedrigung aus sind. Aber das Leben ist offensichtlich bunter und widersprüchlicher als unsere Überzeugungen, und wir Männer sind das womöglich auch. Trauen wir uns, das zu zeigen? Wenn sich die Vorzeichen umkehren und die Frau den dynamischen Sex wünscht, ihn vielleicht sogar einfordert: Können wir dazu stehen, gerade auf viel Zeit und Zärtlichkeit zu stehen? Trauen wir uns, nicht schnell zum Ziel kommen oder gerne auch mal ausführlich verwöhnt werden zu wollen, ganz und gar rezeptiv?

Wie männlich müssen oder dürfen Männer sein, oder wie weiblich? Wie wäre es, die althergebrachten Zuordnungen gleich ganz loszulassen und damit auch die verquere Versuchung, anders zu fühlen, als wir tatsächlich fühlen? Didi hat sich in ein Umfeld begeben, wo althergebrachte Rollen kaum mehr gefragt sind.

"

9. Gespräch mit Didi

Zuerst ging natürlich gar nichts.
Der Körper kannte das nicht.

Frage: Didi, bist du ein normaler Mann?
Didi: Ich weiß nicht. Aber sicher habe ich gewisse Grenzen überschritten, und das hat mir eine Freiheit gegeben.
F: Was hat dich auf die Spur gebracht, dich über Grenzen hinaus zu bewegen?
D: Ich war sexuell immer sehr neugierig, aber ich habe meine Sexualität lange im klassischen Klischee einer Zweierbeziehung gelebt, mal länger, mal kürzer. Mit einer Liebespartnerin habe ich mich dann für neue Sachen geöffnet, wir sind in Swingerklubs rein, und irgendwie kam das Wort Tantra auf den Plan. Ich habe danach gegoogelt und eine Frau gefunden, die ganz in der Nähe Tantramassagen[75] anbot. Es ging los mit Tarotkarten legen, und schon das war eine fremde Welt. Dann durfte ich mich für eine halbe Stunde nackt auf eine Liege legen, sie blieb angezogen und hat mich immer so in Kreisen berührt, auch intim. Mehrmals kam ich kurz vor den Orgasmus, dann hat sie die Atmung unterstützt. Ich habe die 300 Franken bezahlt, ging nach Hause und dachte, das war's jetzt. Aber später habe ich gemerkt, wie viel Energie im Körper war. Das hat mich noch neugieriger gemacht, und ich habe mich wieder auf die Suche begeben.
F: Und wie ging es dann weiter?
D: Bei meinem ersten Tantramassage-Wochenende war mein Erleben noch intensiver. Eine Frau, die ich vorher nicht kannte, hat mir eine Lingam-Massage[75] gegeben. Ich fand das sehr schön. Ich hätte mich damals nicht als wahnsinnig orgasmusorientiert bezeichnet, aber klar, für mich war das Ziel immer der Orgasmus, sprich die Ejakulation. Im Verlauf der Massage habe ich angefangen, mich mit der Hüfte mit zu bewegen, diese klassische Bewegung. Sie ist darauf eingestiegen

und es war keine reine Massage mehr, eher eine Stimulation. Ich war kurz davor und habe mich drauf gefreut, dann kam die Leiterin und sagte: „Das ist ja nett, was ihr da macht! Aber bleib einfach entspannt liegen und geh in deine Atmung!" An meine Masseurin gewandt: „Mach wieder deine Massagegriffe!" Ich war natürlich irritiert, ich dachte, na ja, okay ... Aber nachher spürte ich wieder diese Intensität im Körper, der Körper war extrem wach und das Glücksgefühl dabei war etwas ganz Besonderes. Da hat es klick gemacht und ich wollte mehr wissen.

F: Manche Männer können richtig ärgerlich werden, wenn sie nicht kommen dürfen.

D: Es war schon auch eine Enttäuschung, zuerst. Aber nachher war es ein tolles Gefühl, da habe ich nichts mehr vermisst.

F: Wie ist es heute? Vermeidest du lieber die Ejakulation oder spielt das gar keine Rolle mehr?

D: Ich mag kein „So muss es sein!". Im Taoismus heißt es, man solle keine Ejakulation haben. Das ist nicht mein Weg. Es ist schön, wählen zu können, mal so, mal so. Kürzlich bin ich in Berlin fast drei Stunden lang massiert worden, von einer Welle zur nächsten, ohne in einen klassischen Orgasmus zu gehen.

Ein weiterer großer Schritt war dann, die Wahlmöglichkeit auch in der gemeinsamen Sexualität zu bekommen. Ich habe eine Frau kennengelernt, die hatte sich mit Taoismus beschäftigt. Wir waren intensiv zusammen und irgendwann sind wir einfach so auseinandergegangen, ohne Orgasmus. Es war also möglich, auch mit einer Partnerin diese Freiheit zu haben. Das bringt eine Riesenentspannung in die Sexualität. Der Leistungsdruck fiel weg und auch der Stress, eine Erektion haben zum müssen. Früher konnte ich nicht wirklich offen darüber reden. Heute ist es so, wie es ist, und es ist gut so.

F: Es klingt überraschend einfach, wie du das beschreibst.

D: Eigentlich war es überraschend einfach. Allerdings habe ich wirklich viele Kurse besucht. Die Erlebnisse wurden mit zunehmender Übung natürlich noch mal anders. Ganz wichtig war die Ausbildung in Sexological Bodywork[76]. Da ging es noch mehr um intensive Atmung, um Energieaufbau und du arbeitest sehr mit dem „Big Draw".[77] Es ging über zwei Wochen jeden Tag in diese Energie rein, du kommst nie zum klassischen Orgasmus, sondern atmest dich hoch und machst Big Draws. In weiteren Trainings waren wir permanent in dieser Energie, da braucht es nur eine leichte Berührung, und du bist wieder in dieser Intensität.

F: Wurde dir die Erregung auch mal zu viel?

D: Ich bin schon auch in alte Muster gefallen, vor allem in Begegnungen. Eines Nachts in einer Tantrawoche lagen wir für Stunden nebeneinander, ohne Penetration, die Energie ist nur so geflossen und ich war offen. Aber irgendwoher kam das Gefühl auf, das ist so eine tolle Frau, mit ihr möchte ich jetzt auch richtigen Sex. Das haben wir auch gemacht und es war schon schön. Aber später dachte ich: War das jetzt nötig? Wenn eine Massage besonders intensiv ist, heißt das nicht, dass die Vereinigung so intensiv wird.

F: Wie war das, dich selbst zu erforschen? Fiel es dir leicht anzuwenden, was du in den Kursen gelernt hast?

D: Das war ein Prozess. Ich habe auch vorher regelmäßig Selbstliebe gemacht, auch mal eine halbe Stunde, je nach Lust und Laune. Aber das war zielgerichtet, nicht besonders bewusst und immer auf die gleiche Art. Meinen ersten Orgasmus hatte ich mit 14 in der Badewanne. Ich habe den Brausekopf auf den Penis gehalten, das war ein tolles Gefühl und irgendwann kam ein Orgasmus. Ich wusste damals nicht, dass das ein Orgasmus war, aber es hat sich gut angefühlt. Ich habe das oft wiederholt, aber irgendwann brauchte es immer länger, bis es funktioniert hat. Wir waren in einem alten Haus und hatten nicht so viel warmes Wasser, und wenn kein warmes Wasser mehr da war, wurde meine Mutter sauer. Ich musste etwas ändern. Dann war es halt die klassische Bewegung, ich weiß gar nicht, woher die kam. Keine Ahnung. Das entwickelt sich ja, ohne dass dir jemand das gezeigt hätte. Das habe ich 15 Jahre lang nie hinterfragt.

F: Die klassische Auf-und-Ab-Bewegung?

D: Es ist spannend, dass die wohl selbsterklärend ist. Das war dann die Form, mal länger und mal weniger lang. Aber ich bin nie auf die

Idee gekommen, Gleitmittel zu nehmen, irgendein Toy zu benutzen oder die Hand zu wechseln. In einer Art Fernstudium, Orgasmic Yoga, was so viel heißt wie bewusste Selbstliebe, hieß es dann: Nehmt euch über eine Woche jeden Tag eine halbe Stunde Zeit und macht alles anders als sonst. Wenn ihr es immer mit der einen Hand macht, dann jetzt mit der anderen, oder an einem anderen Ort, vielleicht in der Wohnung, wenn es sonst im Bett war. Und wir sollten keine externen Stimuli einsetzen, also keine Fantasien oder Bilder. Vorher waren die für mich immer zentral gewesen, auch in der Selbstliebe, visuelle Geschichten und Fantasien. Es war ein spannendes Erlebnis, all das wegzulassen. Zuerst ging natürlich gar nichts. Der Körper kannte das nicht. Andere Hand, anderer Druck ...

F: Dann war die Erregung erst mal weg?

D: Ja, aber das war ja Teil der Ausbildung. Ich habe das also immer wieder probiert, und dann hat sich schon etwas verändert. Plötzlich war eine Freiheit und Vielfalt da, ich konnte mit ganz vielen Sachen spielen. Das heißt nicht, dass das andere schlecht ist, das darf auch sein, wenn man einfach mal Lust hat auf die Schnelle. Aber wenn ich viel Zeit mit mir verbringen möchte, nicht auf den Orgasmus orientiert, sondern einfach, um den Körper zu entdecken oder die Prostata mit einzubeziehen oder was auch immer, dann ist das einfach schön.

F: Wie bist du auf die Idee gekommen, die Prostata kennenzulernen? Auch durch die Kurse?

D: Da sehe ich mich sehr klassisch, mit der typischen heterosexuell-männlichen Geschichte. Allerdings hatte ich mit 20 eine ganz tolle Erfahrung, mit einer Frau, die sehr aufgeschlossen war. Die hat mich außen am Anus berührt, das war total erregend, ich war begeistert. Abends war ich dann mit Freunden weg, also mit männlichen Freunden, und ich habe davon erzählt. Da war Stillschweigen in der Runde. Im Nachhinein ist mir bewusst geworden, dass ich ein Tabu gebrochen hatte, und dann habe ich das sein gelassen.

F: Du wagtest dich da nicht mehr heran?

D: Ja, und spätere Partnerinnen hatten scheinbar nicht das Bedürfnis, mich dort zu berühren. Da ist dann lange nichts passiert. Ich hatte

schon einige Kurse besucht, da fragte mich die Leiterin, ob ich beim Workshop zur Analmassage dabei sei. Da wirst du mich nie sehen, habe ich ihr gesagt. Das war für mich weit weg. Aber dann kam das Sexological-Bodywork-Training, und da gehört das einfach dazu, und das wusste ich. Gut, dachte ich, da muss ich jetzt durch ...
F: Hattest du Angst davor?

D: Ja, schon. Wie viele Männer dachte ich, ich möchte das eigentlich nicht. Und was, wenn ich es doch schön fände? Kann ich das meinen Freunden erzählen? Das Spannende in den Trainings war noch, dass der Partner zugelost wurde. Du bekommst ja immer das, wo du gerade innerlich stehst, und in der Analmassage habe ich immer Männer bekommen. Es war ja ein offenes Training. Kramer ist selbst homosexuell und in diesen Trainings ist es egal, ob Mann oder Frau, welche geschlechtliche Orientierung, transsexuell ... es ist alles offen. Man redet dort auch von Menschen mit Penis und Menschen mit Vulva. Dann kam dieser Tag, mir wurde ein Mann für die Analmassage zugelost. Ich hätte die Wahl gehabt zu sagen: Berühre mich nur außen. Aber ich dachte: Komm, schauen wir mal. Dann wurde es ein Riesenerlebnis, einfach schön. Es war ein Geschenk Gottes, so was zu erleben. Vorher hatte es ausgesehen wie ein Riesenabgrund. Vielen Männern geht es ähnlich. Ein anderer Mann sagte, da kämen Bilder hoch von einer Gefängnisdusche, die Seife fällt herunter ... und solche Geschichten. Das sind Bilder, die ich auch kenne, und natürlich die Witze, die darüber gemacht werden. Aber dann zu merken ...
F: ... es ist sogar ganz schön ...

D: Ja, es ist sogar ganz schön!
F: Anders schön als die Lust am Lingam[60]?

D: Den Weg bin ich noch nicht zu Ende gegangen. Wenn ich richtig entspannen möchte, ist anale Berührung das Beste, die erdet mich. Und die Kombination Anus und Lingam finde ich toll, das ist eine totale Verstärkung. Anal alleine, das ist unterschiedlich, da gibt es wohl noch vieles zu entdecken.
F: Hat dir anale Lust eine Vorstellung davon gegeben, wie Frauen das erleben, wenn sie etwas in sich aufnehmen?

D: Ja, sehr! Jack Morin, ein Sexualtherapeut aus den USA, sagt, das sei ein Zugang zur weiblichen Seite. Zwar steht bei den Ängsten die Homophobie im Vordergrund, aber die Angst vor der eigenen Weiblichkeit ist oft auch sehr stark. Ich habe mal so ein Experiment gemacht, über das ich lange nicht offen sprechen konnte. Eine Frau hat mich mit einem Dildo penetriert. Das war ein starkes Erlebnis, nicht nur vom Lustfaktor her, sondern auch in die andere Rolle zu gehen und wirklich zu empfangen und zu gucken, was das mit mir macht. Männer, die das erlebt haben, werden auch bewusster bei der Yoni-Massage[75]. Wenn einer den Finger in deinem Hintern dreht und dir das nicht angenehm ist, dann überlegst du dir das zweimal, das bei jemand anderem zu machen. Es gab mir ein höheres Bewusstsein, was das überhaupt heißt, jemanden in meinen Körper zu lassen.

F: Wie geht es dir mit dem Thema Ekel? Der Anus ist ja auch der Ort, durch den wir scheißen, auf Deutsch gesagt. Es könnte ja auch unangenehm riechen.

D: Insoweit es Massagen angeht, habe ich da kein Problem. Ich finde das nicht unbedingt wahnsinnig toll, aber es ist etwas Natürliches, es gehört zum Menschsein dazu. Wenn man das beruflich macht, sind natürlich auch Hygienestandards ein Thema. Aber ich hatte noch nie Mühe, damit umzugehen.

F: Hast du auch über den Massageaustausch mit Männern hinaus eine homosexuelle Seite in dir entdeckt?

D: Es war ein Riesen-Bewusstseinssprung, sexuelle Energie aus mir heraus aufzubauen, ohne dass ich das Gegenüber brauche. Auch da hat es in diesem Training plötzlich klick gemacht. Noch am Morgen wurde ich von einer Frau massiert, die so richtig in mein Schema passte, aber da passierte nicht viel. Am Nachmittag wurde ich von einem Mann massiert, und ich wurde total scharf. Zuerst war das total verwirrend. Was hieß das jetzt? Im Nachhinein war das ein wichtiger Schritt zu merken, dass sexuelle Lust in mir ist. Ich kann sie genauso gut mit Männern erleben. Aber es ist etwas anderes, wenn du die bisexuelle oder homosexuelle Seite ansprichst. Da hatte ich tolle

Erlebnisse, aber ich bin noch nie mit einem Mann alleine so richtig sexuell geworden. Da bin ich noch auf dem Weg ...

F: Du würdest nicht ausschließen, dass das noch passiert?

D: Inzwischen schließe ich nichts mehr aus. Ich habe da ein paar Fantasien, aber ob sich diese in Realität umsetzen ... mal gucken. Es ist auch spannend zu sehen, welche Männer mich ansprechen. Die sind einerseits wirklich Mann, aber sie haben auch die weibliche Seite total in sich. Sie sind gefühlvoll und leidenschaftlich. Das in Kombination finde ich etwas sehr Schönes.

F: Das klingt alles so einfach. Wie kommt es, dass Männer viele Möglichkeiten sexueller Erfahrung gar nicht wahrnehmen?

D: Gesellschaftlich bewegst du dich da in einem Bereich, wo du dich auch sehr verletzlich machst. Wie reagieren die Menschen, wenn du so etwas erzählst? In meinem alten Freundeskreis fanden die schon suspekt, dass ich das überhaupt mit Frauen mache, also Tantra, Esoterik oder was weiß ich. Und dann macht er das auch noch mit Männern! Da passiert was, wenn du das erzählst! Heutzutage ist das lockerer, aber das war ein langer Prozess. Wenn mich jemand mal wieder aufziehen will, sage ich: Du, pass auf, sonst bekommst du zum Geburtstag von mir eine Prostatamassage geschenkt!

F: Dann sind wohl deine Freunde auch lockerer geworden, wenn sie nicht gleich schreiend davonrennen ...

D: Ich weiß nicht, ob sie die Massage annehmen würden, das wäre noch eine andere Geschichte. Natürlich habe ich erlebt, dass Männer dann schweigen, oder man weicht auf ein anderes Thema aus. Es war wichtig für mich, innerlich die Sicherheit zu gewinnen, dass das okay ist. Es hat sehr viel damit zu tun, wie ich mein Mannsein definiere. Wenn ich so etwas tue, bin ich dann noch normal, werde ich noch als Mann angesehen oder was bin ich dann? Das war ein großer Knackpunkt, mein Mannsein so zu definieren, wie ich das möchte und nicht so, wie die Gesellschaft das sieht.

F: Dein Verständnis von Männlichkeit hat sich also nicht nur sexuell gesehen verändert?

D: Ja, als Sexualpädagoge sehe ich das klassische Männerbild schon bei den 15- bis 16 Jährigen. Geld, Erfolg, Muskeln, das ist immer noch in der Gesellschaft drin. Wer bekommt die schönsten Frauen ab? Das sind die erfolgreichen Fußballer, das sehen die Jungs. Ich war ursprünglich auf einem ganz anderen Berufsweg, da habe ich mich zum Teil auch mit solchen Dingen identifiziert. Mich als Mann nicht mehr so sehr mit äußeren Sachen zu identifizieren, sondern mich über mein Innenleben zu definieren, das finde ich toll.

F: Ich habe kürzlich eine Formulierung gelesen, die mir gefallen hat: sich innerlich in seiner Männlichkeit aufrichten. Nicht nur der Phallus richtet sich auf, sondern der ganze Mann, in seinem Inneren. Dann wird es auch leichter anzunehmen, dass der Schwanz mal nicht steht. Als Mann Spielräume zu haben, er muss nicht immer stehen, er muss nicht immer penetrieren, aber er kann.

D: Früher war ich immer gern der Aktive, ich hatte Mühe, mich in die passive Rolle zu begeben. Heutzutage kann man mich Stunden berühren und ich genieße das. Das muss nicht mit einer Erektion verbunden sein, das ist völlig egal. Ich glaube, das überträgt sich auf das ganze Leben, diese Ganzheitlichkeit, ich weiß nicht, wie ich das beschreiben soll.

Wenn man sieht, wie viel Erfolg Viagra® hat, dann steht wohl für viele Männer noch etwas anderes im Vordergrund. Dann muss man sich nicht mit sich auseinandersetzen, der steht dann einfach. Es kann natürlich auch nützlich sein in gewissen Settings, aber Viagra® ändert ja nicht mein Mannsein.

F: Wie geht es dir mit den klassischen Männervergnügungen wie Pornografie oder Prostitution?

D: Ich finde, das ist alles Teil der Sexualität. Es hat sich natürlich auch bei mir verändert. Ich kann wählen, wo ich früher keine Wahl hatte. Aber ich finde es wichtig, dass das Akzeptanz findet. Ich finde es schlecht, Männer zu verurteilen, weil sie Pornos konsumieren. Und Prostitution ist ein Thema, da muss man genau hingucken. Heikel finde ich zum Beispiel in Zürich den Straßenstrich, das sind oft drogensüchtige Frauen, die aus Not anschaffen oder Frauen aus dem früheren Ostblock, wo ziemlich sicher auch Zuhälterei dahintersteht. Aber wenn ich irgendwo hingehe, wo ich weiß, die Frauen machen das freiwillig, oder zum Beispiel im Bereich Tantramassage: Wo ist die Grenze zwischen Tantramassage und Prostitution? Ich kenne Frauen, die bieten gewerblich Tantra an, wo auch Vereinigung stattfindet. Das ist eigentlich Prostitution. Wo ziehe ich die Grenze? Dieses krampfhafte „Wir sind besser als die, die Prostitution anbieten" in Tantramassage-Kreisen ... Das finde ich nicht, es gehört alles dazu. Schattenseiten halte ich nicht für negativ, sondern da fällt wenig Licht rein. In meiner Sexualpädagogikausbildung haben wir einen Ausflug in die vermeintlichen Schattenseiten von Zürich unternommen, Pornokino, Straßenstrich und eine Bar, in der sich Prostituierte und Freier treffen. Ich war mit drei Frauen unterwegs, wir sind ins Pornokino rein, da waren 50 Männer, Frauen gibt es da nicht wirklich. Und wenn doch, dann denken die Männer, da gehe etwas. Plötzlich kamen die Männer immer näher. Für mich war das okay, aber für die Frauen war das eine recht heftige und schwierige Erfahrung, diese Energie zu spüren von Männern, die einfach auf der Suche nach Lustbefriedigung waren. Zu erfahren, dass es das gibt. Wenn jemand das möchte, dann ist das okay, solange das im gegenseitigen Einverständnis passiert. Ich verurteile da niemanden.

F: Hat dich in der Pornografie mal etwas auf Ideen gebracht, die du gerne ausprobieren wolltest? Andere sexuelle Spielarten, Praktiken, Spielzeuge, Szenarien?

D: Sicher, wenn ich Fantasien hatte, habe ich auch mal was angeschaut, um konkrete Bilder zu haben. Da gab es Dinge, wo es klick gemacht hat, aber eher nicht im klassischen Porno. Das eine Mal war in dem Film *Shortbus*[78], da gibt es diese Fernsteuerungsgeschichte mit dem vibrierenden Yoni-Ei. So eins habe ich gleich gekauft und mit meiner Freundin getestet. Spielzeuge waren für mich lange kein Thema. Als Jugendlicher wollte man mal in Sexshops hineingucken, aber nachher hat es mich nie mehr in diese Läden gezogen. Ich fand das Ambiente schrecklich und es war billiger Ramsch, der da verkauft wurde. Aber heute ... eine gute Freundin, bei der ich regelmäßig

Vorträge halte, hat ein Geschäft in der Fußgängerzone, da ist es schön hell und sie hat ganz tolle Toys, auch für Männer.

F: Was für Toys machen dich an?

D: Es gibt tolle Analtoys. Also mein Ding ist der Aneros®, den hab ich vor ein paar Jahren kennengelernt.

F: Mit dem kann man durch Muskelkontraktionen die Prostata stimulieren.

D: Ja. Ich weiß gar nicht, ob es den inzwischen auch mit Vibration gibt. Ich habe gerne Vibrationen am Anus oder im Anus. Wenn ich in sexueller Lust bin, ist der Massagestab Magic Wand® durch die starke Vibration am Perineum toll. Aber es gibt auch Sachen, die machen mich gar nicht an. Joseph Kramer propagiert das Fleshlight[79]. Also meinen Penis in so ein Latexteil rein? Das macht mich gar nicht an, aber auch da sind Männer unterschiedlich.

F: Bisher sind wir eher um die körperlichen Themen gekreist. Hat sich durch deinen Weg auch dein Gefühlsleben verändert?

D: Mein Gefühlsleben hat sich intensiviert. Ich hatte ein Erlebnis, da wurde ich nicht nur körperlich berührt, sondern ganz tief innen, was mich völlig aus der Bahn geworfen hat. Es war nicht lustvoll oder sexuell, sondern ich bin drei Tage in tiefster Trauer rumgelaufen und hatte keine Ahnung, warum. Oder bei einem Konzert mit Deva Premal und Miten, in einer Kirche in Zürich, das war so intensiv, ich habe in den Armen meiner Freundin geweint. Das hätte ich früher nie gemacht, Gefühle so offen zu zeigen. Wenn mich heute in einer Gruppe etwas berührt, dann kullern auch mal die Tränen. Ich muss da nicht mehr denken, ich muss jetzt hart sein oder meinen Mann stehen. Das hat mein Leben sehr bereichert.

F: Hat dich dein Weg auch für eine spirituelle Ebene geöffnet?

D: Es ist immer schwierig, solche Erlebnisse in Worte zu fassen: Da war so eine Verbundenheit, mit mir und mit allem, was immer da ist. Das waren Momente, die vieles relativieren, was in der Realität geschieht, tiefe Erlebnisse, die mir gezeigt haben, da gibt es noch mehr. Auch in dieser Hinsicht war ich ein klassischer Mann. Ich komme ursprünglich aus dem Finanzbereich, war also ein Kopfmensch. Bei

den Massagen geschahen Dinge jenseits von meinem Verständnis. Menschen hatten Erlebnisse aus früheren Leben oder es ging darum, Seelenanteile zurückzuholen, das waren Sachen ...
F: Wie bist du damit in Verbindung gekommen?

D: Zum Beispiel bei einer Massage, die ich einer Frau gab. Die Leiterin Nhanga[80] kam zu uns und fragte die Frau: Geht es dir gut? Die Frau war innerlich irgendwo ganz anders und fing an, eine Geschichte zu erzählen. Ich dachte: Um was geht es denn jetzt hier? Um Kerker und Verliese? Für sie waren das reale Bilder, das war stark spürbar. Ich massierte weiter und Nhanga machte mit ihr eine Art Heilungsreise, eine Traumreise. Ich saß da und konnte mir das mit dem Verstand nicht erklären. Es gibt einfach Dinge, die muss ich nicht verstehen, da hat sich etwas verändert, es ist ein größeres Bewusstsein für Zusammenhänge entstanden.

F: Setzt du Techniken wie den Big Draw[77] ein, um dich bewusst in transpersonale Räume hineinzukatapultieren?

D: Das strebe ich nicht bewusst an. Dann wäre es ja auch wieder ein Ziel, jetzt muss ich dahin kommen. Aber mit dem Big Draw hatte ich schon Erlebnisse ... ich bin dann in einem anderen Raum. Ich habe nie Drogen genommen, aber ich denke, es geht in diese Richtung. Es ist eine Bewusstseinserweiterung, eine Intensivierung von Empfindungen, teilweise wie berauscht. Der Körper war nicht mehr unter Kontrolle. Ich war irgendwo weg, also nicht weg, ich war sehr da, aber irgendwie nicht körperlich wahrscheinlich, ich hatte so ein Gefühl der Verbundenheit, die üblichen körperlichen Grenzen lösten sich auf. Es war dann ein Prozess, wieder zurückzukommen und zu landen ...

F: Was sagt deine Partnerin zu deinem Weg? Lebst du in einer Partnerschaft?

D: Ja, ich lebe in einer Partnerschaft und wir arbeiten zusammen. Morgen haben wir dreijähriges!

F: Herzlichen Glückwunsch! Habt ihr euch über dieses Thema kennengelernt?

D: Sie kam zu einem Vortrag, den ich organisiert hatte. Dann hat sie zuerst mal Kurse besucht, und dann entstand eine Beziehung daraus. Irgendwann wollte sie mit einsteigen, und so haben wir das dann Schritt für Schritt zusammen aufgebaut.

F: Habt ihr die gleiche Ausrichtung in der Arbeit oder gibt es Unterschiede?

D: Wenn man so zusammenarbeitet, hat das viele schöne Seiten, aber auch schwierige. Die Arbeit macht Spaß, aber, in der Beziehung die Ebenen zu trennen, ist eine Herausforderung. Vielleicht hat das auch mit männlich und weiblich zu tun. Wenn ich abends nach Hause komme, kann ich leichter abschalten, Kurs ist Kurs und die Prozesse bleiben draußen. Meine Partnerin verarbeitet das noch länger.

F: Wie ist es auf der sexuellen Ebene? Ist deine Frau durchwegs begeistert, einen Mann zu haben, der sich weit entwickelt hat oder entstehen daraus neue Konflikte?

D: Auch da gibt es zwei Seiten. Einerseits ist es natürlich toll, dass wir beide damit unterwegs sind. Die andere Person weiß, wie man toll berührt, und wie man in Energien kommt. Manchmal kommt allerdings die Zweisamkeit etwas zu kurz. Wir finden fast keine Zeit, uns gegenseitig zu massieren. Wir versuchen es immer wieder. Wir kennen andere Paare, die auch so unterwegs sind, und die haben das gleiche Thema. Leute von außen stellen sich alles Mögliche vor, aber unterm Strich ist unser Sexualleben eher normal. Aber ich habe sicher nicht mehr den Stress wie früher oder die Erwartung, dass etwas so oder so sein muss. Und das ist ein sehr schönes Gefühl.

F: Auch für den Tantra-Profi ist nicht jeder Tag Ekstase pur, oder?

D: Durchaus nicht. Aber die meisten Leute beziehen „Be ecstatic!" auch nur auf die sexuelle Ekstase. Für mich heißt das aber, Ekstase in allen Formen zu leben, nicht nur sexuell. Freude am Leben, für die gehe ich, und die spüre ich.

F: Was ist deine Botschaft an die Männer?

D: Losgelöst von Massagen und sexuellen Energien ist mir wichtig, wie Männer Männern begegnen. Da ist oft große Angst, das finde ich sehr schade. Auch das war ein Schlüsselerlebnis. Per Zufall kam ich in einem Kurs mit einem Mann zusammen, den musste ich von hinten halten. Zuerst habe ich mich gefragt: Möchte ich das überhaupt? Es war dann für uns beide ein starkes Erlebnis. Er hat in der Schlussrunde gesagt, es sei eines der intensivsten Erlebnisse gewesen, das er je hatte, so von einem Mann gehalten zu werden.

Da liegt ganz viel im Argen. Mein Vater ist gestorben, als ich 14 war. Rückblickend denke ich, da war große Distanz zu ihm, wieder klassisch männlich. Ich wünsche mir etwas anderes, nämlich dass Männer aufeinander zugehen und sich umarmen können. Nicht nur klopf, klopf auf die Schulter, sondern den Mann spüren, auch emotional spüren. Das würde unsere Gesellschaft verändern, wenn Männer diesen Weg gehen.

F: Das ist ein schönes Schlusswort. Ich danke dir für das Gespräch.

Gedankensplitter: Wenn die Neugier stärker wird als die Angst

Es muss nicht immer eine große Krise sein, die uns für neue Erfahrungen öffnet. Manchmal reicht Neugier, beispielsweise die auf eine Tantramassage.[75] Sich eine solch intime Massage von einer fremden Person geben zu lassen, berührt gleich mehrere gesellschaftliche Tabus. Einerseits grenzen Massagen, die den Genitalbereich mit einbeziehen, rechtlich an Prostitution. Mancherorts wird dafür Vergnügungssteuer wie sonst in Bordellen oder Spielhallen fällig.[75] Andererseits sind Männer, die sich auf eine solche Massage einlassen, dazu „verdammt", eine passive oder empfängliche Rolle einzunehmen, was neue Erlebnisqualitäten eröffnen kann. Schon das Erlebnis hoher energetischer Ladung kann der Beginn einer Entdeckungsreise sein. Didi ist nicht der erste, der dabei entdeckt: Die fixe Vorstellung, im Sex unausweichlich auf einen Orgasmus mit Ejakulation zuzusteuern, begrenzt die Vielfalt unseres sexuellen Reichtums.

Je mehr wir die Quelle und die Vielfalt unserer Lust in uns selbst finden, desto freier werden wir, sie zu teilen, mit wem auch immer wir das wollen. Dabei begegnen wir Ängsten, Hindernissen und Widerständen, Tabus und gesellschaftlichen Normen, in uns selbst, aber auch in unserem Umfeld. Wir merken es an der Frage: Wem kann ich von meinen Erfahrungen erzählen? Neue körperliche oder sexuelle Erfahrungen übertragen sich vor allem dann auf unser Selbstbild und Selbstverständnis als Mann, wenn wir uns auch emotional davon berühren lassen und Gleichgesinnte finden, mit denen wir uns darüber austauschen.

Uns über intime Themen auszutauschen, fällt uns Männern oft nicht leicht. Von traumhaften Erfahrungen im Kreis der Männer – weit über verbalen Austausch hinaus – kann Frédéric ein Lied singen. Er traut sich, seine Träume auf ekstatische Weise konkret werden zu lassen.

//

10. Gespräch mit Frédéric

Ich wollte einfach mal das Gefühl haben,
total genommen zu werden.

Frage: Frédéric, bist du ein ganz normaler Mann?

Frédéric: Ich hadere momentan mit dem Thema Mannsein. Bis vor knapp zwei Jahren war ich intensiv mit Männern in Kontakt und habe das für meine Partnerschaft abgebrochen. Na, da sind wir schon beim Thema, dass ich mich sexuell überhaupt nicht als Mann fühle. Geschäftlich sehr wohl, da stehe ich meinen Mann. Kraft, Stärke und

Führung, also all das, was man mit Mannsein verbindet, lebe ich im Beruf aus. Meine Kinder sind erwachsen, die Vaterrolle ist zu einer freundschaftlichen Beraterrolle geworden. Aber all das befriedigt mich noch nicht. Ich fühle mich nicht als runder Mann. Ich bin zwar körperlich vielleicht etwas runder geworden ...

F: Das war mal anders ...

Fr: Es liegt bald zehn Jahre zurück, da fing ich an, meine bisexuelle Ader zu entwickeln, dann war ich vor sieben Jahren bei der Schule des Seins[3] auf einem Männerseminar, vor drei bis vier Jahren machte ich ein Jahrestraining bei Gay Tantra. Meine Frau hat das eher hingenommen als akzeptiert, bis wir uns vor knapp zwei Jahren getrennt haben. Dann wollten wir es aber doch noch mal probieren und ich habe die Männerkontakte komplett abgebrochen.

F: Wie kamst du auf die Idee, deine bisexuelle Ader zu entwickeln?

Fr: Das war ein schleichender Prozess. Ich habe festgestellt, dass mich auch Männer sexuell interessieren. Das waren zuerst mal die Klassiker, Kontaktaufnahme in Pornokinos und so, später übers Internet mit mehr oder minder Blind Dates. Das entscheidende Erlebnis war für mich das Männerseminar. Da habe ich festgestellt, was Kontakt mit Männern bewirken kann, gerade mit Massage. Ich habe auch mit meiner Frau ein Tantrawochenende und Abendgruppen besucht. Im Jahrestraining bei Armin Heining[81] habe ich weitere, sehr befreiende Erlebnisse gemacht.

F: Was war dort das Wesentliche?

Fr: Einmal meine Sexualität im ganzen Körper zu spüren und mit Atemübungen in einen Ganzkörperorgasmus zu kommen. Und dann hatte ich zum ersten Mal das Gefühl, dass ich mit meiner Sexualität absolut willkommen bin, auch wenn sie wild, laut und energiereich wird. Ich musste auf keine Partnerin Rücksicht nehmen, weil ich sie damit überfahren könnte. Mit meiner Energie die ganze Gruppe mitzureißen, war eine vollkommen neue Erfahrung. Dazu kam das Ausleben von Fantasien, von Sexualität in einer Gruppe.

Nach dem Jahrestraining haben wir in einer privaten Gruppe weiter geforscht. So etwas hast du im Alltag nicht. Eben warst du noch sexuell zusammen und dann trinkst du ein Bier und redest darüber, als ob man, was weiß denn ich, einen Zoo besucht hätte. Ich habe auch Wochenenden selbst vorbereitet und geleitet, hatte die Gelegenheit, als Kotrainer zu arbeiten und im Waldschlösschen[82] habe ich mal einen Einführungsworkshop in Tantra gegeben. Das waren Zeiten absoluter Glückseligkeit.

F: Womit habt ihr in der Männergruppe konkret experimentiert?

Fr: Anfangs wiederholten wir Übungen: Atemübungen, Kundalini-Meditation[83] bis hin zu Genital- und Analmassage. Der Raum war frei für alles. Einmal hatten wir eine Inszenierung öffentlicher Masturbation. Die ganze Gruppe stand um einen herum, hat den Mann erregt und anstimuliert, und dann hat er bis zum Orgasmus masturbiert, um zu erleben, wie das ist, wenn alle in diesem intimen Akt mit ihrer vollen Konzentration bei ihm sind. Wir sind auch stark auf Fantasien eingegangen. Jeder durfte seine Fantasie erzählen. Danach ist er in einen anderen Raum gegangen. Im Teilnehmerkreis wurde gefragt, wer bereit wäre, diese Fantasie mit denjenigen zu leben. Manche Fantasien wurden erfüllt, andere nicht. Es ging teilweise stark ins Sexuelle, bis zu einem Anklang von SM-Techniken, aber auch ins Spirituelle, Meditative. Wir haben die ganze Bandbreite ausprobiert.

F: Hast du auch mal deine Fantasien ausprobiert?

Fr: Ja. Einer der Männer hatte die Fantasie, er würde mal gerne Schmerzen zufügen. Ich hatte schon eine Erfahrung in dieser Richtung gemacht: In einer Übung hatte mir einer den Po versohlt, das hat mich unheimlich angeregt. Ich habe mich also bereit erklärt. Ich fand die Situation sehr erregend, Schmerz und gleichzeitig Lust zu verspüren. Einige hat es schockiert, die konnten das überhaupt nicht verstehen.

F: War das auch deine eigene Fantasie?

Fr: Meine eigene Fantasie war, von mehreren Männern gleichzeitig genommen zu werden.

F: Was heißt genommen zu werden?

Fr: Anal genommen zu werden. Was dann letztlich nur bedingt funktioniert hat. Die Männer, die sich bereit erklärt hatten, haben es in dem Moment dann doch nicht ganz gebracht ... sie hatten keine feststehende Erektion. Aber das war nicht das Entscheidende. Ich wollte einfach mal das Gefühl haben, von mehreren Männern total genommen zu werden. Ich bin dabei auch extrem in meine Ängste gekommen, nicht angenommen zu werden, Versagensängste ... aber auch davor, dass ich die Situation nicht mehr steuern kann. Aber das Urvertrauen, dass du aufgefangen wirst, war schon da.

F: Welche Türen haben sich da in deinem sexuellen Erleben geöffnet?

Fr: Entscheidend war, mich als „Passiver" hinzugeben. Ich habe mich ganz bewusst auf eine Übung vorbereitet, die normalerweise in Vereinigung durchgeführt wird, die Kreisatmung. Ich habe mit Dildos geübt, inwieweit ich aufnahmefähig bin, aber auch mit zwei Männern, die zu Besuch kamen. Das tiefgreifendste Erlebnis war dann in einem sechstägigen Seminarzyklus, als ich mich drei Tage lang wie eine Frau gefühlt habe. Auch beim Thema Verführung habe ich mich extrem als Frau gefühlt. An einem Abend mit Prostatamassage hatte ich als Empfangender keinen Schwanz mehr, ich habe ihn nicht mehr gefühlt, das war wahnsinnig eindringlich. Ich habe mich wirklich als Frau gefühlt.

F: Wie fühlt sich das an?

Fr: Sehr, sehr, sehr offen, auch körperlich sehr offen. Da hat nichts gespannt, nichts wehgetan, ein sehr offenes Gefühl, für den anderen da zu sein und ihn in mich hereinzulassen, das wirklich zu genießen und darin tiefe Befriedigung zu erfahren.

F: Wie unterscheidet sich diese Befriedigung von der eher schwanzzentrierten Lust?

Fr: (überlegt lange) Körperlich empfinde ich es als eine Intensität, die mehr von innen kommt als von außen. In der Vereinigung hatte ich das Gefühl, mich wirklich fallen lassen zu können, ohne jede männliche Aktion nur noch Hingabe zu sein. Der Moment des Eindringen ist manchmal mit Schmerz verbunden, das hängt aber auch davon ab, inwieweit der Partner mich vorbereitet. Dann ist es ein Ausgefülltsein im wahrsten Sinne des Wortes. Nachdem ich gelernt hatte, dass der Druck, den man normalerweise nur hat, wenn man auf die Toilette muss, keine Gegenreaktion erfordert, konnte ich das genießen.

Manche Männer, die anal genommen werden, bekommen tatsächlich einen klassischen Orgasmus mit Ejakulation, den hatte ich nicht. Aber durch die Ausbildung habe ich gelernt, die Energie, die sich im Becken aufbaut, im ganzen Körper zu verteilen und einen Orgasmus wie ein inneres Befriedigtsein zu bekommen. Ich zittere am ganzen Körper, das kann dann durchaus auch ein paar Minuten nachbeben, womit ich etliche, die das nicht kannten, erschreckt habe. Auch das Nachklingen fühlt sich anders an, als wenn ich abgespritzt habe. Ich habe den Eindruck, dass sich mein Körper länger erinnert. Wenn ich klassischen Sex habe, kann ich mich fünf Minuten danach nicht mehr richtig daran erinnern. Ich weiß zwar im Kopf, ich habe Sex gehabt, aber außer dem Kuscheligen kann ich nichts mehr spüren.

F: Das kennen viele Männer, dass nach dem Sex die Energiekurve steil abwärts geht. Anscheinend gibt es eine Alternative.

Fr: Ja. Entscheidend ist, dass ich mich fallenlassen kann und nicht den Mann spielen muss. Was dazu geführt hat, dass ich lange das Interesse an Frauen verlor.

F: Hattest du mit Männern eine Vorliebe für den weiblichen Part?

Fr: Nein. Ich war aktiv und passiv, das hat sich mit dem jeweiligen Mann ergeben, oder es war wechselseitig. Leute, die sich nicht auskennen, denken schnell, der eine spielt immer die Frau, der andere den Mann, aber das ist nicht so. Ich hatte über zwei Jahre einen festen Freund, da war es je nach Lust und Laune, wir haben uns gegenseitig penetriert, oder mal am Vormittag der eine und nachmittags der andere. Wir sind auch in eine schwule Sauna gegangen und haben uns am Sling vergnügt, an diesem Hängebett aus Leder, wo man sich rein legen kann und in praktischer Höhe für den anderen schwebt. Da gab es keine feste Rollenverteilung.

F: Hat sich auch in der aktiven Rolle dein sexuelles Erleben verändert?

Fr: Natürlich. Ich gehe im sexuellen Zusammensein viel bewusster mit Energie um. Mir fällt es leichter, sie nicht nur im Becken zu erleben, sondern im ganzen Körper. Ob ich dann im Zustand kosmischer Erleuchtung bin, sei mal dahingestellt (lacht).

F: Welche Erfahrungen hast du mit diesem Zustand gemacht?

Fr: Es gab eigentlich zwei Typen von Erlebnissen. Zum einen – ausgelöst durch Intimmassage – hatte ich das Gefühl, dass wirklich alles durch mich hindurchfließt und ich tatsächlich mit einer höheren Energie verbunden bin. Mein ganzer Körper vibrierte noch Minuten danach und ich hatte das Gefühl, ich beobachte mich von außerhalb. Zum anderen gab es Partnersituationen, in denen die körperlichen Grenzen aufgehoben waren. Ich habe nicht mehr gespürt, wo mein eigener Körper anfängt und wo der Körper des anderen beginnt. Ich hatte das Gefühl, mit dem oder der anderen eins zu sein. Ich spürte ein Strömen und auch eine Art Glückseligkeit. Außerhalb des Seminarraumes ist mir das, wenn überhaupt, nur mit Menschen gelungen, die eine ähnliche tantrische Ausbildung hinter sich hatten.

F: Glückseligkeit, das klingt auch nach einer Herzqualität.

Fr: Ja. Und das Highlight ist, dass ich komplett aus dem Kopf rauskomme, was mir höchst selten gelingt. Ich arbeite im Vertrieb eines technischen Unternehmens, da ist alles extrem kopfgesteuert. Ich sehne mich danach, davon wegzukommen und wieder mehr aus der Mitte heraus zu leben.

F: Haben sich die Erlebnisse auf dein normales Leben ausgewirkt?

Fr: Es war auf alle Fälle eine Bereicherung. Und ich sehe heute vieles mit anderen Augen. Vermeintliche Probleme betrachte ich eher mit einem inneren Schmunzeln. Die klassischen Alltagsprobleme wie Geldsorgen, Stress mit dem Vermieter oder mit dem Chef, diese ganzen Themen, in denen tagtäglich unsere Energien gebunden sind, die kann ich heute wesentlich gelassener sehen. Mein Blick ist dafür geschärft, wie sich Menschen in Themen verrennen, die mit ein bisschen Kommunikation aus der Welt geschafft werden könnten.

F: Wem konntest du von deinen sexuellen Experimenten erzählen?

Fr: Es gab nur wenige Menschen, mit denen ich mich über meine zweite Seite ausgetauscht habe. Im geschäftlichen Kontext wusste es gar keiner, und auch im familiären Kontext, um Gottes willen, meine Frau kommt aus einer sehr christlichen Familie, in ihrer Familie wusste das auch keiner. Die Einzige, die es weiß – außer meiner Frau selbst natürlich –, ist meine Exfrau, die Mutter meiner Kinder, weil ich mich mit ihr darüber unterhalten hatte, inwieweit ich meine Kinder mit einbeziehe. Letztes Jahr habe ich meinen Kindern gesagt, dass ich mich für beide Geschlechter interessiere. Das war zu der Zeit, als die Option bestand, vielleicht einmal mit einem Mann zusammenzuleben. Mir war es ein Bedürfnis, das vor meinen Kindern nicht geheimzuhalten. Meine Tochter hat relativ cool reagiert: Wenn es dir Spaß macht, ist doch okay. Meinen Sohn hat es nicht sonderlich interessiert: Ja okay, ist deine Sache.

F: Du hast eingangs erwähnt, dass du alle Männerkontakte abgebrochen hast ...

Fr: Wenn ich will, kann ich das wieder machen, muss es aber nicht. Wenn ich etwas in meinem Leben gelernt habe, dann ist das diese Haltung: Ich muss nicht. Das „Ich muss" verschwindet langsam. Nach anderthalb Jahren, in denen ich getrauert habe, weil ich das alles für die Partnerschaft weggegeben habe, stellt sich mittlerweile ein anderes Gefühl ein, ich erinnere mich gerne an die eine oder andere Situation, aber die Trauer ist nicht mehr da. Das öffnet mich wieder für meine Frau. Wir haben in den letzten eineinhalb Jahren am partnerschaftlichen Miteinander gearbeitet. Dabei haben wir professionelle Unterstützung. Die hat uns geholfen, gelassener miteinander umzugehen, das destruktive Aneinandergezerre in etwas Konstruktives zu verwandeln.

F: Möchtest du die Qualitäten, die du mit Männern erlebt hast, auch mit deiner Frau erleben?

Fr: Das klingt vielleicht ein bisschen blöd, aber ich arbeite daran. Ich habe mit meiner Frau seit über zwei Jahren keinen Sex gehabt, erst seit Kurzem lassen wir wieder erotische Zärtlichkeiten zu. Wir haben früher einige Seminare zusammen gemacht. Ihre Reaktionen darauf habe ich erst viel später verstanden. Inwieweit wir zusammen wieder so einen Raum betreten können, weiß ich nicht. Da sind noch viele Verletzungen, bei mir und auch bei ihr, wir müssen recht behutsam damit umgehen.

F: Welche Verletzungen sind da passiert?

Fr: Wenn ich in meine Lust reingehe, ist da sehr viel Energie, mit der ich sie überfahren kann, das ist ein paarmal passiert. Da sitzt eine

tiefe Angst in mir, dass das wieder passiert. Ich bin sehr empfindlich und ich habe gelernt, auch meine Brustwarzen als erotisch zu empfinden, und ich komme sehr leicht in eine Erregung, wenn sie mich streichelt. Das hat sie erschreckt, weil sie nicht wusste, was auf einmal los war. Vor ungefähr einem Jahr hat sie es auf den Punkt gebracht: Sie hatte immer das Gefühl, es ginge nur um meine Lust, während sie wenig oder gar nichts empfindet, und das will sie nicht mehr. Das deckte sich absolut nicht mit meiner Wahrnehmung. Wir sind in einer Phase, wo wir uns langsam neu erkunden, und sie versucht zu akzeptieren, dass es beim Mann körperliche Reaktionen gibt, die nicht gegen sie sind. Die Tatsache, dass ich einen Steifen hatte, interpretierte sie gleich wieder so, als müsste mehr kommen. Das war für sie so eine Bedrohung, dass sie das Ganze abgebrochen hat.
F: So als müsste sie mit dir schlafen?

Fr: Ja. Manche Verletzungen sind mir erst viel später klar geworden. Sie wusste zwar immer, wo ich bin, auf Tantraseminaren oder bei meinem Freund, und ich habe auch versucht zu vermitteln, was ich erlebt habe, nicht im Detail und mit welchen Personen, sondern was da bei mir passiert. Es gab nie eine Diskussion. Für mich war das relativ einfach: Sie sagt nichts, dann scheint ja alles okay. Das ist jetzt Thema, die Verletzungen zu benennen, zu akzeptieren, dass sie da sind, und zu schauen: Was können wir jetzt damit machen? Mit Hilfe der Therapeutin finden wir heraus, was das letztlich auch mit unserer Herkunftsfamilie zu tun hat. Ich habe jahrelang an meiner Liebesfähigkeit gezweifelt, ob ich jemanden vom Herzen her lieben kann. Erst in den letzten anderthalb Jahren habe ich kapiert, dass meine Frau mich wirklich liebt und dass ich das nicht missen möchte. Sie steht nach wie vor zu mir, auch wo ich momentan ziemlich Stress im Job habe. Sie steht zu mir, obwohl ich ihr jeden vernünftigen Grund geboten habe, mich zu verlassen oder sich zumindest intensiv einem anderen Mann zuzuwenden. Diese Qualität habe ich davor nie empfunden, das war eher ein Zusammenleben, weil man sich mag. Irgendwann gehört es sich, dass man heiratet etc. pp. Meine erste Frau hatte mich ja auch verlassen, weil sie bei mir keine Liebe spürte. Ich war halt auf dem Trichter: Ich versorge die Familie, ich versorge sie, wie kann sie auf die Idee kommen, dass ich sie nicht liebe? Absolut sicher über meine hundertprozentige bedingungslose Liebe war ich bei meiner Tochter. Das ist eine andere Liebe, aber ich habe mir quasi ein Hilfskonstrukt gebastelt, indem ich mich in dieses Gefühl hineinversetzt habe und dann bei anderen Gelegenheiten geschaut habe. Wie fühlt sich das dort an? Und dann habe ich Gemeinsamkeiten zwischen der Vaterliebe und der Liebe zu meiner Frau entdeckt.

F: Wie hast du die entdeckt?

Fr: Durch Fragen wie: Was löst die andere Person bei mir aus, wenn sie mich anschaut, mich berührt, in meiner Nähe ist? Wie denke ich über sie, wenn sie nicht da ist, was fühle ich? So habe ich mir ein Referenzmuster aufgebaut, ohne dass ich total hilflos war. Ich habe dann langsam gelernt, meinen Gefühlen zu vertrauen. Die Frage, fühle ich mich hingezogen, weil ich sie sexuell attraktiv finde, oder ist da mehr ... ich konnte das oft nicht sortieren. Als wir drauf und dran waren, uns zu trennen, sind dann ganz deutlich Gefühle zu meiner Frau hochgekommen, so dass ich gesagt habe: Ja, lass es uns noch mal versuchen. Wir sind dran, und wir haben deutliche Fortschritte gemacht, was das Aussprechen von Gefühlen angeht, oder wo wir gerade stehen. Was das Thema Sexualität angeht, habe ich den Druck herausgenommen, mir ist wichtiger, dass wir im partnerschaftlichen Zusammenleben weiterkommen. In einem Männerseminar vor zwei Wochen hat sich dann bei mir ein Schalter umgelegt.

F: Was für ein Schalter?

Fr: Der Klassiker: Wenn meine Partnerin dies oder jenes tun würde, dann könnte ich ... Dadurch bin ich in einer abwartenden Haltung, und dann bewegt sich nie etwas, weil meine Frau auch in abwartender Haltung verharrt. An dem Wochenende habe ich mich selber reden gehört, was für einen Schwachsinn ich erzähle. Anderen kann ich beste Tipps geben, aber selber dreht man Schleifen ... da hat es bei mir klick gemacht. Warum mache ich das eigentlich nicht selber?

F: Zum Beispiel?

Fr: Die Initiative für eine erotische Begegnung zu ergreifen und nicht zu warten, bis alles außen herum hundertprozentig stimmt. Das war so ein Aha-Erlebnis. Ich habe meiner Frau gesagt, dass ich Sex brauche, um wieder heil zu werden. Ich spüre, dass ich regelrecht verhärtet bin, und dass ich dadurch, dass ich seit anderthalb Jahren auf Selbstbefriedigung reduziert lebe, letztendlich mir selber schade. Ich empfinde es manchmal als einen autoaggressiven Akt.

F: Hast du versucht, deine Selbstbefriedigung liebevoller zu gestalten? Oder nicht dabei zu ejakulieren?

Fr: Die Idee hatte ich schon. Oft war es aber einfach nur Druckabbau. Es hat sich ein Automatismus ausgebreitet, über den ich eigentlich erst in letzter Zeit nachgedacht habe: Was tue ich eigentlich mir selber an? Oberflächlich kann das Spaß machen, aber in einer stillen Minute merke ich, dass es mich seelisch verletzt.

F: Wie verletzt dich das?

Fr: Anstatt dass ich diese Energie, diese Lust, umwandle, um zum Beispiel auf meine Frau zuzugehen, in welcher Form auch immer, lasse ich sie im wahrsten Sinne des Wortes verpuffen und manövriere mich in eine seelische Einsamkeit. Die Energie ist weg, ich kann was anderes tun, der Kopf ist frei, abgehakt. Die positive Energie nutze ich gar nicht, sondern mache ein Ventil auf und lasse sie heraus. Das kann auch seinen Reiz haben, das ist keine Frage von Moral, sondern eher ein Nachdenken: Was tue ich mir und letztlich auch uns da an?

F: Was du mit Männern erlebt hast, klingt sehr attraktiv. Trotzdem warst du bereit, das alles aufzugeben, weil dir die Partnerschaft wichtiger ist. Könnte man zugespitzt sagen, das Herz war dir wichtiger als der Sex?

Fr: Ich weiß es noch wie heute: An einem Sonntag planten wir, wer wann auszieht, bis wir uns mit heulenden Augen in den Armen lagen und ich spürte: Nein, das passt hinten und vorne nicht. Da ist eine emotionale Liebe da, in die ich mich bisher nicht reingetraut hatte und auch immer noch Probleme damit habe. Das hat stark mit meiner Angst vor Selbstaufgabe und Kontrollverlust zu tun. Aber was mich wirklich berührt, ist, dass meine Frau mich wirklich liebt, auch wenn ich das jahrelang nicht habe sehen können und das auch heute manchmal durch vermeintlich ihre, aber eigentlich unsere, Verhaltensweisen übertüncht wird. Das Agreement damals bestand darin, für ein halbes Jahr keinen Kontakt mit den Männern zu haben. Nach sechs Monaten habe ich gemerkt, wenn ich mit dieser Gruppe wieder Kontakt aufnehme, bin ich ruckzuck weg, deswegen habe ich den Abstand gewahrt. Das war vielleicht ein ziemlich radikaler Schnitt, aber das kann ich jetzt nicht mehr ändern.

F: Du öffnest dich für einen neuen Abschnitt und schaust nicht mehr so sehr zurück.

Fr: Ja, es bringt auch nichts mehr. Sollte sich noch mal die Gelegenheit ergeben, dann ist es okay, und wenn nicht, ist es auch okay. Vielleicht wird man mit dem Alter gelassener. Was mich momentan noch beschäftigt: Wie lebt mein Sohn meine Struktur? Er ist zweiundzwanzig, studiert, lebt bei seiner Mutter, bei meiner ersten Frau, und, soweit wir wissen, hatte er bisher noch keine sexuellen Kontakte und lebt ziemlich zurückgezogen. Ich sehe in seinem Verhalten Muster, die ich damals auch an den Tag gelegt habe. Kann ich ihn unterstützen, ist das meine Aufgabe oder muss er seinen eigenen Weg gehen? Meine Tochter hat seit vier Jahren einen Freund, die ist jetzt mit ihm zusammengezogen, da scheint alles „ganz normal" zu sein. Oder was man eben so als normal bezeichnet.

F: Ich danke dir herzlich und wünsche dir viel Glück.

Fr: Ich habe Helfer. Und ich bin gespannt, was bei eurem Buch herauskommt.

Gedankensplitter: Lust oder Liebe? Lust **und** Liebe!

Um auf erotisch-sexuelle Entdeckungsreise zu gehen, brauchen wir ein Umfeld, in dem wir uns grundsätzlich als sexuelle Wesen willkommen fühlen. Scheinbar erwacht erst dann unsere Neugier und wir überwinden innere und äußere Widerstände nachhaltig. Umgekehrt gilt, dass wir leicht verzagen, wenn unsere Sexualität als Überforderung oder gar als Bedrohung wahrgenommen wird. Wir können unsere Verunsicherung aggressiv nach außen wenden und damit den Eindruck erwecken, dass Männer bereit sind, für ihre Triebbefriedigung rücksichtslos über Grenzen zu gehen. Vielleicht ist das aber nur die Kehrseite derselben Medaille, die da heißt: Mangel an Einfühlung und schwaches sexuelles Selbstbewusstsein.

Durch die Einfühlung in uns selbst und die Einfühlung in andere, beispielsweise unsere Partnerin, entdecken wir wiederum zwei Pole, einen männlichen und einen weiblichen Pol – wenn wir die eindringende und die empfangende Qualität so nennen wollen. Sie so zu nennen, ist zwar üblich, aber durchaus irreführend, weil wir uns als Mann mit dem männlichen Pol nicht unbedingt lustvoller fühlen. Die weibliche Seite zu entdecken, kann ein Schlüssel sein, das Tor der Liebe zu einer Frau wieder zu öffnen.

Damit kommen wir zu zwei weiteren Facetten unseres Liebeslebens. Wenn wir vor die Wahl gestellt werden: „Lust oder Liebe?", wofür entscheiden wir uns? Eine unangenehme Frage, aber manchmal finden wir uns in Lebenssituationen wieder, die uns abverlangen, Prioritäten zu setzen. Das Klischee besagt: Der Mann entscheidet sich für die Lust, die Frau für die Liebe, aber anscheinend gibt es Männer, die anders entscheiden. Streng evolutionstheoretisch denkende Wissenschaftler müssten hier staunen, denn für die Weitergabe unseres Erbguts hätte dieses Verhalten entscheidende Nachteile. Demnach müssen Männer ihren Samen möglichst weit streuen und Frauen, vorrangig für das Nest sorgen. Solche Thesen sind so oft wiederholt worden, dass sie zum Allgemeinplatz geworden sind. Aber sie greifen zu kurz. Vor allem lassen sie außer Acht, dass evolutionär entstandene Belohnungen für fortpflanzungsgerechtes Verhalten – wie z. B. die Geilheit eines Ejakulationsorgasmus – uns unmittelbar Lust bereiten und uns nicht unbewusst auf bestimmte Verhaltensweisen festlegen, so als stünden wir unter einer Art Evolutionshypnose. Damit ist auch diese Ebene unserer Motivation sowohl einfühlbar als auch bewusster Gestaltung und Veränderung zugänglich. Es ist nicht immer leicht, wir können aber prinzipiell lustvoller Verheißung widerstehen und andere Prioritäten setzen. Kurz: Wir Männer sind Menschen.

Frauen und Männer haben geringfügig unterschiedliche Gene und spielen unterschiedliche Rollen mit unterschiedlichen Funktionen, aber beide haben Sex *und* Herz, mit allen daraus resultierenden Bedürfnissen. Männer *und* Frauen wollen Lust *und* Liebe! Das sind grundlegende Triebkräfte unserer Existenz. Niemand opfert ohne Not einen dieser beiden Pole. Allerdings: Viele Menschen befinden sich diesbezüglich in Not und sind dann bereit, Opfer zu bringen, oft ohne es zu bemerken. Die Sehnsucht aber lebt im Inneren weiter, dass beides zusammenkommen möge und sich unser Mannsein wieder wie eine runde Sache anfühlt. Dazu müssen wir manchmal aus frustrierender Beziehungsroutine ausbrechen, wenn Rücksichtnahme uns zu ersticken droht. Dazu hat Florian so manches zu sagen.

11. Gespräch mit Florian

> *Irre, dass sie ein besseres Gefühl für mich hat als ich selbst.*

Frage: Florian, bist du ein normaler Mann?

Florian: Das weiß ich nicht. Ich fühle mich heute so, als hätte ich das Gefängnis einer engen Sexualität verlassen. Es blüht etwas auf, was ich nicht mehr für möglich gehalten habe. In der Pubertät hatte ich Träume von sexueller Vereinigung, die viel weiter gingen als Geschlechtsverkehr und Orgasmus. Dann habe ich mich doch in dieses klischeehafte Männerverhalten reingelebt, wo ich nur dem Orgasmus nachrenne. Ich hatte mich schon an diese Enge in der Sexualität gewöhnt, aber in meiner jetzigen Partnerschaft habe ich Impulse bekommen, die mich da heraus führen.

F: Wie kam es zu dieser Entwicklung? Was waren Meilensteine auf deinem Weg?

Fl: In der Pubertät spielt man mit sich selber und lernt diese Gefühle kennen. Nach ein paar unschuldigen Mädchenfreundschaften waren meine ersten sexuellen Erfahrungen unheimlich schön. Mit meiner ersten Freundin ging ich zusammen zur Schule, wir haben uns oft gesehen und hatten eine wunderschöne erste Liebesphase. Als ich zu studieren anfing, waren wir nur noch am Wochenende, aber dann sehr intensiv zusammen. Als wir beide studierten, kam relativ schnell die Abnutzungsphase. Sie sagte immer häufiger, dass sie keine Lust hat und dass es andere Dinge gibt, die sie beanspruchen. Erst hab' ich gedacht, das geht vorbei, aber es blieb so. Am Anfang waren wir so scharf aufeinander, und dann nicht mehr, ich konnte es nicht nachvollziehen.

F: Diese Erfahrung hat sich später wiederholt?

Fl: Ja. Nach der Phase der Verliebtheit ist das bei mir immer relativ krass ins andere Extrem übergegangen und die Sexualität hat sich totgelaufen. Weil das mehrmals so ging, einschließlich meiner Ehe, zog ich den Schluss, dass ich wohl nicht fähig bin, in einer Alltagsbeziehung zu leben.

F: Wie hat sich der Sex totgelaufen? Gab es Konflikte?

Fl: Na ja, doch, für meine Frau war zum Beispiel Oralverkehr ein rotes Tuch. Und alles, was über klassischen Geschlechtsverkehr rausging, hat sie blockiert. Wir haben darüber geredet, aber dann hat sie eher noch mehr zugemacht. Wir hatten ganz selten Geschlechtsverkehr.

F: Wie bist du damit umgegangen?

Fl: Gut, ich habe es mit Selbstliebe versucht, aber das hat mir nie so viel gebracht, und Seitensprünge oder Prostitution, das ging für mich nicht. Es war die schlimmste Zeit in meinem Leben, weil ich einerseits den Kindern zuliebe zusammenbleiben wollte, aber andererseits diese völlige Stagnation sah. Außerdem war ich auch noch beruflich unheimlich eingespannt. Ich bin abends heimgekommen, habe noch so gut wie möglich mit meinen Kindern was gemacht, und als die im Bett waren, gab es andere Dinge zu tun, da blieben vielleicht noch sechs Stunden Schlaf. Ich fühlte mich voll eingemauert. Irgendwann wollte ich lieber gar niemanden mehr haben als immer wieder die Hoffnung auf eine positive Entwicklung und dann doch die Blockade.

F: War die Blockade im Sex der wesentliche Trennungsgrund?

Fl: Ja, so kann man nicht leben, oder man geht ins Kloster. Viele Partner stehen das durch und leben so, weil Trennung traditionell negativ gesehen wird. Meine Frau ist dann ausgezogen, nachdem wir über unsere abgenutzte Beziehung geredet hatten und dass es so nicht weitergeht. Am Anfang war ich natürlich traurig wegen der Kinder, aber andererseits erlöst, weil ich aus diesem Eingemauertsein rauskam.

F: Und jetzt machst du mit einer anderen Frau eine andere Erfahrung?

Fl: Na ja, das Gesetz der Serie war zunächst schon noch wirksam. Die erste Verliebtheit mit meiner jetzigen Freundin war allerdings schon anders als alles, was ich davor erlebt hatte. Es war tiefer, intensiver und auch sexuell freier. Ich konnte kaum glauben, dass das so schön sein kann, und habe ihr das immer wieder gesagt. Trotzdem ist es nach einiger Zeit schwieriger geworden. Wir hatten eine Wochenend- und Urlaubsbeziehung, was natürlich einen positiven Einfluss hatte, weil wir entspannter waren als unter der Woche. Spannungen gab es wegen der Kinder oder wenn wir in unserer gemeinsamen Zeit zu eng aneinanderhingen. Jeder muss sich frei bewegen können. Man darf nicht zu eng aneinanderkleben. Diesen Fehler haben wir gemacht und deshalb hat sich unser Verhältnis ein bisschen abgeschliffen. Wir haben das beide nicht so richtig gemerkt, aber im Unterbewusstsein hat sich das angebahnt.

F: Und dann kam wieder die Krise?

Fl: Sie hat mir zum Geburtstag ein gemeinsames Tantramassage-Seminar[75] geschenkt. Ich habe mich riesig darüber gefreut. Das Seminar war für mich ganz toll und für sie auch. Die Offenheit, mit der Sexualität dort behandelt wurde, war neu für uns, auch der Weg über das Atmen und das Sich-fallen-Lassen, bis hin zum Ganzkörperorgasmus. Es hat mich an meine Träume in der Pubertät erinnert. Aber mir wurde auch bewusst, wie sehr ich während des Geschlechtsaktes auf mich selbst konzentriert bin, vor allem auf den Penis und den Orgasmus. Gut war, dass wir meistens gemeinsam kamen, das hat immer gut harmoniert. Das Tantraseminar hat uns aber gezeigt, dass Sexualität mehr sein kann. Ich habe gespürt, dass ich mit dem Loslassen Schwierigkeiten habe. Bei Atemübungen hatte ich das Gefühl, mein ganzer Körper schläft ein, alles bitzelt. Das waren Hinweise darauf, dass ich nicht gelernt hatte, ganzheitlich zu fühlen und mit meiner Sexualität umzugehen. Ich habe das auch in der Selbstliebe geübt, aber auch darin bin ich nicht gut. Ich habe gedacht, das musst du irgendwie hinbekommen.

F: Wie ging es dann weiter?

Fl: Meine Freundin hat nach dem Seminar gesagt, sie will weitermachen, und hat eine Ausbildung in Tantramassage angefangen. Eigentlich wollte ich das auch, aber zum Beruf kam in dieser Zeit auch noch die Pflegebedürftigkeit meiner Eltern, ich konnte einfach nicht mitmachen. Jedes Mal, wenn sie von einem Ausbildungsabschnitt

zurückkam, hatte ich das Gefühl, ich komme mehr ins Abseits, ich habe mich nicht mehr wohlgefühlt und sie hat das gespürt. Ich habe dagegen gekämpft, wir haben noch mal ein gemeinsames Massageseminar besucht, aber danach bin ich wieder rausgefallen.
F: Was meinst du mit „rausgefallen"?

Fl: Ich hatte gedacht, ich wäre relativ freizügig. Aber sie ist noch freizügiger geworden und sie konnte sich viel besser spüren, auch beim gemeinsamen Orgasmus. Auch mit der Selbstliebe ist sie viel weiter gekommen als ich. Ich habe versucht, mich überall zu streicheln, an verschiedenen Stellen, auch mit Vibrator. Da komme ich zwar zu einer Ejakulation, aber das Gefühlserlebnis ist weit von dem entfernt, was ich in der totalen Verbundenheit mit meiner Freundin erlebe. Deshalb kann ich mir auch nicht vorstellen, dass man das bei einem One-Night-Stand hinkriegen kann.

Wenn meine Freundin mich massiert, spüre ich mich viel besser, als wenn ich mich selbst streichele. Ich finde das irre, dass sie ein besseres Gefühl für mich hat als ich selbst. Bei ihr kann ich mich meinen Gefühlen ganz hingeben und mich fallen lassen. Ich lerne jedes Mal etwas dazu, wenn ich das nachträglich Revue passieren lasse.
F: Aber trotzdem wurde der Abstand zwischen euch größer?

Fl: Ja, sie hat sich viel mit sich selbst beschäftigt. Sie konnte schon immer besser bei sich bleiben. Ich bin durch den Beruf vom Gefühlsmenschen zum Kopfmenschen geworden. Wenn sie von diesen Seminaren kam, war sie total weich und auf sich konzentriert. Manchmal total freudig, manchmal auch traurig. Und ich war total im Kopf. Irgendwann habe ich den Anschluss nicht mehr geschafft.

Wir sind zwar noch mal zusammen in Urlaub gefahren, aber da gab es schon Anzeichen von Distanz. Wir haben uns dann seltener gesehen und hatten mehrere Monate keinen Sex. Auszeit, haben wir gesagt, sonst zerfleischen wir uns.
F: Also wieder die gleiche Erfahrung: Nach der Verliebtheit kommt früher oder später die Stagnation.

Fl: Das war schwer, aber es wurde mir klar, dass ich mich besser kennenlernen und weiterentwickeln muss. Ich wollte mich wieder stärker in die Gefühlswelt integrieren. Meine Erkenntnis war, dass ich mit rein körperlichem Tantra und Massage nicht weiterkomme. Ich musste erst mal meinen Kopf umstellen. Meine Freundin hat mir Bücher zur Männersexualität gegeben und ich habe Seminare und ein Jahrestraining bei der Schule des Seins[3] mitgemacht. Das hat mir viel gebracht, das waren Seminare nicht nur körperlicher, sondern auch emotional-geistiger Art. Dazu gehörte auch ein Männerseminar.

F: Was hat dir das Männerseminar gebracht?

Fl: Plötzlich war ich mit ganz unterschiedlichen Männern in einem Raum und fand das erst mal komisch. Ich bin ja schon experimentierfreudig, aber da habe ich mich gefragt: Willst du das? Aus meinem bisherigen Leben war mir nicht klar, ob Männer sich überhaupt zusammen öffnen wollen, auch bei mir selbst war ich nicht sicher. Aber danach war für mich vieles anders als vorher.

F: Was hat sich geändert?

Fl: Meine Bereitschaft, mich mit Männern über Themen wie Empfindungen und Sexuelles zu unterhalten, worüber ich früher nie mit Männern gesprochen habe. Und meine Offenheit auch für Männer, die ich früher nach fünf Worten in eine Schublade gesteckt und abgelehnt hätte. In der Firma war mir immer wichtig, dass ich Leute schnell einschätzen kann und keine Stinkstiefel einstelle, die eine Mannschaft durcheinanderbringen. Aber ich hab' mir da selbst eine Barriere im Kopf gebastelt, weil ich die Spreu vom Weizen trennen wollte. Da bin ich heute viel weiter und finde das völligen Blödsinn.

F: Wie war es, Männer zu massieren und von ihnen massiert zu werden?

Fl: So weit bin ich noch nicht gekommen. Aber ich hätte da jetzt keine Berührungsängste mehr. Vor anderthalb Jahren war das noch völlig tabu.

F: Und eure Beziehung, wie hat sich die weiter entwickelt?

Fl: Wir fanden wieder näher zusammen und hatten dann auch mal Sex. Ich konnte mich anders konzentrieren, mich anders fallen lassen und uns beide fühlen, nicht nur mich. Das war irre, auch meine Freundin fand das ganz anders, völlig neu, wie ein Wunder. Eine Zeit lang waren wir noch misstrauisch, aber das hat sich mit der Zeit gelegt, wir hatten wieder öfters Sex miteinander und das hat sich immer weiter ausgebaut.

F: Erzähl bitte mehr von diesem Wunder.

Fl: Wir haben Sex auf ganz anderem Niveau. Das sind Zeremonien, da ist es fast ein Zeitproblem, die unterzukriegen, weil man mindestens die halbe Nacht dafür braucht. Vorher bin ich dem Orgasmus entgegengerannt, jetzt kann ich mich steuern. Ich kann drei Stunden mit meiner Freundin vereint sein, ohne einen Orgasmus – oder ohne zu ejakulieren. Ich fühle auch genau, wie es meiner Freundin geht. Die kann mehrere ekstatische Orgasmen haben. Wenn sie einen Orgasmus hat, muss ich mich stark konzentrieren, dass mich das nicht mitzieht. Ich fühle mich unheimlich wohl dabei. Auch einfach vereint zu verweilen, ohne Bewegung, nur atmen. Das mit dem Atmen kann meine Freundin noch besser als ich, das hat sie besser gelernt, da muss ich noch dazulernen.

F: Was meinst du mit atmen lernen?

Fl: Immer intensiver atmen, wieder abfallen und wieder von vorne beginnen: Meine Freundin kann sich so in einen orgasmischen Zustand bringen. Ich sitze zuerst neben ihr. Es erregt mich total, wenn sie intensiv atmet und Laute von sich gibt. Wenn wir uns dann langsam vereinen, ist das ein irres Gefühl, wir schauen uns an und spüren uns. Ich spüre ihren ganzen Körper pulsieren. Irgendwann würden wir ohne jede Bewegung beide zum Orgasmus kommen, aber soweit waren wir noch nicht. Irgendeiner hat immer angefangen sich zu bewegen.

F: Du strahlst richtig, wenn du das erzählst. Könnt ihr dieses tolle Gefühl tatsächlich „machen" oder wird euch das mal geschenkt und mal nicht?

Fl: Wir können das machen. Das mit dem Atmen war nur ein Beispiel, wichtig ist das ganzkörperliche Gefühl. Ich spüre, wie ich in meiner Freundin drin bin, und spüre rundum, wie wir uns berühren, mit Haut und mit Händen. Nicht penisorientiert, sondern ganz ineinander eingedrungen und verweilend. Das ist jedes Mal anders, aber immer erfüllend. Einmal war meine Freundin eine Zeit lang total traurig, das kann auch passieren. Da hätte sie es nicht ertragen, wenn ich mich bewegt hätte. Aber im Ineinander-Verweilen geht das in totale Lust über.

F: Was machst du anders als früher?

Fl: Ich besinne mich auf meine Gefühle und konzentriere ich mich auf meinen Körper, ähnlich wie beim autogenen Training. Früher bei der Orgasmusjagd war man auf einen Punkt konzentriert und jetzt auf den ganzen Körper, aber der löst sich auf – so empfinde ich das. Die Konzentration darauf, keinen Orgasmus zu haben, ist am Anfang vielleicht schwierig. Ich versuche es leicht zu machen, sodass die Partnerin sich ganz langsam dem Orgasmus nähert. Wenn beide Erregungskurven ähnlich sind, verschwindet die Anstrengung. Ich will gar nicht gleich zum Ende kommen. Ich spüre ihr Inneres und bei mir ist es ein totales Beben. Wir reden währenddessen auch über unsere Gefühle, und manchmal fühlen wir einfach keine Trennung mehr.

F: Habt ihr auch gemeinsame Orgasmen?

Fl: Wenn sie mehrere Orgasmen hatte, kann sie einfach nicht mehr. Sie sagt dann, ich soll jetzt einen Orgasmus haben. Ich gebe dann das Rauszögern auf und es geht ganz schnell, aber sie hat dann auch einen, das geht ineinander über. Dabei habe ich ein deutlich höheres Gefühlsniveau als das, was ich früher als Orgasmus empfunden habe.

F: Das klingt wie eine große Erfolgsgeschichte, gibt es auch mal Schwierigkeiten?

Fl: Manchmal, wenn ich nach längerer Zeit ohne Sex geladen war, hatte ich meinen Orgasmus sehr früh, meine Energie war verpufft und es hat lange gedauert, bis ich wieder geladen war. Da habe ich mich schon überfordert gefühlt. Aber ich versuche, mich nicht mehr unter Druck zu setzen. Im Beruf bin ich häufig als Führungskraft gefordert, da bin ich dann ziemlich im Kopf. Ich will die Sachen fest in die Hand nehmen und verkrampfe mich dabei. Jetzt versuche ich, von meiner Freundin diese spirituelle Sicht zu übernehmen, dass es schon automatisch irgendwie gut wird, wenn man es sein lässt.

F: Deine Freundin scheint bei euch eine Führungsrolle zu haben. Wie geht es dir damit?

Fl: Für mich ist es ein Glück, dass Sex für sie ähnlich wichtig ist wie für mich. Wir sind gemeinsam durch diese Zeit ohne Sex gegangen und haben gelernt, dass das für uns nicht erstrebenswert ist. Da waren meine früheren Partnerinnen anders. Offenbar sind Frauen aus ihrer Kindheit und aus Vorerlebnissen viel blockierter als Männer, und viele kennen diese Blockaden gar nicht, die sie erst mal loswerden müssen. Natürlich gilt das auch für Männer, aber Männer haben es da leichter. Vielleicht gab es deshalb weniger Frauen, die zu mir gepasst hätten.
F: Wenn ich dich recht verstanden habe, hast du es gerade nicht leichter als deine Freundin, sondern eher im Gegenteil …
Fl: Vielleicht habe ich das einfach ein bisschen meiner Freundin nachgeschwätzt, wie sie das bei ihren Massagen erlebt. Sie sagt, dass Frauen viel komplizierter seien und nicht so leicht frei werden. Man weiß nie, ob es in einer Massage eher in Richtung Sexualität oder in Richtung Schmerz und Vergangenheitsbewältigung geht. Bei der Mehrheit der Frauen geht es wohl oft in die zweite Richtung, da hat sie schon heftige Erlebnisse gehabt, mit Männern eher nicht.
F: Durch die Tantramassage habt ihr viel gelernt. Sind Massagetechniken wichtig für euer Liebesleben, z. B. als eine Art Vorspiel?
Fl: Auf unser Vorspiel haben die Massagetechniken keinen direkten Einfluss. Ich weiß jetzt einfach besser, wie ich eine Frau anfasse, an welchen Stellen, mit welcher Intensität, in welcher Reihenfolge. Das lernst du ja nicht in unserer Gesellschaft, und auch nicht aus Büchern, da braucht es *learning by doing*. Wie öffne ich eine Frau, wenn ich in sie eindringe? Ich bin heute viel behutsamer, auch über den Sex hinaus. Die Seminare haben mir gezeigt, was es alles an Gefühlsebenen in mir gibt. Früher bin ich relativ brutal mit mir umgegangen, das Einzige, was ich gemacht habe, um den Tag zu verarbeiten, war Joggen, kurz und knackig. Jetzt mache ich häufig morgens Meditationen. Dadurch fühle ich mich für den Tag besser aufgestellt, weil ich mehr bei mir bleiben kann. Wenn ich bemerke, dass ich mich wie ein getriebenes Zahnrad fühle, versuche ich, eine kurze Auszeit zu nehmen. Das hilft mir, mich nicht so überrollen zu lassen.

Meine Mitarbeiter sagen mir, dass ich jetzt anders mit Personen umgehe, obwohl ich selbst in den einzelnen Situationen gar keinen Unterschied sehe. Offenbar setzen kleine Nuancen in meiner Ausstrahlung einen Kreislauf in Gang nach dem Motto: Wie man in den Wald hineinruft, so schallt es heraus.

F: Wie hat das konkret dein Beziehungsverhalten verändert?

Fl: Wir haben unsere Streitkultur verändert. Früher hat sich der eine über den anderen geärgert und dann war schlechte Stimmung. Meine Freundin hat die Themen angesprochen, ich bin eher ausgewichen. Wir haben inzwischen erkannt, dass das ein wesentlicher Grund war, dass wir uns auseinander gelebt hatten. Damals meinte jeder, es sei besser, den anderen nicht zu verletzen und Ärger deshalb nicht auszusprechen. Aber das bewirkt eher das Gegenteil. Wenn man etwas in sich hineinfrisst, erzeugt man eine Spannung, die auch für den anderen schlecht ist. Jetzt reden wir mehr darüber und jeder spricht aus, wenn er sich verletzt oder verärgert fühlt und was das ausgelöst hat. Das hilft uns, aus dem angespannten Zustand wieder rauszukommen.

F: Sind andere Frauen oder Männer für euch ein Thema?

Fl: Es war schlimm für mich, als sie nach der Ausbildung auch andere Männer massiert hat. Schon als wir gemeinsam auf Seminaren waren, wollte ich eher, dass wir es miteinander machen, während sie viel freier war. Richtig lösen konnte ich mich davon erst, als ich ohne meine Freundin ein Tantramassage-Seminar besuchte. Bei der Massage einer mir unbekannten Frau war ich so auf ihre Gefühle und ihren Körper konzentriert, dass bei mir an Erregung nicht zu denken war. Wer das nicht kennt, denkt leicht, wenn die Massierte erregt wird, muss auch der Massierende erregt werden. Ich hatte das bei meiner Freundin ja auch gedacht und mir ausgemalt, was dann alles passieren könnte. Als ich dann selbst nicht erregt war, konnte ich mich von meiner Eifersuchtsvorstellung lösen. Außerdem haben wir so eine Art Treuevereinbarung.

F: Wie sieht die aus?

Fl: Ein Orgasmus bei einer Massage ist okay, aber nicht, sich im Akt zu vereinigen. Meine Freundin hat zwar gesagt, wenn ich das unbedingt wolle, solle ich das machen, aber ich weiß, welche Konflikte daraus entstehen, deshalb mache ich das nicht. Mir ist es zweimal passiert, dass Frauen, denen ich Massagen gegeben habe, mir gegenüber weitergehende Gefühle entwickelt haben. Ich sage zwar vorher, dass ich eine Freundin habe, sie nur massiere und weiter geht es nicht. Wenn sie dann trotzdem mehr will, dann muss sie da halt durch. Und ich muss E-Mails beantworten und Gespräche führen.
F: Gibt es sexuelle Wünsche oder Fantasien, an die du dich noch ranwagen möchtest?
Fl: Wir haben vieles ausprobiert, zum Beispiel, miteinander in einem Raum Selbstliebe zu machen. Aber da bin ich schwach, weil mir das nicht so viel gibt. Oder Spielsachen dazu zu nehmen. Zum Beispiel stimuliert meine Freundin ihre Klitoris mit einem Vibrator und gleichzeitig dringe ich in sie ein. Das kann auch mal anal sein. Diesen Wunsch habe ich früher für abartig gehalten, weil der immer einseitig war. Aber jetzt kommt der Wunsch, damit zu experimentieren, auch von meiner Freundin. Einmal hat meine Freundin gekniet, ich bin vaginal in sie eingedrungen und habe einen Finger anal eingeführt. Das hat zu einer ganz tiefen Erregung bei ihr geführt. Das hatten wir auch früher schon mal gemacht, aber mit dem ganzheitlichen Körpergefühl ist das noch mal anders.
F: Dein Liebesleben hat sich enorm verändert. Was war der Schlüssel dazu?
Fl: Der Austausch. Dass ich nicht nur mich spüre, sondern auch, was in meiner Partnerin vor sich geht. Das lässt mich aufblühen und baut mich in allen möglichen Lebenssituationen auf. Sex wirkt auf diese Weise wie ein Reset, der mir hilft, alles andere beiseitezulassen. Deshalb ist er ein so wichtiger Teil meines Lebens.
F: Zu was würdest du andere Männer ermutigen, vielleicht sogar deinen Sohn?
Fl: Dass sie versuchen, sich aus den Konventionen unserer Gesellschaft zu lösen, in denen Sexualität stark unterdrückt wird. Und

dass sie sich damit auseinandersetzen, warum sie auf so schmalen Wegen dem Orgasmus nachrennen und ihre Gefühle unterdrücken. Und dass sie besser mit sich selber umgehen lernen. Wobei ich mit meiner Selbstliebe auch noch unzufrieden bin. Dafür können Tantraseminare und Massagen hilfreich sein, aber mir hat zum Beispiel auch autogenes Training geholfen. Bisher ist unsere Gesellschaft bezogen auf Sex ungut unterwegs. Kulturen, die offener mit Sex umgegangen sind, sind in der Versenkung verschwunden, wie beispielsweise auch das Tantra in Indien. Männer und Frauen müssen versuchen, sich zu befreien, nicht zuletzt, damit unsere Kinder anders aufwachsen können.

F: Ich danke dir herzlich für deine Offenheit.

Fl: Es hat mir Spaß gemacht, darüber zu reden.

Gedankensplitter: Einfach gestrickt? Wege aus der sexuellen Ödnis

Was ist wichtiger für erfüllenden Sex: dass wir uns selbst spüren oder unsere Partnerin wahrnehmen? Natürlich ist beides wichtig, ist aber das Fühlen blockiert, wo setzen wir an?

Männer, die wenig spüren, erliegen manchmal der Versuchung, sich emotional nach der Partnerin auszurichten, insbesondere, wenn sie das fordert. Sie wollen es ihr recht machen – das ist gut gemeint, aber oft eine Sackgasse. Damit zusammen hängt das bekannte Phänomen, dass Beziehungen nach anfänglicher Verliebtheit an erotischer Anziehung verlieren und in sexueller Ödnis versanden. Die Ursache liegt nicht – wie manchmal behauptet – in einer Art Naturgesetz erotischer Entropie, sondern meistens in geringem Spür- und Selbstbewusstsein. Wir brauchen die Fähigkeit, uns bewusst zu spüren und unsere Bedürfnisse zum Ausdruck zu bringen, um erotische

Spannung in einer Beziehung aufrechtzuerhalten.[84] Männer sind durch Einflüsse wie repressive Erziehung, konventionelle Männerbilder, Anforderungen im Beruf und eine traditionelle Höherbewertung des Denkens gegenüber dem Fühlen geprägt. Das macht so manche Gefühllosigkeit zwar verständlich, reicht aber nicht aus, um daran etwas zu verändern.

Warum tun Männer sich so schwer, sich für ihre sexuelle und emotionale Befindlichkeit Unterstützung zu holen? Das ist allerdings in unserer Kultur alles andere als selbstverständlich und oft mit Scham verbunden. Das Auto kommt regelmäßig in die Inspektion, der Körper wird schon seltener durchgecheckt, aber mit Herz und Sex, das glauben vor allem Männer, müssen wir schon alleine klarkommen – oder einfach nur die richtige Partnerin finden?

Die richtige Partnerin konfrontiert uns in aller Regel nur noch deutlicher mit unseren eigenen Defiziten. Florian beschreibt seine Mühe, bei der inneren Entwicklung mit seiner Freundin mitzuhalten. Umso interessanter, dass er unbemerkt die gängige These übernimmt, dass Männer es leichter haben, obwohl er selbst es doch anders erlebt.

Hier lohnt es sich, einen Moment innezuhalten. Wir Männer kreisen lange Phasen unseres Lebens um das Thema Sex, erleben dabei neben manchen Höhen viele Tiefen, fühlen uns nicht willkommen, hilflos, wir begraben unsere pubertären Träume, passen uns an, konsumieren Alkohol oder heimlich Pornos, werden womöglich sogar gewalttätig, dimmen unsere Gefühlswelt herunter und strengen uns anschließend an, sie wieder hell und klar aufleuchten zu lassen. Und dann reden wir uns ein oder lassen uns einreden, wir seien einfach gestrickt?[85] Wenn wir Männer mit Sex ein Problem haben, dann ist die These von der Einfachheit männlicher Sexualität Teil des Problems und kaum Teil einer Lösung.

Das bedeutet aber auch: Wenn wir Männer uns auf den Weg machen, wird nicht alles einfacher, besser und lustvoller. Wir erleben Höhen und Tiefen in unserem Liebesleben und verfluchen vielleicht manchmal, dass wir jetzt nicht nur die Lust, sondern auch den Schmerz intensiver spüren. Vielleicht sind wir aber auch dankbar, dass uns eine ungeahnte Fülle an Erlebnismöglichkeiten offensteht. Mit den Höhen und Tiefen dieses Prozesses ringt auch unser nächster Gesprächspartner, Boris.

12. Gespräch mit Boris

*Ich brauche nicht nur die heilige Form
der Liebe, sondern auch das Animalische.*

Frage: Boris, bist du ein normaler Mann?

Boris: Zunächst einmal kann ich nicht abstreiten, dass mich optische Reize anmachen, kurze Röcke, Kleidung, Aussehen, Oberweiten, insofern ganz normal ... Ich hatte auch schon oberflächlichen Sex, also ohne Bindung. Allerdings fehlte hinterher die Zufriedenheit, dieses Erfülltsein. Ich habe viel experimentiert. Alles, was ich nicht kannte, hat mich interessiert. Immer die Missionarsstellung wäre für mich undenkbar. Und manchmal sagt eine Stimme in mir: Das muss ich noch haben, bevor ich sterbe, das möchte ich unbedingt erlebt haben.

F: Was sind das für Wünsche?

B: Der größte Wunsch war eine Gruppensexorgie. Zwei Jahre lang habe ich versucht, meine Frau Beate dazu zu bewegen. Irgendwann habe ich kapituliert und gesagt, okay, dann muss ich alleine schauen.

F: Was ist so unbefriedigend am Alltäglichen?

B: Wie im Film „Und täglich grüßt das Murmeltier" aufzuwachen und genau zu wissen, was kommt. So als ob ich jedes Jahr an den gleichen Ort in den Urlaub fahre. Ich finde es spannender, mich überraschen zu lassen, das darf dann auch gerne mal ein Reinfall werden. Ich finde es fantastisch, wenn ich Kontrolle abgeben kann. Ich bin sonst im Leben sehr auf Kontrolle aus. Aber in der Sexualität kann ich einfach total loslassen, so wie andere vielleicht in der Meditation.

F: Wie war dein Weg dorthin?

B: Meine Frau und ich sind beide in einem kleinbürgerlichen Elternhaus aufgewachsen, mit streng monogamen Vorbildern. Mit 38 bekam ich Depressionen, ich war tot, es war alles grau und schwarz. Die Lebensfreude war weg. Sexualität war nicht weg, aber ich habe sie oft missbraucht, zum Beispiel als Einschlafmittel. Wenn ich gegrübelt habe, hatte ich einfach Sex und konnte schlafen. Das ging aber nur mit Fantasien, mit anderen Frauen im Kopf, mit anderen Szenarien als das, was ich vor mir hatte. Das war eine schwere Zeit, auch für die Frau, weil ich sie sozusagen als Objekt benutzt habe.

Ich war dann acht Wochen in einer Psychosomatischen Klinik, in einer sogenannten Kuschelklinik nach dem Bad Herrenalber Modell.[86] Körperliche Nähe war immer ein Schritt zum Sex gewesen, aber in der Klinik war Sex tabu, Nähe jedoch wichtig. Ich habe gemerkt, wie gut mir körperliche Nähe tut und wie unterschiedlich die sich mit verschiedenen Menschen anfühlt.

Dort habe ich auch zum ersten Mal das Wort Tantra gehört. Zuhause habe ich danach gegoogelt und war erschrocken, was es alles gibt, was mein bisheriges Weltbild total überstieg. Die Beschreibungen von freier Sexualität haben mir einerseits Angst gemacht, andererseits ist eine Sehnsucht in mir aufgetaucht. Das Thema habe ich dann so ein bis zwei Jahre in mir gewälzt, bis die Sehnsucht größer wurde als die Angst.

F: Was hast du im Tantra erlebt?

B: Es ging um Nacktheit, um Berührungen, um Erotik, das war etwas ganz Neues. Entscheidend waren Rituale mit mehreren, aus der Zweierbeziehung raus in Dreier- oder Viererkonstellationen. Da habe ich gemerkt, wie toll sich das anfühlt, vier Hände auf dem Körper zu haben. Auch das Atmen war wichtig. Bei einer Übung zum Beispiel, dem Feueratem, stehen sich zwei angezogen gegenüber, schauen sich in die Augen und atmen tief, schnell und heftig. Es wurde ohne jede Berührung so ekstatisch, als wenn wir miteinander vereinigt gewesen wären. Ich fand das genial, andere brauchen dafür vielleicht Drogen.

F: Wie hat sich das auf deine Sexualität ausgewirkt?

B: Den Atem flach halten heißt Gefühle unterdrücken, daher versuche ich, den Atem tief fließen zu lassen, um mehr zu spüren. Dann habe ich mal von multiplen Orgasmen gelesen und mir ein Buch gekauft, in dem das beschrieben wird. Zunächst habe ich es mit Selbststimulation geübt, bis zum Point of no Return, dann innehalten, den Atem ins Herz oder ins Dritte Auge[65] ziehen, alles anspannen und zurückhalten und dann wieder loslassen. Am Anfang ist es öfters schief gelaufen, weil ich nicht den richtigen Zeitpunkt erwischt hatte. Eine Bewegung zu viel und dann war die Übung praktisch zu Ende.

F: Dann bist du gekommen?

B: Ja, genau. Dann eben das nächste Mal wieder, dachte ich mir. Mit der Partnerin habe ich ausgemacht: Ich sage stopp und dann frierst du die Bewegungen ein, damit nichts passiert. Nach einem halben Jahr hat sich das ganz gut eingespielt, da musste ich nichts mehr sagen, weil sie gespürt hat, wann sie stoppen muss. Manchmal ziehe ich dann die Energie nach oben. Dann klingen die Erregung und die Erektion leicht ab und ich kann mit dem Liebesspiel wieder neu anfangen, zwei- oder dreimal. Es ist kein Stoppen vor dem Orgasmus, sondern vor der Ejakulation. Der Orgasmus ist genauso da, also die Vibrationen und Muskelkontraktionen, da weiß ich oft selbst nicht, war es mit oder ohne Ejakulation.

F: Und jetzt machst du es immer so, oder war das nur eine Phase?

B: Wir haben vereinbart, sonntags mit und sonst ohne. Und manchmal zwischendrin, wenn Beate sagt, ich möchte es jetzt von dir. Aber wenn sie nicht stoppt, bin ich machtlos. Und wenn sie käme, auch. Aber es ist ja kein Pflichtprogramm. Ich bin einfach ein angenehmerer Zeitgenosse, wenn ich nicht ejakuliere. Ich bin wacher, aufmerksamer, weniger aggressiv, es kommt zu weniger Streit und dann ist da weiter so ein erotisches Knistern. Und ich habe mehr vom Leben, weil

ich sonst abgeschlafft und müde bin und keine Energie mehr habe.
F: Wie lange hast du dafür trainiert? War es anstrengend?

B: Mindestens ein Vierteljahr. Es gibt diese taoistischen Übungen nach Mantak Chia.[87] Selbstliebe an sich ist ja nicht anstrengend, das ist was anderes als fünfhundert Liegestützen und hat den schönen Nebeneffekt, es ist lustvoll, auch wenn es mal „misslingt".

F: Wie war es, das mit deiner Partnerin zu üben?

B: Zunächst war das Innehalten ein bisschen ungewohnt, aber ich glaube, sie hat das auch sehr genossen. In der Stille meinen Lingam[60] vibrierend wahrnehmen und ihre pulsierende Yoni[57], das war einfach himmlisch. Auch dass es nicht so schnell vorbei ist, dass ich aufhören kann, wann ich will, und nicht abhängig bin von meinem Orgasmus und dass ich hinterher nicht so ein fauler schlaffer Sack bin, der sich nur umdrehen und seine Ruhe haben will. Miteinander schlafen, nicht ejakulieren, dann mal eine Essenspause und dann geht's weiter. Im Sommer genießen wir das auf der Terrasse, wenn die Sonne auf den Körper scheint – ein Traum.

F: Wie bringst du dein Bedürfnis nach Abwechslung da unter?

B: Meine Wunschliste hat sich vergrößert, aber meine Leidensliste auch, weil meine Frau die Zweierkiste bevorzugt und ich ihr nicht wehtun wollte, aber trotzdem diese Wünsche hatte. Beate weiß um meine Wünsche nach mehreren Partnern und ist bemüht, auch einmal Geschenke zu machen. Es ist schwierig, einen Partner zu finden, mit dem das harmoniert. Dann noch einen Dritten oder gar Vierten zu finden, mit Herzensverbindung und wo es passt, das ist noch viel schwieriger. Aber seit einem Dreivierteljahr haben wir Bekannte, wo das möglich wäre. Beate hat auch schon einmal eine gemeinsame Freundin eingeladen. Zu dritt geht das noch einfacher als zu viert.

F: Du strahlst. Was begeistert dich dabei am meisten?

B: Eine fast eifersuchtsfreie Begegnung mit anderen, ein harmonischer Dreier-Kuschelhaufen mit erotischen Berührungen. Bis jetzt haben wir das entstehen lassen, zum Beispiel so, dass ich mir den Platz in der Mitte gesucht habe, den einen Arm links, den anderen Arm rechts, und ich hatte zwei verschiedene Hände auf mir. Die andere Frau ist Tantra-

masseurin mit sagenhaft spürenden Händen, wo mir der Schauer über den Körper läuft, wenn sie hinlangt. Sie ist das totale Gegenteil von Beate, schlank, zierlich, eine Feder. Es war ein wunderschöner Abend. In Zukunft möchte ich aber ein bisschen mehr Struktur reinbringen, damit sich niemand benachteiligt fühlt. Jeweils einer bekommt und zwei geben. Ich kann ja meine Aufmerksamkeit nicht zweiteilen.
F: Wird es schwierig, wenn es über Berührungen hinausgeht, in Richtung intimer Vereinigung?

B: Vereinigung ist die Krönung so einer Begegnung. Während ich eindringe noch von zwei anderen Hände gestreichelt und berührt zu werden, ist die Sahnehaube, drei Meter über dem Boden schweben, eine Sensibilisierung vom ganzen Körper, es ist ja nicht nur dieses Vereinigtsein, sondern der ganze Körper wird berührt. Und dann das Angenommensein, von vier Augen angeschaut zu werden und zu merken, es wird ein Fluss, die drei werden zu einem Körper ...
F: Hast du dies öfter erlebt?

B: Es war nicht der erste Dreier, aber zum ersten Mal als Geschenk von Beate, von ihr eingefädelt. Sonst war ich immer der Macher, der Organisator, der Drängler, der Bittsteller ...
F: Was du von deiner Paarsexualität erzählst, klingt sehr erfüllend. Aber du möchtest mehr ...

B: Das Vereinigen in der Paarbeziehung ist schon fast wie ein Sichauflösen. Trotzdem gab es immer eine Stimme in mir, die sagt: Es darf einfach auch mal Sex ohne Liebesbeziehung sein. Einfach nur aus der Freude am körperlichen Menschsein. Mein Körper braucht nicht nur diese heilige Form der Liebe, sondern auch das Animalische. Ich weiß nicht, woran das liegt, dass mich Hochglanzbilder so ansprechen. Wie wenn ich ein Südseeplakat sehe und denke, da will ich hin. Irgendwie naiv. Ich möchte kein neues Leben anfangen, sondern ich möchte einfach mal ein fremdes Land anschauen, von dem ich nicht weiß, ob es mir gefällt. Das kann ich erst entscheiden, wenn ich es mir angeschaut habe. Es ist nicht so, dass etwas in der Partnerschaft nicht stimmt. Aber wenn ich mir das andere kappe, fühle ich mich wie im goldenen Käfig, eingesperrt, an der Leine.

F: Wie hast du dir das erschlossen, Sex mit mehreren Menschen zu genießen?

B: Im Tantrajahrestraining gab es ein Ritual, wo man sich aussuchen konnte, was man erleben will und mit wem. Das ging total in die Hose. Ich wollte eine Gruppensexfantasie ausleben, war aber total verkrampft, verkorkst und panisch. Ich hatte so viel Angst, dass ich die ganze Nacht davor nicht geschlafen habe. Und dann war es enttäuschend, weil ich mich gar nicht getraut habe, meinen Wunsch konkret zu äußern. Ich habe mir innerlich auf die Finger geklopft, was für ein schmutziger Wunsch das doch sei. Es hat Monate gedauert, bis der Wunsch so übermächtig wurde, dass ich schauen musste, dass der Wunsch gestillt wird. Und jetzt willst du wissen, wie das war, oder?

F: Ja, klar!

B: Ich bin eines Abends in die Nähe von München gefahren, in einen Swingerclub. Eigentlich schon mit dem Gedanken, das kann ja nichts werden. Als ich die Tür aufmachte, schon zweimal nichts: riesiger Männerüberschuss! Aber plötzlich war ich in einem Schwarm, es gab Berührungen, ich empfand sie nicht als hart oder übergreifend, sondern einfach schön, es war fließend, es war harmonisch, es hat gut getan. Andere sind draußen rumgestanden und haben ergriffen zugeschaut. Wir waren drei Männer und drei Frauen. Es ging nicht darum, mit jemandem zu schlafen, es war einfach schön, ohne zu wissen, wem gehört die Hand und wo geht die hin oder was will der von mir. Dann habe ich mitbekommen, dass eine Frau am Rand zuschaute. Die sprach mich später an, sie habe sich zurückhalten müssen, um nicht einzugreifen. Und dann, ob wir noch etwas miteinander machen könnten? Ich habe ihr eine Yoni-Massage[75] gegeben. Sie war wie in einer anderen Welt und sagte später: Das hat noch kein Mann mit mir gemacht. Wir hatten unseren geschützten Raum, absolute Ruhe. Bis der Betreiber sagte, er möchte gerne zusperren, wir wären die letzten hier im Club (lacht).

F: Wolltest du oder wollte sie danach eine Beziehung anfangen?

B: Nein, weder in mir noch in ihr war ein Wunsch nach mehr, wir haben nicht einmal nach dem Namen gefragt. Ich war ein Stück weit stolz. Zufrieden. Ganz entspannt. Ich hatte den ganzen Abend keine Ejakulation und mir hat nichts gefehlt. Es war traumhaft, aber danach war dieser brennende Wunsch weg, der Gruppensexwunsch war erledigt, ich bin nicht mehr davon getrieben. Danach ging es für mich mehr in Richtung intimer Massageaustausch.

Bei SkyDancing[88] haben wir eine sexuelle Energiemassage gelernt. Die macht man erst mal von Mann zu Mann und Frau zu Frau, um die eigene maskuline oder feminine Energie aufzuladen. Eine erotische Massage mit einem Mann war für mich lange ein Tabuthema ...
F: Und wie war es dann?

B: Einfach nur schön, überhaupt nicht so schlimm wie befürchtet. Es hat mich neugierig gemacht, aber auch an meine Begrenzungen gegenüber Nähe mit Männern gebracht. Einen fremden Schwanz anzufassen, war zunächst befremdlich, aber dann hat es mir doch Spaß gemacht. Da weiß ich, wie ich anfassen kann und muss.

Durch den Austausch intimer Massagen ist eine Beziehung mit einem anderen Paar entstanden. Wir haben uns zu viert getroffen und uns massiert, haben auch viel miteinander gesprochen und offen über Paarprobleme und Eifersucht geredet. Hinterher sind wir zusammengelegen, jeder wieder bei seinem Partner, jeder hat mit seinem Partner geschlafen und trotzdem die anderen noch im Blick gehabt, und es ging auch mal eine Hand rüber. Verschmelzung in der Verschmelzung. Das war das Paradies. Und dann fliegt die eine nach Amerika und lacht sich dort einen Amerikaner an (lacht). Es war eine Beziehung mit dem anderen Paar entstanden. Als die sich trennten, hat es ein Stück aus meinem Herzen gerissen.
F: Ihr habt nichts Vergleichbares folgen lassen können?

B: Nein, es ist schwierig, jemanden zu finden. Es war eine Art Viererbeziehung, meine Frau konnte gut mit dem anderen Mann, sie hat sich geborgen gefühlt und hatte ein Vertrauensverhältnis. Die beiden waren nicht verheiratet, aber in einer ähnlichen Konstellation wie wir, auch sie hat eher geklammert und er war gern die Biene. Es war gut, darüber zu reden und auch einiges auszuprobieren.

F: Was war der Unterschied zwischen den Erfahrungen mit dem anderen Paar und denen im Swingerclub?

B: Das Letztere war eher Unterhaltung, man kann schon fast sagen: Konsum. Mit dem anderen Paar ging es mehr in die Tiefe, in die Begegnung, mit Austausch auch verbaler Art. Da lasse ich mich mehr berühren und bekomme eher einen Spiegel vorgehalten. Im Club wollte ich einfach genießen.

F: Warst du auch mal mit Beate dort?

B: Ja. Aber bei vielen Gästen fehlt das feine Berühren. Es geht um schnelles Gerammel und der erste Griff von anderen Männern geht oft an die Yoni, anstatt zunächst einmal Kontakt aufzunehmen und sich kennenzulernen. Es macht mich an, wenn ein anderer Mann Beate berührt. Wenn es aber an der Grundvoraussetzung fehlt, den Frauenkörper aufzuwärmen oder sich erst mal kennenzulernen, wenn die nur nehmen wollen, anstatt zu geben, dann gehen wir frustriert nach Hause. 30 € gezahlt, all-inclusive, gegessen, getrunken, ist auch okay, sage ich mir dann. Es kam aber auch vor, dass sich jemand einfühlsam mit uns beschäftigt hat oder wir mit anderen Paaren so floating-mäßig waren und sich jeder wohlgefühlt hat und sich fallenlassen konnte.

F: Du lebst seit 30 Jahren in einer festen Beziehung und bist gleichzeitig sehr erfahrungshungrig. Die provozierende Frage: Warum lebst du eigentlich in einer festen Beziehung?

B: Wegen des Aufgehobenseins und der seit 30 Jahren anhaltenden körperlichen Resonanz. Der Großteil passt ja, wir haben viele gemeinsame Interessen. Wir sind beide Frühaufsteher, wollen raus in die Natur, wollen Fahrrad fahren, Schwimmen gehen, die gleichen Urlaubsländer sehen. Wir wollen gern am Strand unsere Erotik pflegen und ausleben. Und dann ist da eben diese Verlässlichkeit, Vertrautheit. Hm. Das Wort Liebe fällt mir immer so schwer zu sagen. Ankommen. Sich daheim fühlen. Keine Leistung bringen zu müssen, einfach da sein zu können, wie ich bin. Wenn wir uns begegnen, tief in die Augen schauen und die Hände reichen, fällt alles Widersprüchliche, Äußere weg. Diese nicht erklärbare Nähe ist nie vergessen, auch wenn ich erotischen Kontakt mit anderen habe. Die Energie, die ich dort auflade, nehme ich mit nach Hause und kann sie dort weitergeben.

F: Das geht sicher nicht ohne Konflikte.

B: Am Anfang dachte ich, ich muss sie überallhin mitnehmen, dann gab es Streit und ich machte einiges für mich alleine. Es war ein langer Weg, einfach zu sagen: Ich habe das Bedürfnis, dort hinzugehen. Wenn du mitwillst, gerne, wenn nicht, ist das auch okay. Dann gehe ich in Liebe und nicht im Streit. Es gelingt nicht immer, vor allem wenn ich denke, das gibt eh wieder Streit. Dann liegt es an mir, den richtigen Zeitpunkt zu finden, aber währenddessen spürt Beate schon, das kann nur wieder so etwas sein, was die alten Wunden wieder aufreißt.

F: Hat Sex außerhalb der Paarbeziehung eine andere Qualität?

B: Bei Beate sind die Berührungen eher kalkulierbar, eingefahren, sie weiß, wo sie mich berühren muss, und jeder weiß, was der andere braucht oder will und was nicht. Wenn sie weiß, ich mag das nicht, wenn sie mir ins Ohr schmatzt, dann lässt sie das, außer sie will mich ärgern. Mit anderen ist es achtsamer, glaube ich, und ich kann Kritik leichter wegstecken. Da muss ich mich vorsichtig vorantasten, was gut für den anderen ist und was nicht.

F: Ist es auch überraschender?

B: Ja. Und ich genieße es, wenn Frauen wissen und sagen, was sie wollen. Früher war es anstrengend, weil ich immer geschaut habe, was der andere wollen oder brauchen könnte. Jetzt sage ich: Wenn etwas nicht passt, rede mit mir, und zwar nicht erst am nächsten Tag, weil ich es dann nicht mehr ändern kann. Ich muss es ihnen nicht mehr von den Augen ablesen.

F: In der Beziehung hast du das Gefühl, dass das von dir verlangt wird?

B: Ja, weil es heißt: Jetzt kennst du mich schon so lange, jetzt müsstest du es allmählich wissen. Das macht es schwirig, Neues auszuprobieren, obwohl sich das ja ändern kann! Ich wollte früher auch keinen Spinat und jetzt mag ich ihn. Aber wir teilen eben auch wunderschöne Erfahrungen miteinander. Ich mag die Yab-Yum-Stellung, also der Mann auf dem Sitzkissen und die Frau auf dem Schoß des

Mannes, besonders, seit ich die richtige Position gefunden habe und die Knie dabei nicht mehr wehtun. Durch das Aufnehmen und Abgeben des Atems vom anderen kommt ein faszinierender Kreislauf in Gang, und Shakti[89] kommt dabei in ihre Glückseligkeit. Ich staune Bauklötzchen, wie sie das genießt, wow, das ist der Wahnsinn. Ich kann noch so oft nach unten spüren, ich weiß nicht, ob ich eine Erektion habe. Wenn ich dann meine Partnerin anschaue, denke ich mir, ist eigentlich auch scheißegal.

F: Und was glaubst du, was deine Partnerin dabei genießt?

B: Gehalten werden, Nähe, und dass sie den Ton angibt, das Tempo bestimmt und die Bewegung. Ich muss eigentlich nichts machen außer einer kleinen Schaukelbewegung im Millimeterbereich. Es freut mich, wenn ich loslassen darf, nicht der gute Liebhaber sein muss, sondern Shakti den Atem vorgibt und ich passe mich einfach an. Wenn sie einatmet, muss ich ausatmen. Wenn sie schnell atmet, muss ich schnell atmen, wenn sie langsam atmet, muss ich langsam atmen. Das erste Mal ist mir das schwer gefallen, weil ich eine etwas dominante Art habe. Da wollte ich das vorgeben. Ist natürlich total schiefgegangen. Es hat eine Zeit gedauert, ihr das zu überlassen. Das ist schon ein Highlight. Jeden Tag möchte ich das nicht, aber so zwischendrin ist das eine schöne Erfahrung, vor allem, weil die Zeit endlos ist. Es gibt kein Ziel.

F: Hast du noch weitere Wünsche oder Fantasien nach dem Motto: Bevor ich sterbe ...

B: Ja, die gibt es, aber das ist noch ganz tabuisiert. In der Männergruppe haben wir mit Prostatamassage experimentiert. Da kam der Gedanke: Wie wäre es, wenn ein Mann mit seinem Penis in mich eindringt? Das ist ein heißes Eisen. Einerseits denke ich, irgendwann sollte ich es einmal erfahren, andererseits: Nein, das ist eine Nummer zu groß. Meine bisherigen Erfahrungen mit Männern sind nicht gerade so prickelnd. Von einer früheren Missbrauchserfahrung her ist das noch sehr tabuisiert, das bräuchte ganz viel Feinfühligkeit.

F: Du bist von einem Mann missbraucht worden?

B: Ja. So etwas wieder zu erleben war meine größte Angst, auch im Tantra. Wenn früher im Pissoir jemand neben mir stand, war bei mir tote Hose. Dann konnte ich nicht mehr. Es hat viele Männergruppen gebraucht und Gespräche, bis das wieder einigermaßen locker lief.
F: Ist der Wunsch, einfühlsam von einem Mann penetriert zu werden, eine Art Heilungswunsch?
B: Genau. Es ist nicht dieses Drängen wie bei dem Wunsch nach Gruppensex. Jetzt ist es eher eine gewisse Bereitschaft. Wenn es passt, würde ich diese Erfahrung gerne mitnehmen. Mittlerweile kann ich den Anus als großen Lustfaktor genießen. Wo früher blanker Schmerz war, ist es jetzt saugeil.
F: Wie hat sich das entwickelt?
B: Am Anfang war das wie eine scharfe Peperoni in den Anus zu schieben. Ich habe mir in einer Männergruppe von einem anderen Mann eine Prostatamassage geben lassen. Das war einfach nur schmerzhaft, alles hat sich gewehrt, der Schließmuskel hat zu gemacht. Aber ich wusste aus Beschreibungen und Erzählungen, dass es ein geiles Gefühl sein muss. Da hatte ich dann meinen Ehrgeiz und habe mit mir selbst und mit anderen so viel wie möglich geübt. Nach einer guten Stunde Analmassage konnte man dann schon ein bisschen loslassen und entspannen. Von Mal zu Mal wurde der Schmerz weniger und die Lust mehr. Das war toll zu beobachten und auch ein Erfolgserlebnis, es hat sich gelohnt.
F: Geht die anale Lust bis zum Orgasmus?
B: Ja. Es spielt viel zusammen. Am liebsten ist mir ein Finger im Anus, wenn auch der Lingam stimuliert wird. Der absolute Raketenstart wäre, dass noch jemand an der Brustwarze saugt. Ich habe das Gefühl, die sind so empfindsam wie bei der Frau die Klitoris. Da gehen Wellen durch den Körper, das ist Wahnsinn. Dann wird es wahrscheinlich eine Explosion geben, ein Erlebnis nicht von dieser Welt.
F: Du bist sehr lebenshungrig, deine Begeisterung ist ansteckend. Was glaubst du, wie das im Alter wird?
B: In Regionalgruppen aus den Trainings erlebe ich Frauen über 70, die genauso aufnahme- und gebensfähig sind wie jüngere. Es

macht keinen Unterschied. Ein paar Falten mehr vielleicht, aber wenn ich deren Gesichter nach einem Ritual anschaue, sehe ich manchmal in der 70-Jährigen eine 17-Jährige, so blüht die auf. Das macht mir Mut zu sagen, ja, es verändert sich etwas und es hat einen Sinn.

Im Zusammenhang mit der Schöne-Frau-Fixierung war schlicht und einfach eine Übung mit Augenbinde wegweisend. Verschiedene Körper wahrzunehmen, Berührungen, Begegnungen, und hinterher die Augenbinde abzunehmen und festzustellen: Was? Die war das?! Nie im Leben hätte ich mir die als Übungspartnerin ausgesucht! Das war faszinierend. Und ein anderes Mal mit offenen Augen eine Frau mit Traumfigur auszusuchen, deren Augen Feuer und Begeisterung ausstrahlten – dachte ich. Aber bei der Berührung rührte sich nichts, tote Hose. Es braucht nicht das Äußere, wichtig ist, was die Berührung bringt.

F: Die Qualität der Berührung ist entscheidend für dich.

B: Ja. Dazu gehört, genau, zu spüren, ob mir jemand auch etwas geben kann oder nur etwas nehmen will. Ich selbst war am Anfang auch einfach nur gierig, ich war ausgehungert und bekam ehrliche Rückmeldungen, wie sich das anfühlt. Als ich das hörte, dachte ich darüber nach und fand heraus: Ja, tatsächlich, ich wollte nur etwas nehmen. Daher finde ich es wichtig, dass jemand den Mund aufmacht, damit man überhaupt eine Chance hat, sein Verhalten zu ändern. Ich finde es scheiße, wenn es nur heißt, ja, ja, Männer wollen nur das Eine, aber die Frau sagt nicht, was sie eigentlich von dir will und wie du bei ihr ankommst.

F: Wozu würdest du andere Männer ermutigen wollen?

B: Ihr Ding zu machen. Wenn ich nur geschaut hätte, dass ich meiner Frau nicht wehtue mit dem, für das ich brenne, wäre ich ewig unzufrieden gewesen. Ich hätte einen Riesenärger auf sie gehabt, weil sie mich nicht mein Leben leben lässt. Ich wäre auch auf mich sauer gewesen, denn was ich noch erleben wollte, hätte überhaupt nicht funktioniert. Es kann schief gehen, aber eingesperrt kann ich nicht leben.

F: Also heißt die Empfehlung, Risiken einzugehen ...

B: ... und eigene Wünsche und Fantasien klar zu kommunizieren. Frauen würde ich ermuntern: Lasst die Männer mit ihren Wünschen ruhig ziehen! Wenn Frauen meinen, dass sei nichts für ihn, dann werden sie ja wohl recht haben und die Männer mit der Erfahrung zurückkommen, okay, das habe ich erlebt, aber es lohnt nicht, da drin hängen zu bleiben. Dann ist das erledigt.
F: Gibt es für deine Identität etwas vergleichbar Wichtiges wie intensiven Sex?
B: Ich glaube nicht. Aber wenn Sexualität im Alter keinen Platz mehr hat, sollte man sich etwas anderes suchen. Ich meine, ich habe meinen Garten, ich habe mein Gemüse, ich habe meine Erdverbundenheit ...
F: Ich danke dir für deinen Mut, dich mit deinen Ecken und Kanten so offen mitzuteilen.

*Gedankensplitter: Treue oder Abwechslung? Treue **und** Abwechslung!*

Es heißt, es liege nicht in der Natur des Mannes, treu zu sein, zumindest nicht, wenn das sexuelle Exklusivität bedeutet. Was steckt dahinter? Was lässt Männer begehrlich nach den Kirschen in Nachbars Garten trachten? Unsere Biologie? Die Hormone? Das Ego?

Wir können die Frage auch umdrehen: Warum ist Neugier und die Lust auf Abwechslung überhaupt erklärungsbedürftig? Ist es nicht verständlich, dass wir alle erdenklichen erotischen Spielarten irgendwann einmal ausprobieren wollen, mit unterschiedlichen Gegenübern, die jeweils ganz andere Seiten in uns berühren? Neugier ist etwas Natürliches. Die meisten Jungs werden zu irgendeiner Zeit neugierig, was sie mit ihrem Körper und nicht zuletzt mit ihrem Pimmel anstellen können. Und es fühlt sich doch auch lustvoll an, uns auf diese Weise ausgiebig zu erforschen. Das tun wir so lange, bis man uns irgendwann beibringt, dass dies unanständig sei und wir diese Tätigkeit doch bitte still und heimlich verrichten mögen, wenn wir schon nicht ganz davon lassen können.

Wer wären wir, wenn unsere sexuelle Neugier von Kindheit an begrüßt und ermutigt worden wäre? Wer wären wir ohne eingetrichterte Schuld- und Schamgefühle, ohne offene oder subtile Übergriffe, aber mit dem nötigen Respekt für unsere Grenzen? Unsere Sexualität würde üppig und vielfältig blühen, wie alles, was auf gutem Nährboden wächst. Das erfindungsreiche, kreative Spiel mit der Lust wäre keine Ausnahme, sondern Ausdruck davon, wie mutig und empfindsam wir Männer sein können.

Was bedeutet das für unsere Sehnsucht nach langjähriger, tiefer Verbundenheit? Müssen wir die dafür opfern? Wie die meisten Männer irgendwann herausfinden, trifft unsere Lust auf Abwechslung nicht immer auf die Freude unserer Partnerin. Ein echtes Dilemma, wenn wir nicht die Flucht in die serielle Monogamie (eine nach der anderen) antreten wollen – oder in die Heimlichkeit.[90] Wenn wir offen für unsere Wünsche nach Abenteuern einstehen, gleichermaßen aber wertschätzen, wie wichtig uns Intimität und Vertrautheit sind, dann blüht uns ein lebenslanger Lernprozess. Dieser ist oft eine Gratwanderung, immer mit dem Risiko abzustürzen. Solange wir uns dabei von der Zustimmung und Bestätigung durch unsere Partnerin abhängig fühlen und diese einfordern oder erbetteln, ernten wir meistens Widerstand. Wenn wir aber davon loslassen, kann sich die Paardynamik überraschend entspannen. Wir sind weniger manipulierbar und werden als Gegenüber klarer erkennbar. Ausgang ungewiss.

Mancher Mann mag abwinken: Das ist mir alles viel zu anstrengend! Ich bleibe bei meinem eigenen Garten und genieße die Aussicht, denn, auf der anderen Seite des Gartenzauns fremde Kirschen zu pflücken, ist mir den nachfolgenden Stress nicht wert. Oder ich genieße heimlich und schweige. Die Qual der Wahl, wie viel Freiheit wir uns zugestehen, und die Verantwortung, die uns daraus erwächst, kann uns niemand abnehmen. Allerdings bereuen die meisten Menschen am Ende ihres Lebens eher die Dinge, die sie *nicht* getan haben ...

Rafael gehört zu denen, die sich diesbezüglich wenig vorzuwerfen haben. Lange Zeit ließ er nichts, aber auch gar nichts anbrennen. Wohin hat ihn das geführt? Lassen wir uns überraschen!

13. Gespräch mit Rafael

*Ich bin der Lust hinterhergejagt,
aber das hat mich nie erfüllt.*

Frage: Rafael, siehst du dich als gewöhnlichen Mann?
Rafael: Ich sehe mich total nicht als gewöhnlichen Mann.
F: Inwiefern bist du anders?
R: Das ist schwierig. Ich bin mutiger, mich auf Themen einzulassen, aus mir herauszugehen und mich selbst zu reflektieren. Ich wage mich an Themen heran, wo viele Männer den Schwanz einziehen.
F: Wie hast du dich auf den Weg gemacht, deine Sexualität zu erforschen?
R: Sexualität war für mich immer spannend, seit ich 7 Jahre alt war. Ich war total offen, bis ich gemerkt habe, huch, das ist nicht so ein einfaches Thema. Ich habe mich gewundert, denn ich hatte gedacht, du hast immer alles dabei, es ist alles da, und wenn du zu zweit bist, kannst du das ausprobieren. Ich hatte das Gefühl, Beziehung ist nicht das Wichtigste, überall unterwegs sein zu sein und Blumen pflücken zu können, das wäre schön. Aber das war natürlich nicht so (lacht).

Es ging ziemlich lange, bis ich mich wirklich eingelassen habe, bis dahin waren es kleine Beziehungen, mich hat vor allem der Sex

interessiert. Untergründig gab es schon immer die Sehnsucht, diesen einen Menschen zu treffen, mit dem ich das Gefühl habe: Mit dir gehe ich durch alles. Ich habe dann mit 20 eine Frau kennengelernt, mit der bin ich jetzt noch zusammen, wir sind mittlerweile 30 Jahre verheiratet. Ich bin immer wieder fremdgegangen und musste Geschichten erzählen – wie viele Männer.
F: Weil es sonst Stress gegeben hätte?
R: Ja. Als ich zum ersten Mal mit einer anderen Frau ganz harmlos etwas hatte, ein Jahr nach der Heirat, habe ich das blauäugig erzählt, und das hat Riesenstress gegeben. Sexualität war damals in unserer Beziehung ein Zahlungsmittel: Wenn du machst, was ich möchte, gibt es Sex, sonst gibt es keinen.
F: Und du warst derjenige, der zahlen musste?
R: Genau, so ging das über viele Jahre. Bis dahin war ich ein ganz normaler Mann, der halt so seine Dinge tut, unzufrieden wird und sich nicht traut, wirklich für das zu gehen, was er möchte. Ich habe auch nicht gewusst, was ich wirklich will. Das ging so weiter, mittlerweile hatten wir zwei Kinder. Irgendwann habe ich gesagt, so geht das nicht, so werde ich nicht alt. Ich habe Hilde alles erzählt und ihr gesagt: Ich kann nicht garantieren, dass ich das nicht mehr mache, aber ich will von jetzt an ehrlich sein. Riesenschock für sie, sie ist für zwei Wochen ausgezogen. Damals hat eine lange Reise angefangen. Wie gehe ich damit um, wenn ich ehrlich bin und wirklich sage, was ich möchte? Das hat Jahre gedauert, wir sind immer noch dran. Das Thema angstfreie Liebe ist der Kern. Ich habe ihr gesagt: Ich will dich schon ab und zu vögeln, aber das ist nicht alles, was ich mir unter einer erfüllten Sexualität vorstelle. Das hat eine schwierige Zeit ausgelöst.
F: Weil du gesagt hast, dass du mehr willst im Sex?
R: Ich habe gesagt, es sei mir langweilig. Das hat sie natürlich total getroffen. Dann kam sie auf die Frage, was sie eigentlich selbst möchte. Sie ist zu Workshops mit Maggie Tapert[91] gegangen und war danach nicht mehr wiederzuerkennen. Jetzt war ich gefordert. Vorher hatte ich das Gefühl, wenn ich ab und an zu einer Hure gehe, ist es gut mit der Sexualität. Aber Hilde ging das Thema richtig an, da dachte

ich: Scheiße, jetzt komme ich unter Zugzwang, ich muss etwas tun! Die erste Schicht war Ehrlichkeit, ich habe alles erzählt, Affären, Besuche bei Prostituierten, Fantasien ... nicht alles am ersten Abend, das ist gewachsen. Ich hatte mich auch damit beschäftigt, wie ich Frauen kennenlernen könnte, habe dann einen Striptease-Kurs gemacht, das war toll, aber ich habe gemerkt: Das ist alles nicht wahr, die wollen nicht wirklich Sex, die wollen Geld verdienen und haben auch eine unerfüllte Sehnsucht.

F: Wen meinst du mit „die"?

R: Die Leute in diesen Branchen, in den Stripteaseklubs, das ist ein Wirtschaftszweig. Ich habe immer nach Menschen gesucht, die sich wirklich gerne mit Sex beschäftigen. Dann ein Schlüsselerlebnis: Ich ging mit einem Freund in eine Sauna, da war eine Frau, genau mein Typ, blond, klein, große Brüste, hübsch, kurze Haare ... Ich kam mit ihr ins Gespräch, sie hat gesagt: Cool, komm, wir gehen nach Hause, vögeln. Ich habe gedacht: Cool! (reibt sich die Hände). Wir sind zu ihr, ins Bett, angefangen zu vögeln ... dann nach zwei Minuten, sie hat ein bisschen komisch gerochen, war fertig.

F: Was heißt „war fertig"?

R: Ich hatte keinen steifen Schwanz mehr. Dann hat sie gesagt: Wenn du nicht vögeln kannst, geh raus! Tür auf, und ich war weg. Ich dachte, irgendetwas stimmt da nicht, eine total tolle Frau, wie sie ausgesehen hat, genau wie ich sie mag, und dann geht es nicht. Ich musste richtig über die Bücher und habe mich mit der Frage konfrontiert: Was mache ich da eigentlich? Wo spielt sich meine Sexualität ab, im Kopf oder im Körper? Zu der Zeit war ich auch schon bei Maggie ...

F: Welche Erfahrungen hast du dort gemacht?

R: Total viele. Ich bin ja schon zwölf Jahre dabei. Am Anfang war es wie Nachhausekommen, wie ein junger Hund, das war einfach cool, vögeln, Frauen, Kontakt ... Ich war einer dieser Tempeldiener. Zuerst habe ich den Männerworkshop Priapus Rex[91] gemacht, dabei habe ich Maggie kennengelernt. Die hat gedacht: Was ist denn das für ein Typ, der geniert sich ja überhaupt nicht. Erst hat sie vor uns Männern masturbiert, dann sollten wir masturbieren. Ich habe das genossen.

Die andern Männer waren ein bisschen irritiert, aber ich dachte, ich mache es halt wie zu Hause. Das hat Maggie gesehen und fand das cool. Am Abend hat sie mich eingeladen, mit ihr nach oben zu kommen, ins Bett, und ich habe zugesagt, wenn das zum Kurs gehört, cool. Das war sexuell keine Riesensache, aber dass das möglich war, war einfach toll. Und dann hat sie gefragt: Hättest du Lust, zu mir ins Team zu kommen? Seitdem bin ich in ihrem Team. Hilde war auch dabei. Der erste sogenannte Tempel[91] war gemischt, es nahmen Männer und Frauen teil, mit männlichen und weiblichen Heiligen Huren. Hilde und ich waren Adam und Eva und konnten überall zu den Gästen hingehen. Das war toll. Man konnte einfach überall ein bisschen riechen und schmecken und berühren, das hat mir total Freude gemacht und so bin ich im Team geblieben. Später habe ich archetypische Rollen eingenommen, Krieger oder Narr habe ich auch mal gespielt. Am Anfang hat Maggie ziemlich genau gesagt, was wir tun sollen, mittlerweile sagt sie gar nichts mehr, ich kann einfach kommen und sie weiß genau, das ist okay, das wird gut.

F: In diesem Rahmen kamen Frauen mit ihren Wünschen zu dir?

R: Ja, ich habe ein Lager, die Frauen können zu mir kommen. Manchmal ist eine Frage vorgegeben, manchmal geht es darum, eine Fantasie zu verwirklichen, manchmal geht es um Begegnung, schauen, was passiert. Es wird nicht gesprochen, ich bin maskiert und es geht nicht um den persönlichen Kontakt. Es geht schon um Kontakt, aber nicht um die Person. Dann hatten wir eine gewisse Zeit zur Verfügung und Maggie oder ich sehen, wann es genug ist. Es geht darum, die eigenen Strukturen im Sex zu entdecken, wo es etwas zu tun gibt oder Stille angesagt ist, wo Sehnsüchte nicht gelebt werden, wo jemand wütend ist oder was auch immer.

F: Bist du in deiner Rolle einfach du selbst oder bist du Spiegel für die Frau? Steigst du in ihr Skript ein?

R: Ich kann das gar nicht so genau sagen. Ich bin schon ich selbst und ich bin auch ein totaler Spiegel. Soll ich eine von diesen Episoden erzählen?

F: Ja, gerne.

R: Da kommt eine Frau, setzt sich vor mich hin mit einer Haltung von: Jetzt zeig mal, was du kannst! Was sollte ich mit der machen? Da machst du alles falsch, wenn du etwas machst! Dann hatte ich die Idee: Spuck ihr ins Gesicht. Ich dachte, das kann ich doch nicht machen, aber es kam immer wieder die Stimme: Spucke ihr ins Gesicht! Okay, ich habe sie einfach angespuckt ...

Dann ist die richtig böse geworden, so richtig böse! Und ich habe sie provoziert: Komm, jetzt mach mal, ich bin ein Mann, aber ich stehe für alle Männer, gib alles! Dann entsteht da ein Kampf und gleichzeitig so viel Liebe, das ist unglaublich, wirklich! Sie hat gemerkt, das bin nicht ich, ich habe etwas in ihr getriggert. Das war fantastisch. Dann kam Liebe, und mit ihr die Erkenntnis: Es ist unglaublich, wie wütend die Frauen sind – nebenbei gesagt, nicht nur sie. Ich sehe es an allen Frauen, ganz tief unten gibt es eine enorme Wut gegenüber den Männern.

F: Hattet ihr dann mit all der Wut Sex?

R: Nein, das war nicht nötig. Es geht nicht immer um Sex. Eigentlich wird ganz selten wirklich gevögelt. Das hat es auch schon gegeben, aber mit ihr nicht. Ich bin bei ihr geblieben, habe sie nicht weggestoßen, ich habe sie sogar animiert, mich zu beißen oder einfach mal richtig wütend zu werden. Sie hat mich später kontaktiert und gebeten, ihr Coach zu werden. Das ist eine andere Geschichte, aber diese Direktheit hat sie einfach so berührt.

F: Wie ist das für dich, trotz aller Skrupel mit deiner Resonanz so rauszukommen?

R: Total befreiend. Ich komme in meine eigene Liebe, zu mir selbst. Wenn ich wirklich meine Wahrheit gebe, kommt etwas Pures, Wahres zurück, das ist einfach toll. Was in diesen Kursen auch immer wieder Thema ist: Wie kann ich die Frau etwas erleben lassen, damit ihr deutlich wird, dass sie nicht im Körper ist, sondern im Kopf. Eine andere Geschichte: 13 Frauen sind da, dann kommen wir zwei Männer rein, schwarz gekleidet, Stiefel, kahl geschoren, ein bisschen geschminkt, was alles große Projektionen einlädt. Ich habe ein Köfferchen, sie konnten nicht sehen, was drin ist. Ich habe eine Kugel herausgeholt und ließ die über das Parkett rollen, einfach nur das. Die Frau, zu der diese Kugel hinrollt, bekommt Angst: Sie kommt zu mir, jetzt bin ich dran. Dann nehme ich einfach eine andere Frau. Bei solchen Spielen merken wir: Wir sind total gefangen, können überhaupt nicht den Moment wahrnehmen.

Der ausgewählten Frau habe ich die Augen verbunden, habe mit ihr gespielt, und sie kam unglaublich in ihre Lust. Irgendwann habe ich so getan, als ob ich über sie hin wichse, ich hatte Joghurt mitgenommen und den habe ich so – Pfaff! – über sie gespritzt. Sie ist richtig erschrocken, dann hat sie realisiert: Ah, es ist Joghurt. Wir meinen zu wissen, was los ist, der Kopf erzählt seine Geschichten, aber dann stimmen die nicht, oje! Das habe ich oft gemacht und immer wieder den Punkt getroffen, wo die Frauen gerade standen, ich habe so einen Witz. Im Ernst: Geh mit mir ins Bett und ich sage dir, wer du bist. Ich kann gut spüren, wann die Frauen wirklich in ihrer Lust sind und wann sie nur so tun. In diesem total schönen Feld bei Maggie kann ich das sagen oder etwas damit machen. Manchen Frauen bin ich nach all den Jahren auch bekannt für eine Technik mit zwei Fingern, mit der kriege die Frauen dahin, dass sie ejakulieren. Das spricht sich rum, und dann denkt die eine oder andere: Das möchte ich auch mal erleben ...

F: Du stimulierst ihren G-Punkt?

R: Ja, und ganz viele Frauen machen zum ersten Mal diese Erfahrung. Inzwischen mache ich das eigentlich nicht mehr, weil ich merke, dass die Frauen zumachen, nicht auf. Aber trotzdem kommen die mit dem Wunsch. Aber der ist nur im Kopf, nach dem Motto: Meine Freundin hat das gehabt ... wenn ich das merke, gehe ich nicht mehr darauf ein.

F: Wenn sie einer Vorstellung von Lust hinterherjagt und nicht wirklich Lust empfindet?

R: Ja, genau, schön gesagt ...

F: Es klingt paradox, was du erzählst: Es braucht ja eine Öffnung, um eine so intensive Lust überhaupt zuzulassen. Was macht dann zu?

R: Der Körper, er krampft. Es ist eine Überstimulation. Ich stelle mir vor, es ist wie das Loslassen beim Pissen, viele Frauen trauen sich nicht, sich so zu öffnen, dass sie vielleicht pissen könnten. Durch die Überstimulation gibt es eine Öffnung, aber nachher muss sie sich wieder schützen. Das merke ich total deutlich.

F: Kennst du das auch von dir?

R: Total, natürlich! Das ist mein Thema. Ich bin der Lust hinterhergejagt, immer noch mehr und noch geiler, aber das hat mich nie erfüllt, es war nachher immer noch schlimmer, ich war schon unterwegs zum nächsten. Das hat mich traurig gemacht und schlussendlich habe ich gemerkt: Ich kann tausende Frauen haben, und keine ist gut genug, bei keiner habe ich das Gefühl, da bin ich jetzt angekommen. Ich wusste nicht warum. Stimulanz, Lust, noch mehr Party, mit 200 Leuten, ha!

Irgendwann habe ich gemerkt, das kann es nicht sein. Es bringt keine Erfüllung. Da ist diese tiefe Sehnsucht, im Herzen berührt zu werden und wirklichen Kontakt zu haben, mit einem Menschen, mit einer Frau. Ich sehe so viel Zeug, mein Gott, warum machen die Frauen das, warum machen die Männer das?

F: Was meinst du damit?

R: Gewalt oder Grobheit haben mich zeitweilig enorm angetörnt, dieses Dominanzspiel. Ich habe schon tolle Sachen erlebt, die mich auch in meinem Herzen berührt haben, aber irgendwie auch traurig gemacht. Weil wir uns anlügen. Der Mann denkt, das macht mich geil, das Gefühl und die Macht; und die Frau denkt: wenn ich das mache, werde ich geliebt. Das ist ziemlich traurig. Es gibt in mir eine Ambivalenz zwischen dem, was ich 40 Jahre gewohnt bin und was mir auch Lust bereitet und der Frage: Was mache ich da eigentlich? Ich habe eine tolle Partnerin, die diesen Weg immer noch mit mir geht, aber auch ihren eigenen. Es geht immer tiefer, in letzter Zeit komme ich an Punkte, da könnte ich den ganzen Tag weinen, ich bin immer nah am Wasser. Da gibt es Sachen, die sich langsam lösen, das ist nicht nur angenehm.

F: Wie hast du gemerkt, dass es für dich mehr um Kontakt geht und um das innere Loslassen?

R: Da gibt es noch ein Schlüsselerlebnis. Vor einem Jahr habe ich eine Frau kennengelernt, Karla, eine Ungarin, 29 Jahre alt. Ich habe immer geschaut, dass die Frauen hübsch sind, das ist für mich wichtig, und ich finde sie hübsch, total hübsch, aber sie ist kein Fotomodell. Ich fragte mich, was zieht mich bei ihr so an? Dann habe ich mich eingelassen mit ihr, und zwar auf eine Weise ... Vielleicht muss ich erst noch etwas anderes erzählen. Ich war in Tamera[92], in diesem Heilungsbiotop in Portugal, auch ein Schlüsselerlebnis. Da habe ich etwas von mir selbst gesehen, es ging nicht um Sex oder Pornografie, sondern einfach um die Kraft des Mannes, die emporkommt, wenn er einfach ein sexuelles Wesen sein darf, als sexuelles Wesen willkommen auf dieser Welt. Das hat mir unglaublich gut getan.

F: Woran hast du das gemerkt, als sexuelles Wesen willkommen zu sein?

R: Schwierig zu erklären, da muss man hingehen (lacht) ... Wenn eine Frau dich toll findet, kommt sie zu dir und sagt dir das, wenn sie mit dir ins Bett möchte, lädt sie dich dazu ein. All das Übliche – fünfmal Kino, dreimal essen gehen – fällt weg. Und wenn mir eine Frau gefällt, kann ich das einfach öffentlich sagen.

F: Es gibt dort eine besondere Atmosphäre, die das unterstützt?

R: Total, ja, weil du einfach mal fühlen kannst. Ich bin als Mann da und merke: Hey, die finde ich cool. Und dann besteht die Möglichkeit, feiner hinzufühlen: Was möchte ich? Kontakt haben oder freut es mich einfach, dass sie da ist? Ich muss nicht jede Möglichkeit nutzen, es gibt nicht so einen Stress. Einfach ist das nicht, ich kann auch einen Korb bekommen. Ich habe mich selber beobachten können: Ich bin dadurch total in meine Kraft gekommen, in das Gefühl: Ich bin okay, wenn ich mit dir Sex möchte, und ich bin auch okay, wenn ich keinen möchte. Das hatte ich vorher nie erlebt.

Und dann die konkrete Unterstützung: Man kann einen sogenannten Postillon schicken, wenn man sich nicht traut, selber zu jemandem hinzugehen. Es gibt dort Leute, die sind dafür ausgebildet. Die sprechen mit dir, wie und warum du was möchtest, alles ganz offen. Dann kriegst du Feedback, zum Beispiel: „Ich würde das mal wagen" oder „Das klingt authentisch, das fühlt sich gut an". Dann gehen sie zu der Frau, auf die du ein Auge geworfen hast, sprechen mit ihr und sagen: „Er würde dich gerne treffen". Und die Postillons merken aus Erfahrung: Stimmt das, was sie sagt, oder sagt sie etwas, weil sie unter Druck ist?

Ich fühlte mich total getragen, konnte ausprobieren, konnte einfach mal meine tiefsten innersten Gedanken in eine Runde werfen, wo 20 Leute zuhören, wo ich mich sonst schäme. Ich bin Metzger von Beruf, auch so ein Thema. Die sind alle Vegetarier, Veganer sogar, die essen überhaupt keine tierischen Produkte, und dann sage ich: Ich bin Metzger. Ich hatte Angst, jetzt kommt's. Sagt eine 25-jährige Frau: Hey, Metzger, da wird nicht schlecht drüber gesprochen, das sind Menschen, die lieben das Fleisch, die lieben auch das Frauenfleisch, das ist ein Geschenk für die Welt, Männer, die Frauenfleisch lieben. So hatte ich das noch nie gesehen ... da kommt von ganz tief innen Freude hoch.

F: Und dann kamst du mit dieser Erfahrung zurück ...

R: ... und es war alles wieder anders. Du bist in der großen weiten Welt, wo tausend weibliche Versprechen rumlaufen, und wenn du eine ansprichst, kannst du froh sein, wenn du keine geknallt kriegst. Dann kam dieses andere Schlüsselerlebnis: Ich mache Akrobatik, da sah ich ab und zu eine Frau und sagte ihr, einfach so aus Tamera zurückkommend: Schön, dass du da bist! Am Abend Tschüss gesagt und leicht ihren Arm berührt. Das traf mich wie ein Blitz, huch, was ist das? Ich habe nichts gemacht, sie ist 29, ich bin 50. Darf ich das überhaupt? Bis sie mich in Facebook als Freund einlud. Jetzt kenne ich sie ein Jahr. Ihre ganz natürliche Sexualität brachte mich weg von der vielen Bewegung im Sex, in den Kontakt. Es braucht wirklich nicht viel. Es ist traurig, ich habe es auch Hilde, meiner Frau, gesagt: Ich habe mich noch nie so erfüllt gefühlt wie nach dem Sex mit Karla. Beim ersten Mal waren wir noch zu schnell, aber wir haben es beide gemerkt. Da liegt Gold drin für mich.

F: In der Langsamkeit?

R: In der Langsamkeit und in der Präsenz. Ich habe mich zehn Jahre lang gesträubt zu Diana Richardson[62] zu gehen, Hilde hatte mich eingeladen, aber ich dachte immer, ich bin zufrieden mit meinem Sex, ich finde das cool, ich brauche nichts anderes. Jetzt sind wir hin und das hat wieder viele Prozesse ausgelöst. Ich sehe einen Weg. Eigentlich geht es darum, mich selbst wahrzunehmen und ehrlich zu sagen, was in mir geschieht. Wir haben letzthin abgemacht, ins Bett zu gehen und Liebe zu machen, und ich habe gesagt: Ich finde es unangenehm, aber ich werde wütend. Dann sind wir wieder auseinandergegangen, nicht im Bösen, sondern ich habe gemerkt, wie etwas verschwindet, wenn nicht der andere schuld ist. Ich schaue nicht so sehr auf den anderen, sondern mehr auf mich, und so entsteht Kontakt.

F: Und du teilst mit, was bei dir los ist?

R: Genau. Ich bleibe im Kontakt, zum Beispiel mit den Augen. Wir haben uns beim Sex nie in die Augen geguckt, höchstens in einer Situation von Dominanz. Es wird viel ruhiger. Manchmal bin ich mit Karla zusammen und überhaupt nicht geil. Wir liegen im Bett, und es ist wie eine Glut, die ist einfach da, es braucht keine Strapse und kein Leder und keinen Firlefanz und Tierlatein, sondern einfach so zu zweit liegen, spüren, ich könnte heulen, es ist so schön. Es kommt aus dem Nichts, es ist nicht geplant, es ist keine Fantasie wie: Die will ich heute Abend in den Arsch ficken. Solche Sachen habe ich mir früher vorgestellt und ich dachte, das sei geiler Sex. Jetzt ist es wie ein Fluss, der geht zwar nirgendwohin, aber er berührt mich im Herzen, ich kann nachher nach Hause gehen und denken: Wow, so schön. Früher habe ich mich nie für eine Frau geöffnet. Sich richtig zu öffnen, alles zuzulassen, Freude, Wut, Angst, das macht Angst. Liebe, die letzte, die größte Bastion, macht einfach Angst.

F: Angst wovor?

R: Angst vor dieser unglaublichen Fülle, keine Kontrolle mehr über die Gefühle zu haben. Die vibrierende Energie nimmt mir fast den Atem, manchmal tut dieses Öffnen richtig weh im Herzen. In Tamera bin einmal nachts zu einem Steinkreis gegangen und habe gesagt:

Also, ihr Götter, sagt mir mal, was ich tun soll! Auf einmal habe ich mich in einer Kommandozentrale gesehen, überall Lichter, Knöpfe, alles muss beobachtet werden, und wenn jemand kommt, wird er gescannt: Ist er stark? Ist er schlau? All diese Verteidigungsstrategien und Mechanismen, die unbewusst ablaufen. Ich bin immer Gewehr bei Fuß. Ich war in eine Frau verliebt, und dazu kam mir das Bild: Die kommt einfach rein. Ich beschütze eine leuchtende Kugel, da darf niemand einfach so hin! Aber diese Frau macht die Tür auf, geht einfach rein, begibt sich geradewegs zu dieser Kugel und sagt: Hey, wow, schön, Mann, toll! Und ich denke: Oh Shit, ja, äh, du kannst hier nicht einfach so hereinkommen ...

F: Aber sie kam rein. Was hast du gemacht?

R: Für einen Moment konnte ich alle Knöpfe abstellen, in der Verliebtheit ist alles weg, alles ist gut und das Herz ist offen. Langsam, aber sicher geht innerlich hier mal etwas an und da geht ein Licht an, und dann ist das ganze System wieder hochgefahren. So funktioniert das in mir drin. Ich muss bewusst und aktiv die Kontrolllampen ausmachen, Leute hereinlassen, die Tür öffnen, und sagen: Okay, es ist verletzlich da hinten, aber es ist für alle da. Manchmal sehe ich dann von einem Menschen, was wir Seele nennen könnten oder Wesen oder ich weiß ja auch nicht. Im anderen sehen wir unser Egogebäude und wir brauchen Probleme, um uns selbst zu sehen. In Karla habe ich einfach dieses wunderbare Wesen gesehen. Nicht was sie tut oder was sie alles nicht richtig macht. Wir verstehen uns auf der menschlichen Ebene. Auf der Weltebene haben wir aber eigentlich wenig Gemeinsamkeiten. Sie findet total andere Dinge hübsch ... Aber ich bin total dankbar, dass ich das erleben darf.

F: Wie geht das, wenn du dich auf verschiedene Frauen wirklich einlässt?

R: Das ist total spannend. Sich einlassen heißt ja nicht, dass es immer offen ist. Ich merke, dass ich wieder zumache, wenn ich nach Hause komme. Hilde und ich sprechen darüber, wir haben 30 Jahre Geschichte, wir haben einander viele Verletzungen zugefügt. Wir sind nicht ganz davon weg, den anderen verantwortlich zu machen, obwohl wir wissen, dass dem nicht so ist. Hilde kommt manchmal an ihre Grenze, obwohl sie nicht will, dass ich etwas anderes tue. Mit Karla war ich vor drei Wochen zusammen, wir waren miteinander im Bett und ich sah, ich bin nicht ihr Mann. Ich bin über 50, sie ist 29, sie will Kinder, sie will eine Familie. Da muss noch ein Mann kommen, mindestens. Das hat mich total traurig gemacht, weil ich mich bei ihr traue, mich zu öffnen. Ich kam total in eine Krise, habe mich gefragt: Glaube ich überhaupt noch an die Liebe?

F: Du öffnest dich so tief, und dann passt es von den Umständen her nicht.

R: Genau. Und mit meiner eigenen Frau, die total offen wäre, kann ich das nicht. Vielleicht kann sie offener sein, weil ich es nicht bin, das ist auch ein Spiel. Es ist nicht so einfach, Wahrheit zu leben. Jetzt verabreden wir uns zum Liebemachen. Das hält uns im Kontakt. Wir probieren aus, wir gehen nur in Kontakt, wenn wir das abmachen. Ich umarme dich nur, wenn ich Lust habe, und nicht, weil es Morgen ist. Du kommst nach unten und ich gebe dir einen Kuss: Das machen wir nicht mehr.

F: Wenn ihr euch zum Sex verabredet, zieht ihr das dann durch, auch wenn die Stimmung nicht danach ist?

R: Ja, weil wir wissen, dass das oft besser ist, um wieder zueinander zu kommen. Aber es ist ein Suchen.

F: Du hast Erfahrung mit zwei Polen innerhalb der Tantraszene, Maggie Tapert und Diana Richardson. Die eine steht für den Mut, auch ausgefallene erotische Fantasien zu leben, die andere plädiert für meditativen Slow Sex. In welchem Verhältnis stehen diese beiden Pole für dich?

R: Es ist nicht nur das eine oder das andere, es ist ein Miteinander, ein Fühlen und Merken, was uns gut tut, auch nach dem Sex. Fühle ich mich wohl danach? Fühle ich mich erfüllt? Gestern Abend kam Hilde von einem Astrologen, der hatte ihr etwas von Lilith[93] erzählt. Ich fragte sie: Bedeutet das, du willst Sex? Und sie: Ja, und wie! Dann haben wir einfach gevögelt, halt so, wie wir gerne mal auch vögeln, eher dynamisch, nicht dieses sanfte und weiche, aber trotzdem mit

Bewusstheit. Das hat richtig Spaß gemacht. Für mich gibt es nicht nur das eine oder das andere. Was ich immer noch spannend finde, sind die Pole von Kopf und Körper, der Kopf möchte das Eine, und der Körper sagt Bauchweh oder schlapper Schwanz. Ohne den Kopf geht es aber auch nicht, der muss auch irgendwie Freude haben. Zum Thema Fantasien: Wenn ich nicht erfüllt bin, bekomme ich mehr Fantasien. Und gleichzeitig ist es so: Wenn sie da sind, kann man sie auch mitteilen, das wäre ja sonst doof … Ehrlichkeit schafft Vertrauen, und daraus kann Liebe entstehen.

F: Wie gehst du inzwischen damit um, wenn der Schwanz schlappmacht? Du hast vorhin so ein drastisches Beispiel erzählt.

R: Ja, mit dieser blonden Frau, wo ich rausflog. Es wurde eine Zeit lang noch schlimmer, weil mein Kopf dachte: Du wolltest doch, du solltest doch … In Maggies Kursen war es dann ganz schlimm, ich dachte, da muss ich doch einen hoch kriegen. Mechanische Stimulation hatte immer gewirkt, aber irgendwann war das richtig tot, das hat mir Angst gemacht. Ich habe mich total über meinen Schwanz identifiziert: Wenn der Schwanz tot ist, bin ich tot. Keine Frau liebt dich noch, du hast keinen Sex mehr, was willst du dann noch? Ein paarmal habe ich es mit Viagra® probiert, aber dann habe ich gemerkt: He, was machst du da? Dann kannst du dir auch einen Dildo umschnallen …

Dann bin ich den Weg von der peinlichen Sorte gegangen, also kein Viagra®, fertig, nichts. Das Verrückte war, bei Hilde, meiner Frau, hatte ich nie ein Problem. Nur bei anderen Frauen. Da kam die Angst, jetzt muss ich nur noch mit der einen. Gedankengebäude sind zusammengekracht. Aber ich bin trotzdem den Weg der Wahrheit weiter gegangen. Dann hat mir Tamera extrem geholfen: Ich bin okay, auch wenn ich keinen steifen Schwanz habe, das kommt schon wieder, wenn sich die richtige magnetische Kraft entwickelt.

F: Manche Männer erleben eine Durststrecke, wenn das Alte nicht mehr funktioniert, aber sich das Neue noch nicht bewährt, und wollen am liebsten wieder zurück …

R: Man kann nicht zurück. Ich habe gemerkt, dass es mich nicht mehr geil macht, wenn zwanzig Menschen am Vögeln sind, das ist nicht mehr mein Ding. Wenn man diesen Weg geht, fangen die Frauen an, einen zu lieben. Ich habe mehrere Frauen, die ich immer wieder treffe, sexuell. Eine Zeit lang ging es einfach nicht. Die haben mir extrem geholfen, die meisten kannte ich schon Jahre. Ich habe gesagt: Du, ich bin gerade impotent, ich habe ein Problem damit, es geht mir nicht gut. Aber die waren so cool! Es hat mich total erstaunt, wie die darauf reagiert haben.

F: Sie haben dich nicht herausgeworfen?

R: Nein, nie wieder. Aber das war wichtig, um aufzuwachen. Impotenz ist eine Chance für jeden Mann. Wir müssten das alle wissen, das wäre toll. Jeder hat bestimmt irgendwann mal ein Problem damit. Es braucht Menschen, die das an den Mann bringen.

F: Was ist deine wesentliche Botschaft an die Männer?

R: Das ist richtig schwierig, weil sie – wie ich auch – viel Widerstand haben. Du musst bereit sein, Widerstand als ein Zeichen zu nehmen: Da gibt es etwas, was ich untersuchen könnte. Nimm es als ein Geschenk. Widerstand ist ein Aufwecker, den habe ich immer, da muss ich nicht lange warten. Wenn ich an der Kasse stehe und einige stehen vor mir, dann bin ich schon im Widerstand, aber dann: Aha! Ich merke es. Und sonst würde ich den Männern raten, sich mal zu fragen: Was möchte ich wirklich? Und dann zu sprechen, auch wenn der Mund nicht mehr will.

F: Wie wichtig ist dir der Austausch mit anderen Männern?

R: Ich habe ein paar Männer, mit denen ich sprechen kann. Die waren wichtig, aber für mich waren Frauen wichtiger. Ich habe einiges erlebt, ich könnte eigentlich den Männern etwas geben, aber ich glaube, das müssen die Frauen tun. Frauen müssen sich solidarisieren, wirklich solidarisieren, auch wenn es um die Liebe geht. Solidarität unter Frauen geht oft nur soweit, bis die Freundin mit dem eigenen Mann schläft, dann ist Solidarität weg. Männer, das klingt vielleicht etwas blöd, aber die müssten eigentlich den Frauen dienen. Die müssen sich nicht organisieren, das können die gut. Obwohl es schon toll ist, wenn Räume entstehen für Wahrheit zwischen Männern. In Tamera hatte ich drei Versuche mit Männergruppen, es war nicht möglich.

F: Es war nicht möglich?

R: Wir waren keine richtige Gruppe, sondern Individualisten. Wenn ein Thema angeschaut werden soll, haben Männer hundert Türen, um wegzugehen, das ist total schwierig. Du hast vielleicht andere Erfahrungen.

F: Ja, ich habe andere Erfahrungen. Auf meinem Weg waren Männergruppen ganz entscheidend.

R: So geht jeder seinen Weg. Ich finde es schön, dass ich das alles erzählen durfte und habe das Gefühl, ich kann etwas beitragen.

F: Ja, ich bin dir sehr dankbar. Wir haben uns nie vorher gesehen, ich weiß sehr zu schätzen, dass du dich so anvertraut hast. Mich hat immer wieder deine Begeisterung und Bewegtheit berührt und wie sehr du in all dem lebst, wovon du sprichst.

R: Schön. Cool.

Gedankensplitter: Entdecken, was uns wirklich erfüllt

Könnten wir es Gewalt nennen, was einem kleinen Jungen angetan wird, der voller unschuldiger Neugier am eigenen Körper die Freuden der Sexualität entdeckt und dann in eine Kultur hineinwächst, die ihn lehrt, sich anzupassen, zu lügen und seine tiefe Sehnsucht zu verdrängen? Viel Mut gehört dazu, sich davon später nicht unterkriegen zu lassen und sich mit seinen eigenen Wunden zu konfrontieren. Das Terrain für diesen Prozess ist naturgemäß nicht nur der Kontakt zu uns selbst, sondern vor allem das Gebiet naher Beziehungen. Dort betreten wir allerdings sehr schnell Minenfelder.

Eines dieser Minenfelder, das vielen Männern vertraut sein dürfte, ist das Trilemma zwischen Treue, Freiheit und Wahrheit. Die Frau verlangt Wahrheit, will erfahren, wenn er fremdgeht, droht aber zugleich an, in diesem Fall die Beziehung zu beenden. Ist es verwunderlich, dass sich unter diesen Voraussetzungen nicht jeder für die Wahrheit entscheidet? Paradoxerweise ist das gefühlte Risiko der Wahrheit für denjenigen am größten, dem am meisten an seiner Partnerin liegt.

Wenn wir die Werte Freiheit, Wahrheit und Treue nicht gegeneinander ausspielen, sondern alle drei gleichermaßen ehren, bringt dies unser Leben und unsere Beziehungen heftig in Bewegung, fordert uns selbst und unsere Liebsten tief heraus. Nicht jeder wird sich für diesen Weg entscheiden, denn auch Sicherheit und Geborgenheit sind Bedürfnisse, die beachtet werden wollen. Aber wenn wir uns trauen, können wir im wahrsten Sinne etwas erleben ... und uns selbst dabei immer tiefer auf die Spur kommen. Wir können entdecken, was uns wirklich erfüllt. Die Suche nach immer intensiverem Sex mag geil sein und sie lässt uns in lohnende Abenteuer stürzen, aber sie ist womöglich nicht das Ende vom Lied. Neben den erotischen melden sich die Grundbedürfnisse nach Liebe und vertrauensvoller Bindung. Wie bringen wir alles unter einen Hut?

In einem weiteren Dreieck aus Liebe, Eros und dem individuellen Maß an Bindung bzw. Freiheit wurzelt die Dynamik unseres Liebeslebens. Wenn wir in uns hinein lauschen, verlangt jeder Pol zu bestimmten Zeiten besondere Aufmerksamkeit. Mal tendieren wir mehr zur Liebe, mal mehr zum Sex, mal mehr in Richtung Bindung. Wenn wir ein erfüllendes Liebesleben führen wollen, dann verleugnen wir die Unterschiedlichkeit dieser drei Seiten besser nicht, wir verweilen auch besser nicht nur in der Mitte des Dreiecks, um nur ja nirgendwo anzuecken. Es ist die Dynamik zwischen den drei Seiten, die uns lebendig werden lässt. Vielleicht führt uns die Dynamik irgendwann zu so etwas wie Achtsamkeit oder innerer Stille, in einen Ruhepol inmitten des wilden Geschehens. Dies ist dann aber nicht das Gleiche, wie wenn wir uns von Anfang an vor der Brisanz der Widersprüche in Sicherheit bringen.

Auch wenn wir schon früh im Leben verletzt und in unserer sexuellen Unschuld beschämt worden sind, so liegt es dennoch in unserer eigenen Verantwortung, uns auf einen Weg der Selbsterforschung und der Heilung zu begeben – oder auch nicht. Wir können dafür ein Umfeld aufsuchen, in dem wir als Mann und als sexuelles Wesen willkommen sind, sei dies nun in einer Partnerschaft, in einer Gemeinschaft, in einem „Tempel", in einer Therapie, in einer Männergruppe, in Tantraworkshops oder wo auch immer.

Jens ging ganz andere Wege. Er fand einiges Erhellende über sich als Mann und seine Sexualität heraus, als er unter Einfluss von bewusstseinsverändernden Substanzen Sex hatte.

14. Gespräch mit Jens

Psychedelika können eine Leuchtturmfunktion haben.

Frage: Jens, bist du ein ganz normaler Mann?

Jens: Ohne meine speziellen Experimente hätte ich wahrscheinlich gedacht: Das ist ja alles ganz nett, aber man geht jetzt auf die 40 zu, mehr kommt nicht mehr. Aber dann ganz andere Erfahrungsräume oder Bewusstseinsdimensionen zu erleben, war schon sehr belebend und motivierend. Das erlebt wohl nicht jeder.

Ich bin relativ spät sexuell aktiv geworden, meinte aber immer, ich müsse das Gegenteil behaupten, sonst sei es peinlich. Ich tat also so, als sei ich entspannt, locker und unheimlich erfahren, war ich aber überhaupt nicht. Ich wusste nicht, wie das alles funktioniert. In dieser völlig verkrampften Haltung hat mir Kiffen unglaublich geholfen. Ich konnte nicht tanzen und nicht vögeln, aber mit Gras ging es plötzlich. Irgendwann habe ich das Gras weggelassen, und es gab keinen Unter-

schied mehr. Durch das Hilfsmittel habe ich erkannt: Ich kann das.
F: Später hast du dann andere Substanzen zu dir genommen. Welche Erfahrungen hast du damit gemacht?

J: Dazu muss ich etwas ausholen. Psychedelika[94], also im Wesentlichen LSD, Pilze, Meskalin und Ayahuasca, sind keine Verstärker von Lust und Erotik an sich. Sie können einem aber alle in diesem Universum möglichen Gefühle und Erfahrungen aufzeigen. Diese Erfahrungsdimension sind für den normalen Verstand absolut nicht vorstellbar.

Begonnen hat das mit therapeutisch geleiteten Gruppensitzungen, später ging es auch ins Private. Da haben meine Freundin und ich vorher abgesprochen, ob so eine „Reise" etwas Sexuelles haben darf. Wenn man unter Psychedelika jeden Bezug zu Konventionen des „normalen" Verhaltens verliert, kann die Erinnerung an dieses Okay sehr nützlich sein.

F: Wie hast du das konkret erlebt?

J: Unter Einfluss von Substanzen visualisiert man eigene Gefühle und Gedanken. Man fängt an, die Wirklichkeit kreativ halluzinativ zu überlagern. Ich sah an meiner Partnerin überraschend viele Facetten von Schönheit und sexueller Attraktivität. Erst die ganz junge Frau, dann eine reife, dann wurde sie plötzlich üppig, und auch dieses Üppige hatte etwas unglaublich Anziehendes, eine gewisse Massigkeit, eine gewisse Kraft, Wärme und Weichheit. All das fand ich auch für meinen Alltag bereichernd. Das Schönheitsideal der Medien hat dagegen etwas Armes.

F: Du sahst all diese Facetten in deiner Partnerin?

J: Ja. Sie hat sich dramatisch verändert. Erst war sie vielleicht 18, dann 35 und dreimal so massiv. Es war eine recht hohe Dosis, die Wirklichkeitsüberlagerung war sehr stark. Da war jemand, aber wie der aussieht, das habe ich komplett selbst „gemacht". Das war beeindruckend und ich habe einiges über mich gelernt. Hättest du mich von zehn Jahren gefragt: „Was findest du schön und anziehend?", so hätte ich ein konkretes Idealbild beschreiben können. Jetzt sehe ich, dass Schönheit in allem ist. Einige Menschen lassen diese Schönheit ungehindert nach außen strahlen, andere zeigen nicht, wer sie wirklich sind. Diese Reise hatte auch eine Wucht, Konditionierungen, moralische Bedenken oder Vorlieben hinwegzuspülen. Es war keine Fantasie, kein Erleben mit geschlossenen Augen, sondern sehr körperlich und real. Ich habe mich überraschend neu erlebt, das war enorm attraktiv.

F: Hast du auch deinen Körper neu erlebt?

J: Ja, meine körperlichen Empfindungen waren dramatisch verändert. Ich würde nicht einmal mehr von mir sprechen. Ich würde sagen, Jens dachte später darüber nach, was das alles zu bedeuten hatte, zum Beispiel wie intensiv und präzise unterschiedliche Berührungen wahrgenommen wurden. Im Alltag habe ich ein eher vages Gefühl von meinem Körper. So richtig intensiv tauchen nur Schmerzen und besondere Gefühle auf. In diesem Zustand aber konnte ich die Muskeln meiner rechten Hand komplett und einzeln fühlen. Der Körper ist willentlich und sehr detailliert von innen erfahrbar, man hat das Gefühl, komplett drinnen zu sein. Dazu kommt das Erleben von Energie, die ich im Alltagsbewusstsein noch kaum erfasse.

F: Wie nimmst du diese Energie wahr?

J: Ich konnte in meiner Wirbelsäule einen Energiekanal wahrnehmen und dass diese Energie etwas mit sexueller Energie zu tun hat. Sie oszilliert von der Schädelplatte bis zum tiefsten Punkt des Beckens. In Ruhe ist sie erst mal auf der Rückseite des Körpers spürbar, aber sie kann nach vorne umschlagen und aufsteigen, im Solarplexus und im Herzchakra[65] ist dann eine Menge los. Neben dem körperlichen und sexuellen Kontakt – der ein Tanz, ein Spiel und letztlich Kommunikation ist – gibt es einen parallelen Tanz auf der energetischen Ebene. Es gibt eine Wechselwirkung, wenn zum Beispiel mein Solarplexus voll und heiß ist, ihrer aber kalt und leer. Ich muss an der Stelle mal sagen, dass ich ein skeptischer und intellektueller Typ bin. Esoterik erntet von mir gern Spott und selbst so etwas wie das Chakra-System[65] könnte ein spirituelles Märchen sein. Ich glaube also nicht, dass ich das alles in die Erfahrung hineinprojiziert habe. Im Alltag habe ich allerdings Mühe, überhaupt noch Fetzen davon zu finden.

F: Was war so anziehend an dieser neuen Erfahrung?

J: Lust ist wahrscheinlich eines der schönsten Gefühle. In diesem Zustand ist Lust viel präsenter, es bezieht sich deutlich auf den ganzen Körper und ist nicht so sehr von Handlungen abhängig. Wenn ich sonst Lust genital empfinde, dehnt sie sich während des Sexes im Körper aus, wenn es gut läuft. Wenn ich verspannt bin und im Kopf, bleibt es genital. Mit der Unterstützung durch Substanzen war die Erfahrung ganzkörperlich, es war kaum zu unterscheiden, ob man mir zum Beispiel den Hals küsst oder ob da genitaler Kontakt ist. Der ganze Körper schwingt und ist erreichbar.

F: Das klingt spannend.

J: Ich habe es sehr genossen. In meiner gelernten oder alten Sexualität spüre ich oft eine Eigendynamik, die mir nicht so richtig Zeit lässt. An dem Klischee ist schon etwas dran, dass Männer zu schnell sind, und Frauen erst warm werden, wenn der Mann schon müde ist. In dem erweiterten Zustand fühle ich mich aber von solchen scheinbar biologischen Automatismen befreit: Erregung, gesteigerte Erregung, Erektion und das Zusammenbrechen des ganzen Gefühlskomplexes mit der Ejakulation. Da legt sich ein Schalter um und ich bin nicht mehr lustvoll erreichbar. Das finde ich sehr schade. Die Partnerin wäre noch zu ein paar Runden aufgelegt. Das war in dem Zustand anders. Der biologische Mechanismus war noch da, aber ich konnte bestimmen, wann ich ejakuliere, ohne Anstrengung oder ein Gefühl von Kontrolle, so selbstverständlich, wie wenn ich den kleinen Finger bewege. Noch dazu konnte ich einen vollen heftigen Orgasmus haben, ohne zu ejakulieren. Das mag für entwickelte Männer in dem Bereich normal sein, für mich war es ... Wow, krass ...

Meiner Erfahrung nach machen Substanzen nichts, was nicht auch ohne sie möglich wäre. Wie bei einem Fahrrad mit Stützrädern, irgendwann braucht man sie nicht mehr und man kann sie abschrauben. Es müsste also möglich sein, von diesen Automatismen frei zu sein.

F: Wie hat sich durch diese Erfahrung dein Lustempfinden verändert?

J: Durch die Substanzen habe ich eine feinere Deklination von Lust erlebt und Unterschiede, die auch mit der jeweiligen Substanz zu tun haben. Bei THC[94] zum Beispiel komme ich stark in zielorientiertes Lustempfinden hinein. Ich weiß genau, ich will das, ich kriege das, nichts hält mich davon ab, etwas sehr Männliches, Derbes. Da knallt der Orgasmus, salopp gesagt. Bei Amphetaminen[94], bei MDMA zum Beispiel, ist es ganz anders. Man ist so glücklich und zufrieden, dass man gar keinen Sex will. Wenn doch, ist es meistens Kuschelsex, wo ein Orgasmus es nicht besser oder schlechter macht. Das sind zwei Extreme, wie sich Lust anfühlen kann.

F: Hattest du im ersteren, zielgerichteten Modus noch eine Wahl, wie lange du den Höhepunkt hinausziehst?

J: Tatsächlich kaum, aber ich sage ganz Ja zu diesem Prozess. Es kam allerdings vor, dass ich keine drei Minuten danach wieder eine Erektion bekam. Ich dachte: Oh, krass, das geht also auch! Ansonsten ist es wie ein Strudel, der kriegt so eine Wucht, dass ich ihn nicht aufhalten könnte. In dem Moment sehe ich aber auch gar keinen Sinn darin, ich begebe mich komplett in diese Dynamik hinein. Aber auch wenn es kurz ist, die Energie bricht nicht zusammen, sondern poppt sofort wieder auf.

F: Woran liegt es, dass die Energie trotz Ejakulation nicht kollabiert? Weil du dich nirgendwohin presst, sondern dich dem inneren Drängen hingibst?

J: Ja. Es klingt banal, aber die Hingabe an den Prozess ist alles. In der anderen, zeitlosen Erfahrung unter MDMA[94] gibt es fast keine Grenzen. Kraft, Kondition oder die Haut an bestimmten Stellen sagen: Jetzt reicht es. Vielleicht machen wir mal eine Pause, holen einen Obstteller, und dann geht es weiter, bis zu drei Stunden. Ich genieße die Nähe, die dabei entsteht.

F: Es nimmt immer nur einer die Substanz oder nehmt ihr die gemeinsam?

J: Beide Varianten sind möglich. Allerdings ist die Kombination von Sex und hochdosierten Psychedelika eine Erfahrung für fortgeschrittene Psychonauten. Anfangs ist die Erfahrung so überwältigend, dass es nicht zum Sex kommt. Auch können eigene Verletzungen plötzlich intensiv auftauchen. Vertrautheit und Sicherheit sollten also unbedingt da sein.

F: Angenommen, nur du nimmst etwas. Wie ist dann der Kontakt zwischen euch?

J: Es braucht Erfahrung in diesen Zuständen und Zeugenbewusstsein, völlig anstrengungsloses präsentes Wahrnehmen von dem, was gerade ist. Das haben wir lernen müssen. Viele lernen das durch meditative Praxis, bei mir kam es mehr wie ein Shift, ein Mini-Aufwachen. Ich habe mich aus dieser Zeugenperspektive im Blick. Wie geht es mir gerade, bin ich im Kontakt? Erlebe ich sie so, wie sie wirklich ist? Wenn sie nur noch Projektionsfläche wäre, würde sich das für sie unangenehm anfühlen.

F: Erlebst du dabei auch andere Dimensionen von Verbundenheit, die sonst nicht auftauchen?

J: Oh ja .... es kann extrem ehrlich und nah werden. Manchmal ist der ganze persönliche Kram so klar und transparent und unsere Macken und Verwicklungen offensichtlich, auch ihre Geschichte, von der Kindheit angefangen und manchmal noch über diese Inkarnation hinaus. Das schafft Hingabe, Verzeihen, Annahme.

Es kann auch überpersönlich werden. So wurde sie einmal plötzlich älter, rasend schnell, innerhalb von einer Minute war sie 90, ist dann in meinen Händen verfault und die Maden sind ihr durch die Augäpfel gekrabbelt. Da gab es einen echt unappetitlichen Moment, aber schon 30 Sekunden später war sie ein Skelett und Humus. Dann kam eine Schleife von Geburt, Tod und Sexualität als Zeugung. Also Keim, Knospe, Aufblühen, Lebensmitte, Vergehen, Verfaulen – als Kreislauf. Es hat etwas Kosmisches. Das Männliche berührt das Weibliche.

F: Wie wirken sich die Erfahrungen unter Einfluss von Substanzen aus, wenn du heute normalen Sex hast, also ohne „Hilfsmittel"?

J: Psychedelika können eine Leuchtturmfunktion haben. Sie zeigen, wo es hingehen kann – sehr nützlich, wenn man im Dunklen tappt. Von meinen ersten Erfahrungen beim Kiffen habe ich ja schon erzählt. Auf ähnliche Weise habe ich gelernt, komplett im Körper zu sein. Das zwanghafte Denken hat sich ausgeschlichen und meine Sexualität war höchstens noch normal neurotisch. Auf dem nächsten Level geht es um Energie und Bewusstheit. Ich kann manchmal beim Sex entspannt wahrnehmen, warum es gerade nicht gut ist, und damit in Frieden sein. Immerhin, denke ich dann, nehme ich das alles wahr, während wir miteinander schlafen, meinen Körper, meinen Verstand, welche Gedanken zirkulieren und wie die Energie dadurch eng wird. Das finde ich schon eine neue Qualität. Ich muss aber zugeben, dass es noch immer eine starke Kluft gibt.

F: Wo war die Kluft für dich am größten?

J: Ohne Substanzen hatte ich noch nie einen Orgasmus ohne Ejakulation erlebt. Das zu erleben war für mich insofern sensationell, als ich in der Erfahrung selbst noch dachte: Davon habe ich doch schon gehört! Ich hatte es nicht geglaubt. Eine Frau erzählte von ihrem tollen Freund, was der alles kann und trallala, das kam mir suspekt vor, wie ein komischer Sport mit dem Schließmuskel. Ich fand das albern. Tatsächlich ist es meiner Meinung nach ein verbreitetes Missverständnis in der Tantraszene, dass es Techniken zu lernen gäbe, die einen zum Tantrameister machen. Es geht aber um Bewusstheit, sonst nichts. Das ist zumindest die Essenz meiner Erfahrung. Wenn die Vorstellungen, etwas erreichen zu wollen, gegangen sind oder wie im Falle von LSD zerschmettert werden, erfährst du dich als reines Bewusstsein nahezu unbegrenzt in deinen Möglichkeiten. Die Energie steigert sich immer mehr und lässt im Orgasmus komplett los, zischt durch den ganzen Körper, die Zellen tanzen in einem prickelnden, fröhlichen Gefühl, ohne dass eine Ejakulation stattfindet.

F: Wie unterscheidet sich ein Orgasmus ohne Ejakulation von einem mit?

J: Der Unterschied liegt im Gefühl danach. Mit der Ejakulation werden irgendwelche biochemischen Hebel im Hirn umgelegt, das können aber andere Leute bestimmt besser erklären ... Ich erlebe eine Änderung meiner inneren Gestimmtheit, die nach der Ejakulation eintritt. Entspannung, Ruhe, Ausatmen, vielleicht noch sanftes Streicheln. Es fehlt nur dieser kurze Moment, wenn in der Harnröhre etwas herausschießt. Das ist zwar auch schön, klar, wie das i-Tüpfelchen, aber in diesem Moment kein Nachteil. Fast noch verblüffender war, dass ich danach keinen Schmerz gespürt habe. Ich weiß nicht, ob andere

Männer das kennen, aber wenn ich längere Zeit stark sexuell stimuliert bin, ohne Sex zu haben, dann meist zum Preis eines Schmerzes, der sich über Stunden oder manchmal bis in den nächsten Tag hineinzieht.
F: Dann tun die Hoden weh?

J: Ja, ein diffuser, richtig unangenehmer Schmerz. Dazu hatte ich mir eine biologistische Erklärung zurecht gelegt: Die Flüssigkeit, die nicht abfließt, bereitet Schmerzen. Nach der neuen Erfahrung würde ich sagen, das war viel zu biologistisch gedacht. Das ist wahrscheinlich Energie, die sich nicht lösen durfte, das hat nichts mit dem Ejakulat zu tun. Das war ein Aha-Erlebnis für mich.

F: Inwieweit haben all diese Erfahrungen dein Selbstverständnis als Mann beeinflusst?

J: Viele Themen sind besser integriert, nicht mehr tabu. Ich habe auch mehr weibliche Energie in mir gefunden. Das macht mich weniger süchtig nach Frauen. Im Kontakt mit Frauen eher männlicher Ausstrahlung war ich überrascht, dass ich mich plötzlich eher weiblich erlebte. Der vielleicht wichtigste Impuls war die Erkenntnis, dass es im Bereich Energie so viel zu entdecken gibt wie in den letzten 20 Jahren auf der körperlichen Ebene. Viele Männer in meinem Alter denken wahrscheinlich, dass es nichts mehr zu entdecken gibt. Das macht müde, alt und hässlich.

F: Wie hat sich dein Kontakt mit Männern verändert?

J: Eine Zeit lang habe ich so viele schwule Männer kennengelernt, dass ich anfing, mir Gedanken über mich zu machen. Ich war mir eigentlich sicher, dass ich auf Frauen stehe. Trotzdem ist es komisch, wenn du zum dritten Mal jemanden auf einer Kumpelebene kennenlernst, du sitzt in der Kneipe zusammen und unterhältst dich total schön über linke Gesellschaftstheorie, und dann fasst er dich auf den Oberschenkel und will, dass du mitkommst. Ich dachte: Krass, wieso habe ich das die ganze Zeit übersehen? Und jetzt muss ich dem einen Korb geben! Ich fand es befreiend, das mal zu untersuchen, bis zum Knutschen zu gehen und zu merken: Es ist nicht wirklich das, worauf ich gepolt bin. Es hatte schon was, weil man fester zufassen kann, und weil man im Prinzip weiß, wie der andere tickt.

Ich würde mich jetzt als frei von moralischen Zwängen bezeichnen und dennoch als erstaunlich normal. Es gibt allerdings schon noch ein paar Sachen, die sind irgendwie eklig. Wenn in der Sexualität mit Urin oder Scheiße rumgemacht wird zum Beispiel, wirkt das auf mich pathologisch.

F: Aber es schockt dich nicht mehr?

J: Ich bin schon noch zu erschrecken und sensibel, aber ich habe in einer LSD-Vision schon vergewaltigt und wurde vergewaltigt. Das Ganze in 3 D mit allen Sinnen und Schmerzen. Da ich diese Erfahrungen nicht wieder verdrängt habe, gibt es kein Gefühl von: die da und ich hier. Wenn ich jemanden sehen würde, der vergewaltigt hat, sehe ich in gewisser Weise mich, ich sehe uns Männer. Das relativiert nicht die Schuld oder das erzeugte Leid.

Nicht so frei fühle ich mich im Spannungsfeld von Treue und Freiheit. Ich lebe seit elf Jahren in einer festen Beziehung. Neun Jahre habe ich konsequent weggeguckt, was andere Frauen angeht, und fand mich recht heldenhaft. Die Substanzen haben mir Schattenseiten gezeigt, unterdrückte Sehnsucht nach anderen Erfahrungen, weggehaltene Bedürfnisse, um ja keine Turbulenzen und Verletzungen hervorzurufen. In unserem kulturellen Feld lebt niemand vor, wie man damit umgehen kann. Ich sehe fast nur Leute, die damit nicht klarkommen. Zum Glück habe ich aber auch schon Leute getroffen, die das Thema gemeistert haben.

F: Was meinst du mit gemeistert?

J: Es muss kein bestimmtes Ergebnis herauskommen. Man kann polygam, monogam oder sonst was leben, da gibt es wahrscheinlich auch verschiedene Typen. Wenn jemand offen darüber spricht und Freude rüber kommt, habe ich den Eindruck: Hey super, für den ist das Thema rund. Ich erlebe Singles, die zwar locker sind, weil sie nicht monogam leben, aber mit der ungestillten Sehnsucht, sich tief einzulassen. Oder Leute wie mich, in einer monogamen Beziehung, die nach außen ganz toll aussieht. Aber meine Stimme ändert sich im Telefongespräch mit einer anderen Frau, wenn meine Partnerin den Raum betritt. Das Thema ist eine Baustelle und ich übe, zumindest ehrlich zu sein.

F: Verändert sich dein Bedürfnis nach anderen Frauen dadurch, dass du mit deiner Partnerin auf Entdeckungsreisen gehen kannst?

J: Mein Umgang mit Frauen außerhalb der Beziehung hat sich enorm verändert. Ich lasse das Spiel der Energien viel mehr zu und das macht mich auch ihr gegenüber lebendiger. Liebe strahlt in alle Richtungen, wie eine Sonne. Die kann nicht auf einen Punkt strahlen, das ist absurd. Das beißt sich mit unserer romantischen Liebesvorstellung. Die meisten Frauen fragen: Liebst du nur mich? Und 90 Prozent der Männer antworten, zumindest wenn sie verliebt sind: Ja! Das ist einfach Unsinn. Liebe ist für mich ein Gefühl von Einssein mit allem, egal was da ist. Das haut einiges in unserer Sprachregelung über den Haufen, wenn sie das mal wieder fragt. Ich antworte inzwischen ehrlich mit Nein. Auf eine möglichst liebevolle Art.

F: Ist Sex mit dir selbst ein Thema?

J: Als junger Mann habe ich das natürlich machen müssen, ganz klar, als ich keine Freundin hatte ... Mit der Beziehung war das nicht mehr da. In einer Krise habe ich das noch einmal neu erkundet. Ich wollte einfach sehen, gibt es ein moralisches Gebot in mir, was sagt: Das macht man nicht. Und es gab schon so etwas. Mich hat dann interessiert, wie gehen andere Männer damit um. Stehen die dazu? Ich habe erstaunt festgestellt, dass gefühlte 20 Prozent der Männer völlig entspannt dazu stehen. Das war ein Jahr lang eine interessante Erfahrungswelt, hat aber wieder an Attraktivität verloren.

F: Wie kam das?

J: Auf der körperlichen Ebene erlebe ich Lust und Befriedigung, nicht sehr lange und berauschend, aber es funktioniert. Aber auf der energetischen Ebene baut sich ein diffuser Knoten auf, der sich nicht richtig löst. Verblüffend fand ich, dass es ohne Vorstellungen nicht funktioniert. Mich einfach nur liebevoll zu berühren, reicht bei mir nicht, ich brauche eine Fantasie. Bei mir oder beim Mann allgemein scheinen tatsächlich diese Zentren stark mit Bildern und Vorstellungen gekoppelt zu sein. In seltenen Momenten hat es unheimlich gepasst, ich hatte danach ein schönes, zufriedenes Körpergefühl. Aber das war die absolute Ausnahme.

Und dann gibt es noch ein Phänomen: Wenn ich mich befriedigt habe und es war vorher keine richtige Lust da, sondern nur der Gedanke an Lust, dann gab es manchmal ein unglaublich schmerzhaftes Gefühl in der Harnröhre. Mein Eindruck ist, dass das wie bei den Hodenschmerzen eine energetische Geschichte ist: Die Energie wird gewaltsam aufgebaut, schwingt aber nicht. Ich habe mir bildlich gesprochen Gewalt angetan.

F: Gibt es noch etwas, was dir in Zusammenhang mit unserem Thema wichtig ist?

J: Wenn ich zurückschaue auf viele meiner Begegnungen mit Frauen, so sehe ich eine gewisse Blindheit für die Gründe, warum wir tun, was wir tun. Da gibt es noch ganz andere Kräfte, die uns steuern. Das Thema Zeugung, Kinder, Schwangerschaft zum Beispiel, war selten bewusst oder klar präsent. In Frauen erlebe ich oft einen Kampf zwischen mächtiger innerer Programmierung und äußerer Konditionierung.

F: Frauen sind näher dran, die werden schwanger. Wie erlebst du deine Zeugungskraft als Mann?

J: Wenn ich auf mich und auf meine Freunde zurückschaue, denke ich: Mann, Mann, ganz schön unbewusst. Frauen habe ich da als reifer, sensibler, bewusster erlebt. Männer bleiben recht lange Jungs, weil Vorbilder, Initiationen und Gespräche fehlen. Ich hab eine MDMA-„Reise" mit meinem Vater gemacht, das hat so viel emotional berührende Worte gebracht und ich habe so viel erfahren dürfen. Gut, dass das Männerbild in den letzten Jahrzehnten weicher und emotionaler geworden ist.

Andererseits hat ein Buch von David Deida [95] mich und mein Männerbild verändert. Ich kann mehr zu mir als Mann stehen und typisch männliche Qualitäten kultivieren, ohne mich dafür zu entschuldigen. Neulich las ich eine Metapher: Das Weibliche ist das Gefäß, der Klangkörper, das Männliche gibt den Impuls, setzt in Schwingung. Da fällt mir ein Film ein. Kennst du die „Anleitung zur sexuellen Unzufriedenheit"[96]?

F: Das Kabarett von Bernhard Ludwig?
J: Ja. Sein Film lief hier fast ein Jahr im Programmkino und schlug alle Rekorde. Er hatte etwas Enttabuisierendes, Erfrischendes und durch die Reaktionen im Publikum wurde es wirklich interessant. Männer und Frauen saßen auf verschiedenen Seiten des Saales. Dann kam zum Beispiel die These: Die Frau darf ruhig ein bisschen dümmer sein. Wenn das für Sie stimmt, summen Sie jetzt bitte! Gefühlte 80 Prozent der Männer summten. Krass.

Ich bin mal gespannt, was aus eurem Buchprojekt so wird.
F: Das Gespräch mit dir war schon einmal sehr inspirierend. Ich danke dir.

Gedankensplitter: Hinter dem Schleier alter Glaubenssätze

Für manche Fragestellung ist eine Erfahrung unter Einfluss von Drogen womöglich aussagekräftiger als viele wissenschaftliche Studien. Eine solche Fragestellung könnte heißen: Was lässt Männer zu zielorientiertem Sex neigen? Ist es eine biologische Konstante, eine soziale Konditionierung oder eine Eigenschaft archetypischer Männlichkeit? Es spricht einiges dafür, dass es sich schlicht um Gewohnheiten handelt, die sich tief in unser Körperbewusstsein eingegraben haben und die unter anderen Voraussetzungen – wie der Einnahme bestimmter Substanzen – plötzlich schmelzen wie Schnee unter der Sonne und anderen Optionen Raum geben. Viele als männlich angesehene Muster und Verhaltensweisen – wie zum Beispiel die Fixierung auf optische Reize, mangelnde Körperwahrnehmung oder unbewusste Schwanzsteuerung – könnten wir dann mit entsprechendem Bewusstsein loslassen, ohne jede Einbuße an Männlichkeit.

Vor Nachahmung müssen wir allerdings warnen, nicht nur, weil manche Substanzen nur illegal zu bekommen sind, sondern auch, weil erhebliche psychische und physische Gefahren lauern.[97] Aber wenn es stimmt, dass psychoaktive Substanzen nur so etwas wie Stützräder sind, die uns eine Ahnung davon ermöglichen, wie sich „Fahrradfahren" anfühlt, dann gibt es auch andere Wege, sich von einengenden Gewohnheiten zu verabschieden. Einige davon haben wir in den vorangegangenen Gesprächen bereits kennengelernt.

Veränderte Bewusstseinszustände können den Schleier alter Glaubenssätze, mit denen wir auf unsere Sexualität schauen, punktuell anheben. Nachhaltige Bewusstseinsentwicklung bleibt aber – von wenigen Durchbrüchen und Highlights abgesehen – ein mitunter mühsamer Prozess, der uns herausfordert, unsere ungeliebten Seiten, Widerstände und Tabus wirklich anzuschauen. Es kann ungemütlich werden, wenn wir uns mit Themen wie mangelndem Körperbewusstsein, sexuellen Fixierungen, verborgenen homosexuellen Anteilen, Gewalterfahrungen, Kinderwunsch oder Treue und Freiheit offen und ehrlich konfrontieren. Da helfen auf Dauer auch keine Drogen. Was aber hilft, ist Neugier und Mut.

Wollen wir lieber an alten Glaubenssätzen festhalten oder uns bewusst der unvorhersehbaren Dynamik des Lebens öffnen? Max wird diesbezüglich hart auf die Probe gestellt.

15. Gespräch mit Max

> *Es heißt, sich immer wieder Zeit zu nehmen und sich auszutauschen.*

Frage: Max, bist du ein normaler Mann?

Max: Ich bin vielleicht anders in dem Sinne, dass ich vieles lebe, wovon andere Männer fantasieren. Ich lebe in einer festen Paarbeziehung, in der vieles anders ist. Lange Zeit war das von außen betrachtet eine völlig normale Ehe. Studiert, geheiratet, Kinder bekommen, die Kinder wurden größer, die Ehe wurde vielleicht langweiliger, ich weiß es nicht.

F: Aber dann geschah etwas ...

M: Ja, das Erwachen ging los, als meine Frau heimkam und sagte: Ich habe einen Mann kennengelernt, ich möchte den besuchen. Das war dieser Hallo-Wach-Effekt. Plötzlich habe ich mich mit Fragen auseinandergesetzt wie: Was bedeutet Beziehung in Bezug auf Sexualität, wie definiere ich mich als Mann, sie als Frau und uns als Paar? Über Literatur bin ich schnell an den Punkt gekommen: Ich habe kein Recht zu bestimmen, was meine Frau macht. Damit fing ein Prozess an, in dem das vom Kopf in mich rein sank. Beim nächsten Sex konnte ich zum ersten Mal fürchterlich weinen, eine Emotionalität, die ich so nicht kannte. Ein Kindheitserlebnis war dabei ganz präsent. Ich habe mitgekriegt, wie ein jüngerer Mann meine Mutter angemacht hat und gesehen, wie schlecht es meinem Vater damit ging. Dazu kam, dass das überhaupt nicht thematisiert wurde und wie schlecht es mir damit ging. In dem Moment hatte ich beschlossen: Wenn überhaupt, will ich mit so etwas offen umgehen.

F: Und bei diesem Entschluss bist du geblieben?

M: Das war nicht einfach. Meine Frau besuchte tatsächlich den Mann, den sie übrigens auch jetzt gerade trifft. Ich habe damals in drei Tagen sechs Kilo abgenommen. Mir ging es richtig schlecht, ich habe den ganzen Tag draußen im Wald gebrüllt, geschrien, geheult, geweint, alles gemacht. Nach diesen drei Tagen ging es mir dermaßen gut (lacht), völlig unverständlich ... Ich habe meine Frau abends am Bahnhof abgeholt, am nächsten Tag haben wir über alles geredet, wie es ihr ging, was sie erlebt hat, ihre Wünsche und Hoffnungen. Ich dachte schon, es sei wieder alles okay.

Nach zwei Wochen wollte sie wieder zu dem Mann. Das war wichtig, weil es die Frage aufwarf, wie ehrlich ich sie wirklich gehen lassen konnte. Ich spürte keine Eifersucht, aber Schmerz und Trauer, und die konnte ich annehmen. Interessanterweise hatte ich schon nach dem ersten Treffen E-Mail-Kontakt mit dem Mann. Für den war das auch völlig neu und wir hatten einen guten Austausch, einmal haben wir auch telefoniert. Plötzlich war für mich erkennbar, dass niemand sie mir wegnehmen will, sondern sie lebt eine andere Seite, die total schön ist. Damit fing alles an.

F: Und wie ging es weiter?

M: Es war erst mal einseitig, weil nur meine Frau ausgebrochen ist. Ich habe dann angefangen, ein bisschen zu spielen. Ich komme aus dem akademischen Umfeld. Bei einem Kongress saßen wir zu viert in einer Bar und ich sagte: Wisst ihr was, nächste Woche fährt meine Frau zu ihrem Liebhaber. Da war es erst mal still. Puh, hoch brisantes Thema. Eine Frau hat mich sofort verstanden. Die lebte eine offene Beziehung, hatte mit ihrem Mann eine Parallelwohnung angemietet, das sei klasse. Die beiden anderen, ein Mann und eine Frau, hatten kleine Kinder. Er meinte: Wenn deine Frau das macht, ist mit der Ehe irgendetwas nicht in Ordnung. Die Frau hingegen war total fasziniert, dass so etwas möglich ist und hat mich hinterher gelöchert.

Die ganze Sache ging so weiter, bis ich meinerseits jemanden kennengelernt habe.

F: Hattest du innerlich mit dieser Möglichkeit gespielt oder war das eine Überraschung?

M: Das war überraschend. Für meine Frau weniger, sie war gespannt, wie es ihr geht, wenn ich Außenkontakte habe. Da ich beruflich viel unterwegs bin, hatte sie lange Angst gehabt, dass ich jemanden kennenlerne, sei es für einen One-Night-Stand oder sonst etwas. Das haben wir aber erst später festgestellt.

Auf so einem Kongress habe ich dann spät in der Nacht zu einer Frau gesagt: Wir könnten jetzt eine Nacht zusammen verbringen, müssen wir aber nicht. Wir haben dann vereinbart, dass ich eventuell zwei bis drei Wochen später ein Wochenende zu ihr komme.

F: Und dass du bis dahin prüfst, ob du das willst?

M: Ja, und auch wie das für meine Frau ist. Da kommt schnell ein Zugzwang rein, nach dem Motto: Du hast eine Affäre gehabt, jetzt musst ich auch! Durch diese Themen habe ich unsere Beziehung in einer völlig neuen Intensität erlebt, unsere Nähe wurde eine ganz andere. Das ist schwer zu vermitteln. Du unterhältst dich über ein Thema, was für viele Paare ein Scheidungsgrund wäre, aber es bringt dich viel enger zusammen.

F: Hast du die Frau dann besucht?

M: Ja. Das war eine schwere Zeit, die Trauer meiner Frau zu sehen, zu wissen, das ist ihr Schmerz, und den auszuhalten und anzunehmen. Wir sind da langsam reingewachsen. Wir sind 22 Jahre verheiratet, 26 Jahre zusammen, und nach 14 bis 15 Jahren kamen die Veränderungen. Heute weiß ich, wenn ich zu jemandem anderen gehe, lasse ich jemanden in Schmerz oder Trauer zurück, aber der nimmt das für sich an und ich nehme es auch an. Die Situation ist nicht so einfach, weil es mir inzwischen viel leichter fällt, wenn meine Frau woanders hingeht, als umgekehrt. Das führt zu vielen Spannungen oder Reibereien.

Ich weiß um meine Verantwortung. Dem Menschen, den ich besuche, sage ich: Ich suche keinen neuen Lebensmittelpunkt, keine neue Beziehung, sondern ich möchte dich in allem, wie du bist, kennenlernen und mit dir zusammen sein. Das ist verrückt, ja. Ich habe auch erlebt, was das dort wieder auslöst. Heute mache ich so etwas nicht mehr in beruflichen Stresssituationen, weil du hinterher dermaßen viel mit Austausch und Gesprächen zu tun hast, was ich aber als Salz in der Suppe empfinde. Das hat viel mit Leben zu tun.

F: Das klingt herausfordernd.

M: Ja. Zwischen dem ersten Ausbrechen meiner Frau und meinem lag über ein Jahr. Ein halbes Jahr später waren wir auf einem Tantraseminar, da waren zwei Frauen und ein Mann, die auf mich zukamen. Meine Frau hat ihren Schmerz in die Gruppe gebracht. Aus der Gruppe kam: Ja, ja, die Männer, die machen es sich einfach und Pipapo. Da sind viele Projektionen dabei, viele eigene Schmerzen, die hochkommen. Für mich ist es dort endgültig aufgebrochen. Nach einem Ritualabend blieben noch ein paar Menschen liegen, vier Frauen und zwei Männer. Plötzlich liegen die zwei Männer da und küssen sich, die Frauen sitzen außen herum und gucken fasziniert zu. Für die bricht etwas auf, und auch für mich, weil ich merkte, dass Sexualität und Körperlichkeit nicht mehr nur auf Frau bezogen sind, sondern auch auf Mann. Das war eine total spannende Erfahrung ...
F: Was macht es für dich attraktiv, diese Offenheit weiter leben zu wollen? Was bekommst du in Außenkontakten, was du mit deiner Partnerin nicht leben kannst?
M: Das ist die schwierigste Frage überhaupt in diesem Gebiet. Da kommt noch eine andere Ebene herein. Von außen sieht es so aus, als wenn das auf Sexualität abzielt, aber das ist nur ein Teil. Es geht um die Gefühlsintimität, wenn du einen Menschen über zwei bis drei Tage in vielen Facetten kennenlernst und sagst, ich will mit allem da sein.

Ich habe auch gelernt, davor zu warnen. Ich sage: Ich besuche dich nicht, um zwei super tolle Tage zu verbringen, sondern es kann genauso gut sein, dass wir herum heulen oder uns anbrüllen oder was weiß ich. Klar, habe ich das auch zu Hause (lacht). Es geht darum, jemand in seiner Gesamtheit kennenzulernen, das schließt Sexualität nicht aus. Ich habe erlebt, dass das für Frauen total irritierend sein kann, wenn du nicht auf der sexuellen Ebene anfängst. Zum Beispiel kam ich einer Frau sehr nahe und sagte zu ihr: Ich lade dich ein, heute Nacht mit mir zusammen zu sein, aber ich werde nicht mit dir schlafen. Sie schaute etwas ungläubig, aber sie hat sich darauf eingelassen. Wir lagen die ganze Nacht nackt im Bett und haben nur gekuschelt, wir hatten keinen Sex und auch keine Erotik. Das war für die Frau unglaublich. Ich suche nicht, was ich daheim nicht habe, sondern ich liebe die Möglichkeit, jemanden in seiner Gesamtheit kennenzulernen.

F: Hat sich durch die Öffnung auch dein sexuelles Erleben in der Partnerschaft verändert?

M: Als ich beim Sex habe hemmungslos weinen können, ist etwas aufgebrochen. Von da an habe ich mich auf sexuelle Begegnungen ganz anders eingelassen. Auch das war ein Entwicklungsprozess, der mich in große innere Zerrissenheit gebracht hat. Es fing damit an, dass ich nach dem Orgasmus völlig weg war, so weg, dass es für meine Frau schwierig wurde: Wo ist er da? Was macht er da? Lebt er noch?

F: Und wo warst du?

M: Ich weiß es nicht, ich war woanders. Das wurde letztlich zu einer Droge. Ich ging in einen zeitlosen Raum, der nichts mehr mit Orgasmus zu tun hatte, der war am Anfang nur eine Art Vehikel. Ich habe denselben Zustand bei einer Atemmeditation erlebt. Die Leiterin hatte vorher gesagt: Wenn etwas ist, hebt eure Hand. Ich habe relativ schnell die Hand gehoben und ihr gesagt: Wo ich da innerlich hingehe, kann ich nicht mehr mit mir in Verbindung bringen. Da kam von ihr der Spruch, vielleicht sei das gar nichts Getrenntes, einfach so dahin gesagt. Ich saß da und wusste: Ich kann wieder zurück oder ich kann weg bleiben. Das hat meine Sexualität stark verändert, ich sehe sie heute vielschichtig. Da gibt es die geile, körperliche Ebene, die ich heute besser ausleben kann. Sexualität hat aber auch eine spirituelle, göttliche Komponente, und dieses Abdriften in einen anderen Raum hat gar nichts mit Orgasmus zu tun. Ich würde inzwischen auch Orgasmus anders definieren.

F: Wie?

M: Es wird viel geschrieben über die Entkopplung von Ejakulation und Orgasmus, die beim Mann so schwierig zu sein scheint. Vor Jahren habe ich Bücher von Margot Anand[88] gelesen, wo es darum geht, durch Atemlenkung in irgendwelche Zustände zu kommen. Es erschien mir immer extrem technisch, nach dem Motto: Wenn du das machst, kommst du dahin. Durch mein eigenes Erleben weiß ich heute, das ist so etwas von Käse. Entweder du kommst dahin oder nicht, aber eine Technik gibt es dafür nicht. Ich erlebe heute, dass ich in der Sexualität ohne Orgasmus eine grenzenlose innere Weite schaffen kann, die ist hinterher mit einer Wahnsinnsenergie verbunden. Manche sagen, das sei die Kundalini-Energie.[98]

F: Was erlebst du in diesem Zustand? Grenzenlosigkeit? Verbundenheit?

M: Wenn du bei plakativen Wörtern bleiben möchtest, ist es letztlich die Verbundenheit mit allem. Es gibt mich eigentlich nicht mehr, ich bin Teil der Einheit. Das ist total schön, aber ich kann das Gefühl nicht mitnehmen. Bevor ich mit jemandem in eine Begegnung gehe, warne ich davor. Es kann irritierend sein, wenn du mit jemandem Sex hast, der – von außen betrachtet – nicht mehr da ist, nicht präsent. Unter Umständen auch emotional verletzend.

F: Hast du erlebt, dass jemand mit dir in diesen inneren Raum geht?

M: Jemanden mitnehmen geht nicht. Aber ich habe es einmal mit einer Frau erlebt und einmal mit einem Mann, der sehr irritiert war, aber eher positiv: Hoppla, was passiert da gerade?

F: Du scheinst dich auf Begegnungen mit einer gewissen Kompromisslosigkeit einzulassen, offen und ohne Programm ...

M: Absolut! Das war natürlich nicht so einfach, da gibt es immer Einbrüche, Abbrüche und auch Hybris. Ich dachte: Mensch, klasse, damit musst du doch etwas machen (lacht). Werde ich jetzt Meditationslehrer oder was? Und dann war es weg. Das kann man nicht instrumentalisieren. Ich begriff, dass es nicht um irgendetwas Bestimmtes geht, sondern mit allem da zu sein, sei es auf der sexuellen Ebene, auf der menschlichen Ebene, auf der Begegnungsebene, der Austauschebene. Ich bin ein paarmal im asiatischen Raum unterwegs gewesen, auf Kongressen, da half mir das total. Du verstehst die Sprache nicht, du kannst nichts lesen, für mich war das eine richtige Schulung: Ich begebe mich in deren Hand, die setzen mich irgendwann wieder in den Flieger, aber in der Zwischenzeit passiert, was passiert.

Alle Programme soweit loszulassen, ist manchmal nicht einfach, zum Beispiel eine tolle Frau zu sehen, ganz klar Sex zu wollen, den besten Sex der Welt, all das. Wenn alle Programmierungen wegfallen, kommt es zu wirklicher Berührung, das kann nur durch eine Geste sein. Die Qualität einer Begegnung wird eine andere. Es gibt keinen klaren Fokus. Das ist vielleicht ein männliches Ding, dass man sehr schnell einen Fokus entwickelt, was man möchte.

Ich habe allerdings festgestellt, dass Frauen irritiert sind ...

F: ... wenn du nicht so zielorientiert bist?

M: Ja, völlig überraschend. Ich hatte mal ein Erlebnis mit einer Frau, deren Erwartungshaltung war: Da kommt ein verheirateter Mann, der will Sex mit mir, der findet mich klasse. Da gucke ich mal, wie ich mir den irgendwie kralle ... Als ich aus diesem speziellen inneren Raum zurückkam, wusste ich, ich würde mit dieser Frau nie wieder sexuellen Kontakt haben. Das habe ich ihr in diesem Moment auch so gesagt. Sie ist aus dem Haus abgehauen, hat mit vier Freundinnen telefoniert, die ihr interessanterweise alle gesagt haben: Endlich einer, der dir mal die Wahrheit sagt. Als sie zurückkam, habe ich ihr gesagt: Mensch, setz dich mal dahin und sag all das, was du den Männern in deiner Vergangenheit sagen wolltest. Ich wurde eine halbe Stunde lang angeschrien und fühlte eine Trauer, die nicht meine war.

F: Gibt es Grenzen, wie weit du dich auf andere Frauen einlässt?

M: Es gibt mit meiner Frau eine Abmachung, im Vorfeld offen zu kommunizieren. Wir wollen beide nicht ausschließen, dass wir irgendwo jemanden kennenlernen und dass es zu einer sexuellen Vereinigung kommt. Aber bevor ich für zwei oder drei Tage zu jemandem hinfahre, will ich das offen kommunizieren, ich möchte, dass du das weißt und ich möchte dein Ja dazu. Es gibt natürlich auch die Möglichkeit, ein Nein zu kriegen, wenn es jemandem zum Beispiel gesundheitlich schlecht geht. Wir hatten es noch nie, dass jemand etwas total verboten hat. Aber wir spüren beide, wie es dem anderen geht, und müssen nicht alles ausreizen.

Eine unterschiedliche Meinung haben wir zu der Frage: Wie kommunizieren wir es unseren Kindern? Jetzt sind sie 18 und 21, als das Ganze ins Rollen kam, waren sie zwischen 11 und 14 und mit der eigenen Pubertät beschäftigt, da wollten wir denen nichts aufdrücken. Wir haben es letztlich gar nicht kommuniziert, Kinder kriegen aber auch so vieles mit. Manchmal laden wir jemanden ein. Ich gehe zu unserer Tochter und sage: Wir schlafen heute zu dritt im Wohnzimmer. Sie fragt: Wieso?, und ich sage: Deine Freundin pennt doch auch heute Nacht bei dir im Bett, oder? Sie hat sich sicherlich ihre Gedanken gemacht, aber wenn sie mit einer Freundin nachts im Bett liegt, ist das eine vergleichbare Situation.

F: Du würdest gerne offener damit umgehen?

M: Genau! Aber meine Frau nicht. Auch im Freundes- und Bekanntenkreis gibt es Menschen, da wird es von uns aus nicht kommuniziert. Bei anderen ist es easy, es wissen auch welche, die im Umfeld wohnen.

F: Viele Paare haben kaum genug Zeit für ihre eigene Zweisamkeit. Wie geht ihr damit um? Sagt manchmal einer: Ich habe Lust mit dir zusammen zu sein, aber du bist schon wieder weg?

M: Nein. Wir haben kein Fernsehen. Hast du mal ausgerechnet, wie viel Zeit man dadurch spart? Das ist immens. Dann fing ich bewusst morgens früh an zu arbeiten und kam konsequent zwischen 17 und 18 Uhr heim. Den Rest des Tages bis elf Uhr nachts war ich für mich, meine Frau und die Kinder da. Wir haben jeden Tag zwei bis drei Stunden direkten Austausch, sodass dieses Bedürfnis, ich will mehr von dir, gar nicht da war. Aus der Gesprächskultur wurde auch eine Kuschel- und Körperkultur, das war für uns das ganz normale Leben. Aktuell ist es etwas anders, da ich beruflich an einem anderen Ort arbeite und pendle.

F: Hattet ihr euch auch vor dem Aufbruch schon so viel Zeit füreinander genommen?

M: Nein, das kam genau an dem Punkt. Ich verstehe nicht, wieso wir diese Chance gepackt haben, viele machen ja dann genau das Gegenteil. Sie nutzen die Chance nicht, in den wahrhaftigen, partnerschaftlichen Austausch zu gehen, sondern gehen nach außen und dann auseinander. Bei uns war das nicht so, wir haben uns eher gegenseitig konfrontiert. Durch diverse Selbsterfahrungsseminare waren wir schon an einem gewissen Punkt, aber auch das ist keine Garantie. Heute arbeite ich mit einem reduzierten Vertrag außerhalb und bin

konsequent Freitag, Samstag und Sonntag zu Hause und voll präsent.
F: Du setzt klare Prioritäten und lässt dir dein Beziehungsleben nicht von deiner Arbeit verhageln.

M: Völlig klar. Ich kann mir von meiner Reputation her allerdings viel herausnehmen, aber die Klarheit brauchst du eben auch. Ich ging nicht woandershin, um da eine schöne Parallelbeziehung zu führen. Da hätte ich auch keine Zeit dafür.

F: Du lebst mit einer gewissen Entschiedenheit, was ja als männlich gilt, gleichzeitig aber auch die andere Seite, alles darf sein, ohne Ziel. Wie erlebst du diese beiden Seiten, Yin und Yang?

M: Die sind beide da, sie widersprechen sich nicht. Durch meine Entwicklung bin ich auch in meine Männlichkeit gekommen. Vorher, klar, habe ich mich auch als Mann gefühlt, aber keine kraftvolle Männlichkeit erlebt. Männlichkeit heißt für mich nicht mehr nur Zack, da geht es lang, ich habe auch andere Teile und es geht nicht nur um Männlichkeit, sondern um Menschlichkeit. Für manche sind meine unterschiedlichen Seiten irritierend. Ich bin Wissenschaftler. Wenn Leute das auf Seminaren mitkriegen, sagen sie: Dass so jemand wie du sich hierher verirrt! Im beruflichen Umfeld schaffe ich es inzwischen ab und an, diese Ebene mit einzubringen. Die Menschen erleben mich als straight, aber sie sehen noch etwas anderes, das können sie erst mal nicht einordnen. Manche kann ich auch für die andere Seite begeistern. Eine Frau meiner Firma hat mal bei der Schule des Seins[3] ein Seminar gebucht, das hat ihr total gut gefallen, jetzt macht sie alles Mögliche und sagt: Wow, wie hat sich mein Leben verändert.

F: Ein weiteres Thema haben wir schon gestreift, Sexualität mit Männern. Wie erlebst du dich mit einem anderen Mann?

M: Es hat Erfahrung gebraucht, mich von den Augen zu lösen. Mein erster Kontakt mit Mann war im Dämmerlicht, ich wusste, das ist jetzt ein Mann, aber plötzlich komme ich mit diesem Mann in einen Zungenkuss und merke: Wow, das könnte genauso gut eine Frau sein. Außer dass ich ihm hinterher gesagt habe, er solle sich doch rasieren. Da habe ich gelernt, wie das für eine Frau ist, einen nicht rasierten Mann zu küssen. Es ist eigentlich nur der Kopf, der die Projektion schafft, ich bräuchte eine Frau, mit großen Brüsten womöglich und knackigem Hintern. Nein, es braucht eigentlich nur das körperliche Hinfühlen, dann ist das ein tierisches Geschenk. Ich erlebe natürlich auch, wie Männer irritiert sind.

F: Bist du auch mal übers Wochenende zu einem Mann gefahren?

M: Ja, das war wunderbar und wir sind zusammen im Bett gelegen. Das hat eine völlig andere Energie als mit einer Frau. Ich erlebe es als kraftvoller, wenn sich zwei Männer in der männlichen Kraft begegnen. Es ist natürlich noch spannender, mit einem Mann drei Tage zusammen zu sein und auch mit dem spazieren zu gehen. Da wirst du noch mal ganz anders konfrontiert. Wenn ich mit einer wildfremden Frau Händchen halte, interessiert das niemanden, aber wenn ich das mit einem Mann mache, egal in welchem Umfeld oder Kontext, habe ich ständig von außen die Spiegelung, dass etwas komisch sei.

F: Welchen Unterschied macht es in deinem Begehren, wenn du mit einem Mann körperlich-sexuell zusammen bist? In vielen Theorien beruht Sexualität auf Polarität, mit einem männlichem und einem weiblichen Pol. Wie geht das unter Männern?

M: Polarität ist eine spannende Sache. Kontakt mit Männern passiert nur, wenn ich spüre, die wissen um ihre innere männlich-weibliche Polarität und können mit dieser Polarität umgehen. Bei einer Mann-Mann-Begegnung braucht es einen Tick mehr Achtsamkeit und Sensibilität. In einer Mann-Frau-Beziehung weht der Wind eher in die altbekannten Muster, die wir schon ewig spielen.

F: Der Mainstream deckt das ab.

M: Mit einer Frau kann ich umgehen, weil ich das schon kenne. Aber wenn ich bei einem Mann etwas auslöse, ist es noch einen Tick interessanter, eine neue Qualität von Begegnung zu spüren. Es ist überhaupt nicht vergleichbar, es sind zwei völlig unterschiedliche Geschichten. Spannend.

F: Hast du sexuelle Begegnungen zu dritt erlebt? Dann wird es ja noch komplexer.

M: Ja, und dann kommt die Faszination dazu, wie wir als Paar damit umgehen, wenn jemand anders in so eine Einheit mit hineinkommt. Das fällt nicht jedem leicht. Ich finde das unheimlich faszinierend, weil, wenn man spirituelle Einheitsgedanken weiterdenkt, ist das eine logische Konsequenz.

F: Als Paar nicht ausschließlich zu sein?

M: Genau, und auch zu merken, wie die Polarität switchen kann. Wenn eine Frau mit uns zusammen ist, ist für mich auch zwischen den Frauen eine Polarität erkennbar. Vielleicht findet meine Frau es andersherum faszinierend zu sehen, da ist ein Mann gerade in seiner männlichen und der andere in seiner weiblichen Energie. Aber wenn es in einer solchen Begegnung jedem gutgehen soll, heißt das, sich immer wieder Zeit zu nehmen, um sich auszutauschen. Ich lebe Dinge, die in der Fantasie schön aussehen, aber es ist ein Irrglaube zu meinen: zwei schöne Frauen, klasse, toll. Das ist auch Arbeit, emotionale Auseinandersetzung.

F: Besteht bei Dreierkonstellationen die Gefahr, dass sich einer ausgeschlossen fühlt?

M: Genau, das habe ich schon erlebt. Es braucht Mut für den, der sich ausgeschlossen fühlt, nicht aus dem Raum zu rennen und zu schmollen, sondern zu sagen, wie es ihm geht. Dann wird es spannend, weil mit dem Austausch Weite entsteht. Wenn man sich darauf einlässt und jeder ehrlich ist, kommst du in die emotionale Gefühlswelt rein und wirst mit Dingen konfrontiert, denen man sonst eigentlich eher aus dem Weg gehen möchte. Zum Beispiel wenn mir jemand vorwirft: Du machst jetzt lieber mit ihr rum als mit mir. Aber in dem Moment geht es nicht darum, warum begebe ich mich denn in eine Dreiersituation? Doch nicht, weil ich Sex nur mit einem Partner leben möchte, sondern um zu schauen, wie dieses Dreierzusammensein ist.

F: Was ist das Spannende, das nur in einer Dreierkonstellation möglich wird?

M: Platt ausgedrückt: Du befindest dich immer zwischen zwei anderen Menschen. Allein das schafft ein anderes Körpergefühl, du bist umgeben von Mensch. Das kann ständig wechseln und ist etwas

sehr Archaisches. Das hat auch nicht unbedingt mit Sexualität zu tun.
F: Eure Partnerschaft scheint in eurem Verständnis in etwas Größeres eingebettet zu sein.

M: Ja, und es ist schön, wenn du einen Partner hast, der das auch so sieht. Wenn das nur mein Ding wäre, wäre das nicht so einfach.
F: Was wäre, wenn du jemandem begegnest und merkst, du möchtest deinen Lebensmittelpunkt dahin verlagern? Könnte das passieren?

M: Ich weiß einfach, wo mein Mittelpunkt ist. Der ist hier in meinem Herzen (lacht). Wir sind 24 Jahre zusammen, leben zehn Jahre in einem völlig anderen Bewusstsein. Diese Qualität kriege ich niemals so schnell mit jemand anderem hin. Es gab einmal einen Punkt in meinem Leben, wo zur Diskussion stand, zu einer anderen Frau zu gehen. Ich habe aber gespürt: Nein. Nicht weil es mich nicht angezogen hätte, sondern weil ich das Gefühl hatte, wenn ich das mache, stürzt eine Welt zusammen. Ich bedaure es kein bisschen.
F: Was wäre eingestürzt?

M: Mit dieser anderen Frau trafen zwei sehr starke Pole aufeinander. Da drohte so etwas wie Kernschmelze, das kann faszinierend sein, aber auch Angst machen. Ich habe gewusst, für mich ist da unter Umständen eine zu große Intensität. Ich kann diese Intensität nicht kontrollieren und aushalten. Das mag jetzt konträr zu allem anderen klingen, was ich bisher gesagt habe, aber es wurde mir zu heiß. Die andere Frau hat das ähnlich erlebt, obwohl die Faszination tierisch groß war. Auch darüber habe ich mit meiner Frau kommuniziert. Das war eine der Phasen, die viel Kraft gekostet hat. Wir haben Grenzen. Wir leben eine Vielfalt in unserer kleinen Zweierbeziehung, die wir aber nicht potenzieren wollen. Das fühlt sich total gut an.
F: Was wäre deine Message an andere Männer?

M: Männer laufen mit einem ganzen Wust von Sehnsüchten herum. Es ist wichtig, sich diese Sehnsüchte anzuschauen. Was braucht es, um diese Sehnsucht zu erfüllen? Braucht es eine Brigitte Bardot? Wie kann ich das in mein Leben integrieren? Es geht nicht nur darum, auszubrechen, sondern mit neuen Erfahrungen zurück-

zukommen. Ich hatte mal Kontakt zu einer Frau, die ihren Mann auf diese Weise konfrontiert hat und deren stagnierende Beziehung sich dann ganz anders weiterentwickelt hat. Ehrlich sein mit sich selbst und nicht gleich die Beziehung ins Feuer werfen und verbrennen. Ich hoffe, euer Buch wird auch für Frauen lehrreich sein. Frauen laufen ja auch mit einem Männerbild herum ...
F: Mit einem komplexen, widersprüchlichen Männerbild zu leben, kann irritierend sein, für Frauen wie für Männer. Ich danke dir für die Einblicke in dein Leben, die du uns geschenkt hast!

Gedankensplitter: Die Heldenreise diesseits des Fernsehers

Was lässt uns zu neuen Ufern aufbrechen? Oft ist der erste Impuls dazu nicht frei gewählt, sondern durch ein bestimmtes Ereignis ausgelöst. Für viele Männer ist es eine Beziehungskrise oder Trennung, die sie veranlasst, sich tiefer mit sich selbst zu beschäftigen, es kann aber auch beispielsweise eine Krankheit, der Verlust des Arbeitsplatzes oder der Tod einer nahestehenden Person sein. Ob wir einen solchen Impuls allerdings nachhaltig aufgreifen, liegt wohl an ... ja, an was eigentlich? Warum macht sich der eine Mann auf eine lebenslange Abenteuerreise und der andere versucht, möglichst schnell den alten Status Quo wieder herzustellen?

Das Thema Treue und Freiheit ist uns hier schon mehrfach begegnet und bietet ausreichend Stoff für lebenslange Entwicklung. Umfragen weisen darauf hin, dass die Sehnsucht nach einem verlässlichen Partner nach wie vor weit verbreitet ist – aber muss eine solche Partnerschaft mit intimer Exklusivität einhergehen? Wer Exklusivität in Frage stellt, kann einiges erleben, wird womöglich aber auch tief erschüttert und kann daran wachsen.[99] Wollen wir das? Wenn es stimmt, dass Männer gern fremdgehen, wollen wir damit offen umgehen? Es gibt dafür wenig gelungene Beispiele.

Blockbuster orientieren sich oft am Skript der Heldenreise, dieses ist aber deutlich älter als Hollywood. In einer Heldenreise wird gezeigt, wie jemand dem Ruf des Schicksals folgt, eine Herkulesaufgabe in Angriff nimmt und in all den darauf folgenden Abenteuern über sich selbst hinauswächst. Der klassische Held galt lange Zeit als Vorbild echter Männlichkeit. Inzwischen gibt es auch weibliche Helden, aber das Skript bleibt im Grundsatz gleich: Der Protagonist oder die Protagonistin wacht auf und die nimmt die Herausforderung an. Geschieht dies nicht, bleibt die Geschichte farblos.

Könnte es sein, dass es sich mit unserem Leben genauso verhält? Wir müssen nicht unbedingt zum epochalen Helden werden, aber wenn wir nicht in Abziehbildern gefangen bleiben wollen, brauchen wir eine Portion Mut, gepaart mit der Bereitschaft, Neuland zu betreten. Warum scheuen wir davor zurück? Das hat nicht zuletzt damit zu tun, ob wir uns von den Mühen, die das Abenteuer innerer Entwicklung mit sich bringt, etwas versprechen. Warum sollten wir auf uns nehmen, wofür Max sich entschieden hat: eine offene Beziehung zu führen? Warum sollten wir unsere Sexualität tiefer erforschen? Uns für Erotik unter Männern öffnen? Das Wagnis eines wahrhaftigen Kontaktes eingehen? Uns auf kreativere oder liebevollere Weise selbst befriedigen? Einfühlung für weibliche Sexualität entwickeln? Abgefahrene Fantasien in die Tat umsetzen? Verbindlichkeiten eingehen? Alte Gewohnheiten und Tabus brechen? Sex in der Gruppe erleben? Jemandem unsere Wahrheit zumuten? Konflikte riskieren? Warum sollten wir unseren Fernseher öfter mal abschalten oder gleich ganz abschaffen? Warum sollten wir unser Leben selbst leben, anstatt anderen auf dem Bildschirm dabei zuzuschauen?

Warum?

Dies sind keine rhetorischen Fragen. Das Leben gibt uns Impulse, manchmal auch Nackenschläge, aber niemand kann uns dazu zwingen, uns weiterzuentwickeln. Wenn wir uns nichts Lohnendes davon versprechen, werden wir es nicht tun, und das ist unser gutes Recht.

Es gibt aber offensichtlich Männer, die sich auf das Abenteuer innerer Entwicklung eingelassen haben, und es gibt viel mehr, als wir hier in diesem Rahmen vorstellen können.

WAS WILL DER MANN? KONTINENTE AUF DEM PLANETEN SEX

Wir haben ein ganzes Spektrum unterschiedlicher Männer kennengelernt, jeder mit seiner ganz eigenen Suche nach Lust und Liebe, nach erfüllenden Begegnungen und beglückenden Beziehungen – und nicht zuletzt nach einer gelungenen Bewältigung seines Alltags. Manches, was diese Männer uns erzählt haben, mag Ihnen ganz normal vorkommen, anderes sensationell, manches wegweisend, anderes als Irrweg. Die Spannbreite des sexuellen Erlebens von Männern erstreckt sich über ganz verschiedene Dimensionen, die wir auch Kontinente nennen können. In der Vorbereitung der Gespräche unterschieden wir fünf Kontinente:

1. unmittelbares Körpererleben im Sex
2. Sex und Gefühle
3. Sex und Beziehung
4. Sex und Identität
5. sexuelle Rollen und Fantasien

Was damit gemeint ist, verdeutlicht die Grafik. Sie könnten die Kontinente und die darin aufgerufenen Themen auch ganz anders gruppieren. Es geht uns nicht um eine möglichst elaborierte Kategorisierung – ganz im Gegenteil. Wir möchten anschaulich machen, wie vielfältig der Erlebnisspielraum in und rund um unsere Sexualität tatsächlich ist.

Nicht für jeden Mann ist jeder Kontinent gleich wichtig, und nicht jeder Kontinent wird von jedem näher erforscht. Da ist z. B. Boris, der neue Orgasmusformen kennenlernt (1), aus der monogamen Beziehung ausbricht (2) und sich für das Ausleben seiner sexuellen Fantasien begeistert (5), aber weniger für Fragen seiner Identität (4). Christian wiederum interessiert sich weniger für das unmittelbare

Körperlerleben, aber umso mehr für Nähe (2) und Grenzauflösung (4). Und so könnten wir jedes einzelne Gespräch noch einmal durchgehen und feststellen, wie verschieden die Schwerpunkte bei jedem einzelnen Mann gelagert sind. Und dennoch dreht es sich – denn das ist ja unser Thema – immer um Sex.

Wenn Männer also (fast) alle das Eine wollen, dann wollen sie in diesem Einen ... alles Mögliche! Und manchmal wollen sie auch – scheinbar – Unmögliches. Sie wollen den Orgasmus, ohne zu kommen. Sie wollen absolute Treue gepaart mit vollkommener Freiheit. Sie wollen die Frau beglücken und doch sich selbst treu sein. Sie wollen sexuell willkommen sein und doch auch Sex kaufen. Sie nehmen Drogen, um bewusster zu sein. Sie suchen nach dem ultimativen Kick und zugleich nach der Stille der Absichtslosigkeit. Sie wollen ganz Mann sein und zugleich ihre weibliche Seite integrieren.

Ist das alles normal? Es mag irritieren, dass wir die Gespräche immer wieder mit der Frage „Bist du ein normaler Mann?" begannen, obwohl wir doch im Vorspann bereits deutlich gemacht haben, dass es ihn nicht gibt – oder nur als statistische Größe, also als Phantom.[100] Die Abgrenzung vom Phantom der Normalität scheint aber wichtig zu sein, wenn es darum geht, den eigenen Wünschen und Sehnsüchten tiefer auf die Spur zu kommen. Die können sich nämlich als ganz anders entpuppen, als das gesellschaftlich kommunizierte Männerbild *normalerweise* erwarten lässt.

Während der Arbeit an diesem Buch haben wir einigen Männern und Frauen eine Vorabfassung zur Durchsicht gegeben. Wir bekamen dabei überraschend unterschiedliche Reaktionen bezüglich der Frage, inwieweit die Erfahrungen unserer Gesprächspartner als normal oder als exotisch empfunden werden. Das Spektrum bei den Testlesern reichte von „Endlich erfahre ich, dass auch andere Männer anders ticken" zu „Das ist mir alles viel zu anstrengend", bei den Testleserinnen von „Wo finde ich solche Männer?" bis hin zu „Meine Vorurteile wurden voll und ganz bestätigt". Wie ging es Ihnen mit dieser Frage, was ist für Sie normal und was vielleicht jenseits aller Vorstellungskraft?

Wie immer Ihre Antwort ausfällt, sie könnte nicht nur etwas über die hier vorgestellten Männer aussagen, sondern auch … über Sie selbst. Denn was immer wir wahrnehmen, ist zum großen Teil davon geprägt, wie wir wahrnehmen oder bildlich gesprochen: welche Brille wir uns aufsetzen. Mit einer dunkel getönten Brille wirken Erfahrungen bedrohlich, die mit einer rot getönten erotisch oder mit einer gelb getönten fröhlich wirken könnten.

Sicher nicht gewöhnlich ist die Bereitschaft, sich auf eine intensive Entdeckungsreise zu begeben und darüber freimütig Auskunft zu geben, oder überhaupt nur Worte für etwas zu finden, was manchmal unaussprechlich erscheint. Was suchst du in der Beziehung zu einer Frau? Wie fühlt sich ein Orgasmus ohne Ejakulation an? Was macht den Reiz von Sex zu dritt oder zu viert aus? Wie wird Sex wirklich erfüllend? Wie erlebst du diesen Zustand, in dem du selbst gar nicht mehr da zu sein scheinst? Für die Antworten auf solche Fragen fehlten oft zunächst die Worte, nicht zuletzt deswegen, weil solche Gespräche für die meisten von uns ungewohnt sind.

Ebenso ungewöhnlich sind Männer, die sich in Sachen Lust und Liebe fortbilden und beispielsweise Tantrakurse besuchen. Das sind außergewöhnliche Entwicklungsmöglichkeiten, die nur wenige Männer wahrnehmen, die aber grundsätzlich den meisten offenstehen. Männer, die ihr sexuelles Erleben näher erforschen und entwickeln, landen oft früher oder später beim Tantra, langfristig oder auch nur als Episode. In unserer Kultur gibt es wenig Gelegenheiten zur Selbsterforschung[101] in vergleichbarer Breite und Tiefe. Manch andere Möglichkeiten wurden in den Gesprächen erwähnt, mit unterschiedlichen Schwerpunkten: Männergruppen, alternative Gemeinschaften, Swingerklubs, Polyamory[52]-Treffen, Psycho- und Sexualtherapie, Internetforen, Erotik-Partys, Selbsterfahrungsgruppen … Gut möglich, dass Sie noch weitere Wege der Selbsterforschung kennen, die hier nicht erwähnt sind.

Eine der besten Gelegenheiten, auch von unseren Gesprächspartnern reichlich genutzt, sind natürlich unsere nahen und intimen Beziehungen. Jede intime Begegnung bietet die Möglichkeit lust- und liebevoller Erfahrung und darüber hinaus ein unerschöpfliches Lernfeld zur Entdeckung unseres Seins, zur Heilung unserer Wunden und zur Überwindung unserer Begrenzungen. Wie weit wir uns darauf einlassen, liegt vollständig an uns selbst. Sexuelle Beziehungen kommen jedoch auch an ihre Grenzen, insbesondere, wenn wir nicht mehr über den Tellerrand unserer eigenen Beziehungsdynamik schauen. Insofern befruchten sich die wesentlichen drei Dimensionen der sexuellen Erforschung gegenseitig: die Erforschung an und für sich selbst, die Erforschung mit einem Gegenüber und die Erforschung in einem größeren, unterstützenden Umfeld: Ich, Du und Wir.

Wir haben uns in den einleitenden Kapiteln deutlich davon abgegrenzt, mit diesem Buch ein neues Männerideal aufstellen zu wollen. Aber stellen wir nicht zwischen den Zeilen doch wieder ein neues Ideal auf? Es könnte so lauten: Mach, was du willst, aber erforsche dich selbst, entwickle dich weiter und lebe dein Potenzial! Einem solchen psycho-spirituellen Imperativ möchten wir gerne den Wind aus den Segeln nehmen. Selbsterforschung und innere Entwicklung sind für uns kostbar, aber kein Ideal, kein „Must-do", keine moralische Verpflichtung und kein Zeichen dafür, ein besserer Mann zu sein. Wir sehen beides eher als innere Bedürfnisse an, zu denen vielen Männern der Zugang fehlt. Diesen Zugang zu finden, dazu möge dieses Buch beitragen. Wenn Sie aber in einer Lebensphase sind, in der Sie andere Prioritäten setzen, beispielsweise im Beruf oder weil sie derzeit von Ihrer Vaterschaft weitgehend eingenommen sind und sexuelle Entwicklung gerade kein Thema ist, dann sehen wir keine Veranlassung, Sie davon abzubringen.

Wir können auch anders. Anregungen zur Selbsterforschung

Mannsein kann eine bunte, schillernde, vielfältige und obendrein lustvolle Entdeckungsreise sein, bei der es mit der Zeit immer weniger darauf ankommt, ein Mann zu sein, sondern zu leben, was uns wesentlich ist. Der Kontakt zu unseren tiefen Sehnsüchten kann uns motivieren, zu neuen Ufern aufzubrechen. Wir brauchen uns aber nicht zu wundern, wenn die Stimme des Inneren Zweiflers auftaucht.[102] Der Zweifler ist eine Instanz unserer Psyche, die uns vor allzu unbedachten Aktionen schützt. Wann immer wir etwas Neues riskieren, ruft das den Zweifler auf den Plan. Er sorgt für unsere Sicherheit, das ist sein Job, und er lässt sich nicht gerne kalt abservieren. Möglicherweise haben wir aber die Wahl, ob wir den Zweifler ans Steuer unseres Lebens setzen – oder nur auf den Beifahrersitz.

Aber wer sitzt dann am Steuer, wer gibt unserem Leben Ausrichtung, Sinn und Bestimmung? Wo wollen wir überhaupt hin? Einige unserer Gesprächspartner haben kleine Schritte unternommen, die wohl viele Männer kennen, andere haben sich in erotische Dimensionen vorgewagt, die für viele tabu sind. Es liegt an uns selbst, unsere eigene Balance zwischen Sicherheitsbedürfnis und Risiko zu finden.

Wir haben aber umso mehr Entwicklungsmöglichkeiten, je weniger wir uns durch verinnerlichte Normen selbst im Wege stehen. Eines der größten Hindernisse für Vielfalt und Reichtum unserer Sexualität ist das Bedürfnis, als normal angesehen zu werden. Auch wir Männer hegen ein tiefes, menschliches Bedürfnis nach Zugehörigkeit. Dieses macht uns dafür anfällig, uns anzupassen, nicht zuletzt, um als Mann angenommen und anerkannt zu werden. Daher gehört Mut dazu, sich auf Ungewohntes einzulassen.

Bei aller Unterschiedlichkeit individueller Erfahrung tauchten manche Themen immer wieder auf. Sie verweisen auf typische Ansatzpunkte zur Entfaltung unseres Liebeslebens. Wir haben aus den intimen Gesprächen und eigenen Erfahrungen zehn Thesen abgeleitet, die wir hier zur Diskussion stellen:

Zehn Thesen zur männlichen Sexualität

1. **Je mehr Neugier wir Männer uns zugestehen, desto weniger Krisen sind nötig, um uns für neue Horizonte zu öffnen.** Für viele Männer ist eine Krise der Ausgangspunkt ihrer Entdeckungsreise, sei es Trennung, Krankheit, schmerzlicher Verlust oder schleichende Unzufriedenheit. Neugier und Entdeckungsfreude können Krisen entbehrlich machen, sie lassen uns Risiken eingehen, so wie jedes Kind ständig Neues riskiert.

2. **Liebe und Beziehung sind Männern genauso wichtig wie das unmittelbare sexuelle Erleben.** Dass Männer Sex über Liebe stellen, ist ein Mythos. Männer favorisieren jedoch unterschiedliche Beziehungs*formen* – von lebenslanger Treue bis zu spontanen Begegnungen gibt es ein weites Spektrum möglicher Vorlieben. Wenn Männer darauf hoffen oder gar erlebt haben, dass es sich lohnt, sind sie auch zu herausfordernder Beziehungsarbeit auf Augenhöhe bereit.

3. **Auch Männer sind fähig, vielfältige Formen von Lust und Orgasmus zu erleben.** Die Ejakulation als Schlussakkord jeder sexuellen Begegnung ist nicht mehr selbstverständlich und auch nicht von allen Männer erwünscht. Es ist allerdings nicht einfach, unterschiedliche Qualitäten von Lust und Befriedigung zu beschreiben. Wir brauchen dafür noch eine angemessene Sprache.

4. **Männer haben vielschichtige Gefühle und sind zu tiefem emotionalem Erleben fähig.** Allerdings wurde vielen Männern schon in der Kindheit das Fühlen abtrainiert. Die Wiederentdeckung der Innenwelt kann ein langwieriger und zuweilen schmerzhafter Prozess sein. Sexuelle Erfüllung und das bewusste Spüren der eigenen Gefühle liegen nahe beieinander. Die Aussicht auf tiefer erfüllenden Sex kann Männer zum Risiko größerer emotionaler Öffnung motivieren.

5. **Männer sind es kaum gewohnt, sich selbst zu lieben.** An die Stelle von Selbstliebe treten Selbstsucht, Sexsucht oder die Abwertung anderer. Sich mit innerer und äußerer Abwertung auseinanderzusetzen, mit der Geringschätzung eigener Körperlichkeit, mit der Unterdrückung der eigenen Gefühle, mit der vielfältigen Abwertung von Mannsein, all das kann helfen, Selbstliebe zu entwickeln und unabhängiger von Anpassung zu werden. Selbstbefriedigung kann zum Ausdruck wirklicher Selbstliebe werden.

6. **Homophobie** – die verdeckte Angst vor dem Schwulsein – **beißt sich mit einem entspannten Verhältnis zur eigenen Sexualität.** Auch Männer, die Frauen begehren, können erotischen Erfahrungen mit anderen Männern etwas abgewinnen, wenn sie bereit sind, sich ihrer Angst zu stellen. Die Kategorien hetero-, homo- oder bisexuell werden der inneren Vielfalt an Erlebnismöglichkeiten nicht gerecht.

7. **Männer tragen männliche wie auch weibliche Seiten in sich.** Sexuelle Befriedigung hängt eng mit einer gelungenen Gestaltung der inneren männlich-weiblichen Polarität zusammen. Diese Polarität wird von Männern unterschiedlich erlebt, das Spektrum an Vorlieben reicht von aggressivem Sex über die Lust an der Initiative bis zum empfänglichen, stillen Verweilen ineinander oder gar zum Wunsch, selbst penetriert zu werden.

8. **Männer sind bereit, sich sexuell fortzubilden, wenn sie sich etwas davon versprechen.** Viele haben kaum Ahnung, welche Möglichkeiten der Weiterbildung es überhaupt gibt. Liebesschulen finden sich eher in gesellschaftlichen Nischen. Oft sind große Scham- und Schuldgefühle zu überwinden, bis Männer sich tatsächlich Hilfe holen oder entsprechende Seminare und Trainings besuchen.

9. **Die Frage nach dem *richtigen Mann* verliert an Bedeutung.** Je mehr Männer ihr inneres Erleben und ihre Sexualität neugierig erkunden und je mehr Akzeptanz sie sich selbst entgegenbringen, desto weniger müssen sie sich beweisen. Es braucht Mut, zum individuellen Mannsein zu stehen, besonders wenn Kollegen, Freunde oder die Partnerin etwas anderes erwarten.

10. **Die erotisch-sexuellen Vorlieben von Männern sind unterschiedlich.** Diese letzte These ist einerseits banal, andererseits noch nicht im kollektiven Bewusstsein verankert. Der eine liebt das unverbindliche erotische Spiel, der andere öffnet sich erst in einer verbindlichen intimen Beziehung. Mancher verbindet Sex mit Kinderwunsch, ein anderer liebt es, über Grenzen zu gehen und Tabus zu brechen, und wieder andere fühlen sich am tiefsten von der spirituellen Dimension im Sex berührt. Wir können versuchen, Erklärungen für diese Unterschiede zu finden, müssen das aber nicht. Wir können sie einfach als Ausdruck der Fülle des Lebens betrachten, zu der wir Männer wesentlich beitragen.

Zusammenfassend lässt sich behaupten: Männliche Sexualität birgt einen wahren Schatz an Erlebnis- und Entfaltungsmöglichkeiten. Was hält so viele Männer davon ab, diesen Schatz zu heben? Ist es Unsicherheit, Unwissenheit, Scham, Resignation oder doch wieder das Klischee, Männer seien halt etwas einfacher gestrickt?

Was auch immer die Gründe sind, Vielfalt und Widersprüchlichkeit kann irritieren. Insbesondere Männer, die in ihrem sexuellen Selbstbewusstsein verunsichert sind, wünschen sich Orientierung und Antworten auf brennende Fragen wie: Was ist wirklich männlich? Wie befriedige ich eine Frau? Und wenn ich keinen hochkriege oder zu früh komme? Wie bekomme ich eine erfüllende Liebesbeziehung auf die Reihe? Was tun, wenn ich immer wieder scheitere? Angesichts solcher Fragen ist der Wunsch nach eingängigen Antworten verständlich. Wir wollen dieses Bedürfnis unerfüllt lassen, aus einem einfachen Grund: Männer sind vielfältig, haben unterschiedliche Anliegen und Potenziale, fühlen sich bei weitem nicht so genormt, wie ihre Anzüge aussehen, sondern sind bunt wie das Leben. Wie könnte es allgemeingültige Antworten geben?

Statt Antworten zu geben, möchten wir jeden einzelnen Mann dazu anregen, sich die für ihn relevanten Fragen zu stellen und sich ein wohlwollendes Umfeld zu suchen, in dem Sie Ihren Fragen und den immer wieder neu auftauchenden Antworten nachspüren. Irgendwann kommt es dann darauf an, was wir bereit sind, konkret auszuprobieren. Dabei hilft eine gewisse Klarheit, von wo aus wir unsere Reise beginnen wollen, denn unsere Entwicklung vollzieht sich auf verschiedenen Ebenen, von denen die eine Sie vielleicht mehr anspricht als die andere. Dazu einige Fragen:

Zwölf Fragen zur sexuellen Selbsterforschung

- Wie erleben Sie Ihren Körper, Ihre Erregung, ganzkörperliche Sinnlichkeit, Orgasmus, Ihren Anus, Ihre Prostata und sexuelle Selbstbefriedigung? (Körperliche Ebene)
- Was fühlen Sie beim Sex oder bei dem Gedanken daran? Welche Empfindungen, Sehnsüchte, Hoffnungen, Enttäuschungen, welche Freude und welchen Frust? (Emotionale Ebene)
- Womit identifizieren Sie sich und woran orientieren Sie sich im Sex? Wo stehen Sie zwischen den Polen männlich und weiblich? Auf wen oder was stehen Sie? (Identitätsebene)
- Welche Rolle spielt für Sie Sex im Kontext von Liebe und Beziehung? Wie vertragen sich Treue und Freiheit? Wie verbinden – oder trennen – Sie Lust und Liebe? (Beziehungsebene)
- Welche Fantasien machen Sie an? Was erlauben Sie sich und wie gehen Sie mit Tabus um? (Fantasieebene)
- Wie erleben Sie Sex: wild oder still, zart oder hart, kurz und geil oder lang ausdauernd, ganz auf sich selbst fokussiert oder auf Ihr Gegenüber? (Kontaktmodi)
- Übernehmen Sie gerne die Initiative oder lieben Sie eher die Hingabe? Variiert das in verschiedenen Phasen des erotischen Zyklus? (Sexuelle Dynamik)
- Wie prägt Sie Ihr sexueller Lebenslauf? Was bringt Sie voran, was steht Ihnen im Weg? (Biografische Ebene)
- Sind Kinder oder Kinderwunsch ein Thema: Wie beeinflusst diese Facette Ihr sexuelles Erleben? (Vaterschaftsebene)
- Hat Sex für Sie eine spirituelle Dimension? Worin zeigt sich diese? Wie können Sie diese Dimension entdecken und kultivieren? (Spirituelle Ebene)

- Welche Unterstützung brauchen Sie für die Entwicklung Ihres Liebeslebens? Was hilft Ihnen, die für Sie passende Unterstützung zu suchen und zu finden?
- Welche Ihrer besonderen Gaben möchten Sie weitergeben?

Jede dieser Ebenen bietet ihr eigenes Universum an Erfahrungsmöglichkeiten. Es gibt vielfältige Optionen, in einer Partnerschaft, in offenen Begegnungen oder auch mit uns allein. Wir können mit Selbstliebe experimentieren, ein erotisches Date mit uns selbst vereinbaren. Wir können mit dem Orgasmus spielen oder mal auf die Ejakulation verzichten. Wir können den Anus ins Liebesspiel einbeziehen. Wir können tantrische Massagen kennenlernen und entdecken, was es heißt, einen Körper einschließlich Intimzone zu verehren. Wir können Meditation und Absichtslosigkeit in unser Sexleben bringen, mit stillem Sex experimentieren, unsere animalische Seite erforschen, Königin und Diener[64] (oder umgekehrt) spielen, die Rhythmen des erotischen Zyklus analog zu den 5 Rhythmen tanzen,[53] Sex mit mehr als einem Partner erleben (nacheinander oder gemeinsam), uns für bewusstere Verbindlichkeit entscheiden, erotische Zwiegespräche[103] führen und vieles, vieles mehr.

Oft schaffen wir es nicht allein, uns auf den Weg zu machen, vor allem längerfristig. Viele Männer sind erstaunt, wie schnell sie in einem wohlwollend unterstützenden Umfeld neue Facetten an sich entdecken. Das können offene Gespräche mit Männern oder Frauen sein, Männergruppen oder gemischte Gruppen oder auch themenbezogene Seminare. Solche Erfahrungsräume waren auch für uns Autoren wesentliche Türöffner zu reicher und erfüllender Liebe und Sexualität. Wir haben es unendlich genossen, darin als Mann und sexuelles Wesen grundsätzlich bejaht zu werden. Wir haben am eigenen Leibe erlebt, wie sich Wohlwollen in uns auswirkt. Tiefe, schambesetzte Wunden konnten heilen. Wir glauben nun etwas weniger, nur begehrt oder geliebt zu werden, wenn wir es jemandem recht machen ...

Es gibt aber einen viel näherliegenden Schritt als Seminare zu besuchen. Der fällt vielen Männern erst mal schwer: miteinander offen zu reden. Was hält Sie eigentlich davon ab, mit Ihren besten Freunden über Ihre intimen Wünsche, Ihre sexuellen Erfahrungen, Probleme und Sehnsüchte zu sprechen? Wenn Sie ohne Zögern mit „gar nichts" antworten, gehören Sie zu einer glücklichen Minderheit. Wenn nicht: Ist es vielleicht einen Versuch wert? Mit welchem Ihrer Freunde könnten Sie beginnen? Über sexuelle Wünsche, Verletzungen, Hemmungen oder Tabus sprechen zu lernen, macht aus innerer Not ein spannendes Forschungsgebiet. Ein solcher Perspektivenwechsel ist ein guter Anfang.

VERGESST DIE FIXIERUNGEN.
KOLLEKTIVE PERSPEKTIVENWECHSEL
RUND UMS MANNSEIN

Nicht nur individuelle Perspektivenwechsel sind entwicklungsfördernd, auch die öffentliche und mediale Debatte über die Themen Männer und Sexualität kann von neuen Sicht- und Denkweisen profitieren. Wir haben eingangs das mediale Umfeld skizziert, mit Männerbildern und -idealen, die die Selbst- und Fremdwahrnehmung von uns Männern beeinflussen. Wir sind dabei widersprüchlichen Erwartungen und einer häufig anzutreffenden Abwertung von Männlichkeit und männlicher Sexualität begegnet. Vieles davon könnten wir getrost vergessen, wenn wir denn könnten, aber so einfach ist es natürlich nicht. Wir befinden uns in einem teilweise befreienden, aber auch mühsamen Veränderungsprozess, der uns alle herausfordert, die alten Rollenbilder hinter uns zu lassen und Neues zu wagen.

Welche neuen Impulse ergeben sich nach der Lektüre der Gespräche mit Männern, die sich mehr oder weniger von Normvorstellungen und Erwartungen gelöst haben? Was lässt sich aus ihren Erfahrungen für die kollektive Perspektive auf und für uns Männer ableiten? Sind ihre Erfahrungen nur für einen kleinen Kreis besonderer Männer relevant? Ist die Erweiterung sexueller Erlebnismöglichkeiten ein exotisches Hobby, so wie andere vielleicht bergsteigen, Drachen fliegen, Briefmarken sammeln oder ferne Länder bereisen? Oder sind die aufgezeigten Möglichkeiten für einen viel größeren Kreis von Männern interessant? Sind sie womöglich sogar wegweisend für ein neues Verständnis der Beziehung und der Dynamik der Geschlechter und für deren bessere Verständigung?

Die ausgewählten 15 Männer sind natürlich in keiner Weise repräsentativ für die männliche Gesamtbevölkerung. Auch unsere Onlineumfrage im Jahr 2013, an der 356 Männer teilnahmen, ist nicht repräsentativ, belegt und illustriert aber manche der Tendenzen, die wir bereits in den Interviews beobachten konnten:

- Liebe, Nähe und ganzkörperliche Sinnlichkeit sind vielen Männern wichtiger als ein möglichst intensiver Orgasmus.
- Selbstbefriedigung wird von Männern mehrheitlich noch als manchmal notwendige Spannungsabfuhr betrachtet, aber immer mehr Männer erfahren das Potenzial echter sexueller Selbstliebe, von lustvoller Selbstbeglückung bis hin zur Erfahrung göttlicher Dimensionen im Sex.
- Viele Männer bevorzugen Treue als monogame Ausschließlichkeit. Eine nicht unerhebliche Minderheit aber artikuliert das Bedürfnis, Treue nicht als sexuelle Exklusivität zu verstehen. Ein Drittel der Befragten stimmt der These zu: Treue hat nichts mit Sex zu tun. Männer, die sexuell frei leben wollen, geben häufig an, nicht still und heimlich, sondern offen und ehrlich damit umgehen zu wollen.
- Viele Männer haben es satt, sich an idealtypischen Männerbildern abzuarbeiten. 40 Prozent der befragten Männer haben an ihrem Mannsein besondere Freude, wenn es ihnen vollkommen egal ist, ob sie *richtige* Männer sind.

Die Onlineumfrage umfasste nur einige wenige, ausgewählte Themenkreise. Weitere Informationen zu den Ergebnissen finden Sie im Anhang.

Aus einer Laune heraus starteten wir eine weitere Umfrage, diesmal unter Frauen. 223 Frauen antworteten innerhalb weniger Wochen. Gefragt war nicht nach den Erfahrungen und Einstellungen der Frauen, sondern nach ihrer Einschätzung, wie die Männer mehrheitlich geantwortet hatten. Dabei gab es erhellende Abweichungen.

- Dass ein möglichst intensiver Orgasmus wesentlich für die männliche Erfüllung im Sex ist, glauben doppelt so viele Frauen als Männer, die das von sich selbst behaupten.
- Deutlich mehr Frauen als Männer sind der Ansicht, dass Selbstbefriedigung eine für Männer notwendige Spannungsabfuhr darstellt, wenn sie keinen Partnersex haben können.

- Frauen unterschätzen das männliche Treuebedürfnis und sie unterstellen mehr Männern, Treue vom Thema Sex abzukoppeln, als Männer es bestätigen.

Werden Männer von Frauen in ihrer Bereitschaft und Fähigkeit, althergebrachte Klischees hinter sich zu lassen, unterschätzt? Dass Frauen uns Männer unterschätzen, ist mit dieser Miniumfrage keineswegs bewiesen, entspricht aber durchaus so mancher Lebenserfahrung.

Aber unterschätzen wir Männer uns nicht auch selbst? Wir glauben: Ja!

Unsere Selbstunterschätzung tritt manchmal als kompensatorische Selbstüberschätzung in Erscheinung und ist nicht nur ein individuelles Phänomen, sondern ein kollektives, gesellschaftliches. Klischees sind langlebig, insbesondere wenn es um Themen geht, über die in der Öffentlichkeit nicht offen gesprochen wird, sondern eher in Form von Verallgemeinerungen, Glaubenssätzen, Selbstinszenierungen, Ideologien, Angriffen, Schutzbehauptungen oder Vermarktung. Männliche Sexualität, da sind wir uns sicher, ist ein solches Thema.

Wir schlagen drei – etwas zugespitzte – Perspektivwechsel vor, sowohl für den Blick auf uns selbst als auch für die gesellschaftliche Sicht auf Männer und ihre Sexualität:

1. **Vergesst den Orgasmus** – Wir wollen und genießen das ganze Spektrum erotischen Erlebens.
2. **Vergesst Männlichkeit** – Wir wollen und genießen das ganze Spektrum menschlichen Seins.
3. **Vergesst Abwertung** – Wir brauchen und verdienen Einfühlung für das ganze Spektrum unseres Verhaltens.

1. Vergesst den Orgasmus – Wir genießen das ganze Spektrum erotischen Erlebens

Vergesst den Orgasmus? Es würde uns nicht wundern, wenn Sie diese Empfehlung nicht ganz ernst nehmen. Gut so. Wir meinen sie auch nicht ganz ernst. Aber vielleicht doch ernster, als Sie denken. In der Fixierung auf den Orgasmus mit Ejakulation als natürlichen und unaufhaltsamen Höhepunkt sexueller Interaktion sehen wir eines der größten Hindernisse für eine facettenreiche männliche Sexualität. Leider wird diese Fixierung durch die gängige sexualwissenschaftliche Anschauung unterstützt: „Kommt männliche Lust einmal in Fahrt, will sie auch ins Ziel kommen", wird beispielsweise in der Schweizer *Männerzeitung*[104] der aktuelle Forschungsstand wiedergegeben.[105] Auf Nachfrage wurde diese zugespitzte Darstellung allerdings relativiert[106], und sie wäre auch kaum differenzierter als ihr Pendant vom Stammtisch: „Was raus muss, muss raus!" Vielleicht bedarf diese durchaus geläufige These aber auch keinerlei Beweises. Bestätigt sie sich etwa nicht durch unmittelbare Erfahrung? Welcher Mann kennt nicht dieses drängende, geile Gefühl, das nur durch das Herausschleudern von Sperma zu bändigen ist?

Männer, die sich von dieser Art Plausibilität nicht abhalten lassen, tiefer zu forschen und auf den Orgasmus und/oder auf die Ejakulation mal zu verzichten, machen allerdings teilweise ganz andere Erfahrungen. In den intimen Gesprächen haben wir Berichte darüber gehört, welch befreiende und befriedigende, allerdings zuweilen auch irritierende Wirkung Sex, ohne zu kommen, haben kann. Die Erfahrungen reichen von ekstatisch über erfüllend, Trauer auslösend bis zu unerträglich energiegeladen. Auch das Ergebnis unserer Umfrage lässt aufhorchen: Längst nicht alle befragten Männer sehen in Orgasmus und Ejakulation den natürlichen Höhepunkt und Abschluss einer sexuellen Begegnung. Und weniger als die Hälfte der Männer gaben an, dass Orgasmus und Ejakulation untrennbar zusammengehören. Dieses Ergebnis ist kaum auch nur annähernd auf die gesamte männliche Bevölkerung übertragbar. Könnte es aber sein, dass viele

Männer erst gar nicht auf die Idee kommen, diese Phänomene näher zu erforschen, weil sie ihr Erleben schlicht für natürlich, normal und unausweichlich halten?

Nun könnte man fragen: Ja und? Wo ist das Problem? Viele sexuelle Frustrationen, nicht zuletzt auch in der Begegnung von Frauen und Männern, könnten hier eine ihrer Wurzeln haben. Denn wenn der Sexualakt ein feststehendes Ziel hat, ist es schwierig, das eigene Erleben unvoreingenommen neugierig zu erkunden und sich offen aufeinander zu beziehen, ohne unter Zugzwang zu geraten nach dem Motto: Wer A sagt, muss auch B sagen, und wer erregt ist, muss auch kommen. Solange Männer wie Frauen glauben, die Fixierung des Mannes auf den unvermeidlichen Endpunkt sei unabänderliches biologisches Schicksal, gleicht Sex eher einer Einbahnstraße als einer blühenden Wiese oder wildromantischen Landschaft.

Bei unserer Recherche für dieses Buch haben wir leider keine sexualwissenschaftliche Studie gefunden, die die jahrtausendealten Erkenntnisse aus dem Tao oder dem Tantra näher untersucht hätte. Dazu gehören beispielsweise der Einfluss bestimmter sexueller Praktiken auf die Gesundheit oder Zusammenhang und Wechselwirkung von sexuellen, religiösen und spirituellen Erfahrungen, nicht zuletzt aber auch eine andere Einstellung gegenüber der männlichen Ejakulation. Frauen fordern in den letzten Jahrzehnten zunehmend, neben dem bis vor kurzem noch sagenumwobenen G-Punkt auch die weibliche Ejakulation näher zu erforschen. Es entbehrt nicht einer gewissen Ironie, wenn wir Männer nun fordern: Erforscht männliche Sexualität *ohne* Ejakulation. Dazu gehört die sexuelle Erfahrung, die sich ganz dem spontanen Treiben überlässt, ohne überhaupt einen Höhepunkt anzusteuern. Dazu gehören aber auch Orgasmusformen wie beispielsweise männliche multiple Orgasmen[107] oder der Talorgasmus[108], die ganz anders ablaufen, als die Schulweisheit uns glauben machen will. Wir finden, hier besteht interdisziplinärer Forschungsbedarf.[109]

Um es klar zu sagen: Wir finden Orgasmen und Ejakulationen eine feine Sache, manche sind unvergessliche und tief beglückende Highlights. Aber so wie nicht jede Wanderung auf einen Gipfel führen muss, muss auch nicht jeder Sex den Höhepunkt erklimmen. Das klingt banal, bedeutet aber für manche eine kleine oder gar große Revolution.[110]

Die These hat Konsequenzen weit über das Sexuelle hinaus. Wenn Männer in einem der Kernbereiche ihres geschlechtlichen Selbstverständnisses – dem Orgasmuserleben – erfahren, dass körperliche Reflexe schlicht Konditionierungen sein können und damit trügerisch und wandelbar: Was gerät dann noch alles ins Wanken? Uns Männern stehen weit mehr Optionen offen, als wir uns das träumen lassen. Was bedeutet das für all die anderen Bereiche unseres Männerlebens, in denen wir meinen, unseren Mann stehen zu müssen? Damit sind wir bei unserer zweiten Empfehlung.

2. Vergesst Männlichkeit – Wir genießen das ganze Spektrum menschlichen Seins

Vergesst Männlichkeit? Ein Männerbuch mit dieser Empfehlung? Sind wir jetzt vollkommen irre geworden? Lesen Sie bitte erst die folgenden Zeilen und urteilen Sie dann!

Wenn wir empfehlen, Männlichkeit zu vergessen, dann schlagen wir damit weder vor die Unterschiede zwischen den Geschlechtern zu verleugnen noch sie einzuebnen. Es geht uns *nicht* um Unisex. Wir regen jedoch an, uns in unserem konkreten Verhalten nicht daran zu orientieren, ob wir gerade männlich oder weiblich denken, fühlen oder handeln. **Männlichkeit als für unser Verhalten maßgebliche Orientierung ist überflüssig geworden.** Viel interessanter, einzigartiger, lebendiger und auch lustvoller gestalten wir unser Liebesleben, wenn wir uns an unseren eigenen, konkreten Bedürfnissen, Wünschen und Sehnsüchten orientieren, ganz egal, welchem Pol sie gerade zugeordnet werden könnten.

In unserer Kultur werden die Polaritäten menschlicher Eigenschaften und Verhaltensweisen gerne den Polen männlich und weiblich zugeordnet. Hier einige Beispiele:

männlich	**weiblich**
zielgerichtet	hingebungsvoll
aktiv	passiv
geistig	körperlich
rational	emotional
hell	dunkel
lösungsorientiert	beziehungsorientiert
führen	folgen
analytisch	empathisch
eindringen	aufnehmen

Manche dieser Zuordnungen wie die letzteren *eindringen* und *aufnehmen* erinnern direkt an die sexuelle Anatomie von Mann und Frau und erscheinen dadurch besonders plausibel, andere, wie beispielsweise führen und folgen, sind längst Gegenstand der Kritik, sind politisch nicht mehr unbedingt gewollt und erscheinen daher weniger zwangsläufig.

Die Zuordnungen sind sinnvoll, insoweit sie dem Verständnis der polaren oder auch dualen Erscheinungsform unserer Welt dienen. Licht und Schatten, oben und unten, schnell und langsam, schwer und leicht, alles Wahrnehmbare lässt sich polar anordnen und jede dieser Polaritäten könnten wir auch den Geschlechtern zuordnen. Wir könnten trefflich über das männliche und das weibliche Prinzip philosophieren und wie beide gemeinsam unseren Kosmos durchdringen und strukturieren. In der traditionellen chinesischen Medizin sind diese Prinzipien bekannt als die Energien Yin und Yang, deren harmonisches Zusammenspiel in Körper, Geist und Seele Gesundheit bedeutet.

Hier wird bereits deutlich, dass es sich um ein Zusammenspiel handelt und nicht um einseitige Orientierung am einen oder anderen Pol. Männer sind nicht gesünder, wenn sie nur Yang in sich verkörpern, im Gegenteil, sie wären so gar nicht lebensfähig. Aus der Psychologie von

C. G. Jung kennen wir die Lehre von Anima und Animus, auch bekannt als Innere Frau und Innerer Mann. Vielen Menschen ist längst geläufig, dass wir alle, Männer wie Frauen, beide Seiten in uns tragen. Nur die Mischung ist individuell unterschiedlich und kann sich situativ wie auch im Laufe des Lebens verändern. Dies entspricht den Erkenntnissen aus der Embryologie und Physiologie. Es sind nur kleine hormonelle Veränderungen, die aus einem Fötus einen weiblichen oder männlichen Körper entstehen lassen. Wenn erwachsene Menschen entsprechende Hormone einnehmen, können sie ihre Erscheinungsform recht bald in Richtung des anderen Geschlechts verändern. Die Unterschiede zwischen den Geschlechtern sind also keine prinzipiellen, wesensmäßigen Unterschiede, sondern bestimmen sich aus einer statistisch signifikanten individuellen Abmischung beider Seiten des Spektrums.[111]

Wenn wir das Gesamtset menschlicher Fühl-, Denk- und Verhaltensweisen in eine Skala zwischen den beiden Polen männlich und weiblich einordnen, dann sind eben nicht die eine Hälfte dem einen Geschlecht und die andere Hälfte dem anderen vorbehalten, sondern das gesamte Spektrum steht jedem einzelnen Mann (und natürlich auch jeder einzelnen Frau) offen. Wie attraktiv und befreiend, zugleich aber auch irritierend oder gar bedrohlich das sein kann, machte Conchita Wurst[112] beim Gewinn des European Song Contest 2014 einem Millionenpublikum bewusst.

Die Unterschiede sind damit nicht aus der Welt, und das ist auch nicht unsere Absicht. Wer Kinder hat oder Umgang mit Kindern, kommt kaum umhin festzustellen, dass Jungen und Mädchen schon sehr früh anders gepolt sind. Trotz aller dahingehenden Versuche, lässt es sich mit unterschiedlicher Sozialisation allein kaum erklären. Legt nicht also die körperlich-hormonelle Ausstattung, die wir mitbekommen, natürlicherweise eine gewisse Form von Männlichkeit nahe?[113]

Wahrscheinlich ja!

Aber auch wenn dem so ist, brauchen wir dies nicht in Form von Idealen und Zielvorgaben weiter zu verfestigen. Das Ringen und Reifen mit den körperlich-hormonellen Prozessen können wir getrost dem individuellen Entwicklungsprozess überlassen und diesen offen und wohlwollend begleiten. Die individuelle Variationsbreite ist dabei größer als der durchschnittliche Unterschied zwischen Jungen und Mädchen, heißt: Ein einzelner Junge kann durchaus Spaß daran haben, mit Puppen zu spielen, auch wenn die Mehrheit seiner Geschlechtsgenossen auf Fußball und Killerspiele steht. Das Problem entsteht erst dann, wenn die individuelle Präferenz als nicht normgerecht definiert wird. Auch die Existenz von Transsexuellen weist darauf hin, dass Körperform und Hormone auch im Gegensatz zum inneren Empfinden stehen können.[114] Wir sehen darin keine singuläre Ausnahmeerscheinung, sondern das Extrem eines kontinuierlichen Spektrums von männlich-weiblichem Empfinden. Innerhalb von diesem Spektrum fühlt sich jeder und jede von uns an einem anderen Ort zu Hause, so wie es unsere Gesprächspartner beschrieben haben. Manchmal verlassen wir unseren Heimatplatz und gehen *in die Fremde*. Auch das kann bereichernd sein.

Die Wirkung eines männlichen Körpers und dessen Andersartigkeit gegenüber dem weiblichen braucht keine biologistisch-ideologische Fürsprache, sie spricht und wirkt für sich. Dass wir uns mit einem Penis anders fühlen als mit einer Vagina, liegt natürlich nahe, heißt aber nicht, dass ein Penis in der sexuellen Vereinigung immer die aktive, eine Vagina immer die passive Rolle einnehmen muss. Auch sie kann ihn nehmen, kann ihn zart umhüllen, kann ihn ficken. Aber: Was auch immer wir Männer mit unserem Schwanz tun oder mit ihm machen lassen, wenn wir uns unter Leistungsdruck setzen oder uns für ihn schämen, werden wir uns als Mann nicht wirklich wohlfühlen. Wenn wir den Impuls zu erigieren und zu penetrieren mehr als Bedrohung denn als Ausdruck von Lust ansehen, haben wir als Mann ein Problem. Doch wir berauben uns eines großen Spielraums, wenn wir uns auf diese wunderbaren Erlebnisqualitäten – das Über-sich-hinaus-Wachsen oder das Eindringen in die warme, feuchte Intimität eines anderen Menschen – reduzieren lassen.

Die biologistische Auffassung von Geschlechterdifferenz tritt in der spirituellen Szene in einer höheren Oktave auf. Hier wird von männlicher und weiblicher Energie gesprochen. Soweit damit die bereits erwähnten Urkräfte Yin und Yang gemeint sind, haben wir nichts dagegen einzuwenden. Männer, die wenig Zugang zu ihrer männlichen Energie, also zu beispielsweise ihrer extrovertierten oder zielorientierten Seite haben, oder diese nicht leben, engen ihren Spielraum an Erlebnismöglichkeiten erheblich ein, das ist wohl weder gesund noch erfüllend. Das gilt aber auch, wenn sie wenig Zugang zu ihrer weiblichen Energie haben, also z. B. zu ihrer Empfänglichkeit und Hingabe. Von einigen Autoren wurde der Begriff des Herzenskriegers[29] eingeführt, um deutlich zu machen, dass traditionell männliche Qualitäten wie Kampfbereitschaft nicht herzlos sein müssen, sondern ganz im Gegenteil im Dienste des Herzens stehen können. Das kommt uns wie ein etwas hilfloser Rettungsversuch für Männlichkeitsideale vor, die wir nicht mehr brauchen.

David Deida[95] ist einer der prominentesten Fürsprecher für die These, dass Männer in der Regel erst durch das Zulassen und Leben ihrer männlichen Energie zu wahren Männern werden. Viele weitere Autoren haben sich davon inspirieren lassen und fordern Männer dazu auf, Initiative und Führung zu übernehmen. Insoweit sie damit Männer ermutigen und herausfordern, in sich schlummernde Qualitäten zu erwecken und sich vom Rockzipfel der Mutter zu befreien, also erwachsen zu werden: einverstanden! Aber auch im erwachsenen Mann lebt ein inneres Kind, das nicht verlassen oder überwunden, sondern integriert werden will. Ist uns das nicht klar, sehen wir uns leicht wieder als falsche Männer an, wenn wir uns beispielsweise weich und verletzlich fühlen und bestimmte Qualitäten wie Klarheit, Entschlossenheit oder Führungskompetenz gerade mal nicht zur Verfügung haben. Damit wäre das Hamsterrennen auf dem Weg zum wahren Mannsein neu gestartet.

Aber vergesst nicht die Polarität!

Wenn wir Männer uns nicht mehr einseitig an dem orientieren, was als männlich gilt, welche Rolle spielt dann überhaupt noch die männlich-weibliche Polarität? Ist auch sie überflüssig?

Ganz im Gegenteil! Eros hat zwei Flügel, es braucht beide, um zu fliegen.[115] Die Polarität ist das Salz in der Suppe. Wir wollen sie voll und ganz genießen, in all ihren Möglichkeiten, und nicht nur in den normiert vorgegebenen. Anstatt uns an Vorbildern von Männlichkeit zu orientieren, kann uns das gesamte Spektrum der Polarität inspirieren, nicht als verbindliche Vorgabe, sondern als Anregung, verschiedene Seiten in uns selbst zu entdecken. In den Gesprächen haben wir gehört, wie wichtig es sein kann, sogenannte männliche Qualitäten in sich zu finden und zu leben. Die Entdeckung innerer Weiblichkeit kann aber genauso wertvoll sein. Wir verstehen das so: Je mehr wir uns erlauben, aus dem ganzen Spektrum zu schöpfen, desto freier werden wir in unserem sexuellen Ausdruck, vielfältiger in unseren Spielarten und flexibler in unserer Fähigkeit, Beziehungen und Bindungen einzugehen. Es geht nicht darum, dass *alle* Männer endlich ihre wahre Männlichkeit entdecken, genauso wenig darum, dass *alle* Männer endlich ihre weibliche Seite integrieren. Wir finden es viel attraktiver, individuell die Freiheit zu erlangen, das ganze Spektrum auszuloten, um dann unseren eigenen Umgang damit zu pflegen. Diese innere Flexibilität befähigt uns, auch auf die Bedürfnisse unserer Partnerin oder unseres Partners flexibel zu antworten, anstatt zu versuchen, den Kontakt zu manipulieren oder zu kontrollieren. Umgekehrt fordern wir mit unserer Flexibilität natürlich auch eine Partnerin heraus, ihrerseits das ganze Spektrum für sich zu entdecken, sodass jeweils die erotische Spannung erhalten bleibt, auch wenn die Rollen manchmal wechseln.

Sex ist wesentlich ein Spiel mit und Ausdruck von Polarität, mit der erfreulichen Nebenwirkung, dass daraus Vielfalt entsteht. Die sexuelle Erfahrung wird umso reicher und erfüllender, je mehr Polarität wir zulassen und je mehr Unterschiedlichkeit mitschwingen darf. Das gilt auf der physiologischen Ebene unseres Körpers, wo Sympathikus und Parasympathikus als die beiden Zweige unseres autonomen Nervensystems auch im Sex eng zusammen arbeiten[116], genauso wie auf der psychologischen Ebene. Die individuelle Abstimmung, wer gerade welchen Part übernimmt, können und dürfen wir in jeder Begegnung und in jeder Beziehung neu aushandeln, in heterosexuellen wie homosexuellen Paarungen gleichermaßen. Einerseits schaffen wir durch Polarität erotische Spannung, andererseits brauchen wir harmonische Übereinstimmung, um uns verstanden und verbunden zu fühlen. Indem wir diese beiden Qualitäten immer wieder neu ausbalancieren, können wir bei wachsendem Bewusstsein den Tanz der Geschlechter mitgestalten. Wir erledigen das natürlich nicht nur mit dem Verstand, sondern überlassen es der Intelligenz unserer Körper. Sex wird ein mehrdimensionaler Tanz, in dem die einzelnen Schritte nicht standardmäßig festgelegt sind, sondern jede Bewegung die jeweils nächste inspiriert. Wir können *Standard* tanzen, wenn wir das wollen, das kann durchaus seinen Reiz haben. *Wir müssen aber nicht.* Und selbst wenn wir nach nur einem Rollentausch gerne zum Standard zurückkehren wollen, kehren wir vielleicht mit mehr Verständnis und Einfühlung in unser Gegenüber in unsere gewohnte Rolle zurück.

Traditionell männliche Qualitäten wie Gradlinigkeit oder Zielorientierung sind elementar, aber keine Voraussetzung, dass wir uns als Mann fühlen dürfen. Als weiblich angesehene Qualitäten wie Hingabe oder Fürsorge können für uns genauso wichtig sein. Für unser Wohlbefinden wie auch für das Gelingen des sexuellen Tanzes macht es allerdings einen Unterschied, ob wir uns weiblich geben, weil die männlichen Qualitäten blockiert sind, oder ob wir so schlicht mehr Erfüllung finden. Solange wir meinen, dass wir uns für unser Verhalten rechtfertigen müssen, sei es für das klassisch-männliche *Begehren des Einen* oder für den klassisch-weiblichen Wunsch nach Zeit für Zärtlichkeit, hängen wir am Haken der Konventionen.

Damit sind wir bei der Krux unserer Empfehlung. Denn auch wenn wir selbst bereit sind, Männlichkeit zu vergessen, d.h. uns von deren Normen und Anforderungen nicht mehr einsperren lassen, dann hat unsere Umgebung diese noch lange nicht vergessen.[117] Wir werden weiter nicht umhinkommen, uns damit auseinanderzusetzen, wenn zum Beispiel unsere Partnerin fordert: Sei endlich mal Mann! Wir sind gefordert, zu uns zu stehen, wenn wir am Arbeitsplatz gemobbt werden, weil wir bei bestimmten Männlichkeitsritualen nicht mitspielen, uns als Mann mit besonderen Vorlieben wie Homosexualität outen oder plötzlich gar zur Unzeit zu weinen anfangen.

Am liebsten würden wir die Begriffe Männlichkeit und Weiblichkeit als Ordnungsmerkmale menschlichen Verhaltens weitgehend abschaffen und durch Begriffe wie Yin und Yang ersetzen. So könnten wir leichter das naheliegende Missverständnis vermeiden, Männer müssten eher männlich und Frauen eher weiblich sein. In einer lebendigen Sprache lassen sich Worte aber nicht einfach austauschen; so werden wir wohl weiter mit dem Missverständnis leben und weiter daran reifen und wachsen.

Fassen wir zusammen: Wir vergessen die Männlichkeit, aber nicht das Prinzip der Polarität und auch nicht uns selbst mit unseren vielfältigen Anliegen und Bedürfnissen, Fähigkeiten und Begrenzungen. Männer sind anders. Ihre Andersartigkeit zeigt sich mehr in ihrer Einzigartigkeit als in einem vordefinierten Unterschied zu Frauen. Der männliche Körper samt Gehirnstruktur und hormoneller Steuerung legt Gemeinsamkeiten mit anderen Männern nahe und kann identitätsstiftend wirken, er legt uns aber nicht auf bestimmte (sogenannte männliche) Verhaltensweisen fest und begrenzt auch unsere Sexualität nicht auf spezifisch-männliche Ausdrucksformen.

Je mehr wir Männer zu unserer Einzigartigkeit[118] finden und dazu stehen, desto freier werden wir in der Gestaltung unserer Lust und Liebe. Wir gehen kürzere und längere Bindungen ein, um Lust und Liebe zu geben und zu empfangen. Doch können und dürfen wir uns – oder kann frau uns – vertrauen?

3. Vergesst die Abwertung – Wir brauchen Einfühlung für das ganze Spektrum unseres Verhaltens

Männer sind Schweine, vertraue ihnen nicht, mein Kind. Sie wollen alle nur das Eine. Weil Männer nun mal so sind.[119]

Wir haben eingangs auf eine inzwischen weit verbreitete und doch oft unbemerkte Abwertung von Männern und Männlichkeit hingewiesen. Liebevoll-ironische Selbstbezichtigung wie im Song der Ärzte ist vielleicht eine der gesündesten Möglichkeiten, damit umzugehen. Aber nicht jeder Mann ist dazu in der Lage, denn der Schmerz sitzt tief, die Abwehrmaßnahmen sind fest installiert. Was tun? Die Abwertung vergessen? Wenn damit Verdrängung gemeint ist, wird dies kaum helfen. Bevor wir die Abwertung wirklich vergessen können, braucht sie unsere volle Aufmerksamkeit, und das heißt vor allem: Einfühlung. Einfühlung in die Motive für Abwertung, in deren Wirkung und in all das, was darunter verborgen liegt. Ohne wirkliche Einfühlung perlt unsere Aufmerksamkeit an der Oberfläche vorgefasster Meinungen und Urteile ab und wir gelangen nicht in die Tiefe dessen, was wirklich in uns vorgeht.

Eine unserer Testleserinnen fühlte sich durch unsere Ausführungen an die Zeit vor 30 bis 40 Jahren erinnert, als Frauenfeindlichkeit langsam ins öffentliche Bewusstsein rückte. Abwertung von Frauen und Weiblichkeit gibt es nach wie vor, aber auch eine breite gesellschaftliche Debatte darüber, die bereits viel bewegt hat. Das Thema Abwertung von Männlichkeit fristet jedoch noch ein Nischendasein.

Es gibt Männer, die nicht müde werden, auf Diskriminierung gegenüber Männern hinzuweisen. Arne Hoffmann[120] ist Exponent einer maskulistischen Männerbewegung, die sich gerne solcher Themen annimmt. Diese Bewegung ist klein und wird in der Öffentlichkeit kaum beachtet, und wenn doch, wird sie meist als reaktionär abgestempelt.[121] Leider trägt sie selbst dazu bei, denn sie widersteht nicht ausreichend dem wohl aus Verletzung geborenen reaktiven Impuls zu behaupten, nach Jahrzehnten Feminismus und Frauenförderung seien Männer inzwischen die eigentlich Benachteiligten. Einen differenzierteren Ansatz vertritt beispielsweise der Schweizer Dachverband männer.ch und ihr Sprecher Markus Theunert.[122] Er konstatiert, dass sich die große Mehrheit der Männer in Sachen Gleichberechtigung frauenfreundlich präsentiert, deckt dies aber unter dem treffenden Begriff Co-Feminismus als subtile Sabotage auf, nach dem Motto: Frauenförderung ist eine gute Sache, solange es mich persönlich nicht tangiert.

Die Sabotage hat Gründe. Viele Männer können sich nicht vorstellen, dass mehr Gleichberechtigung auch ihnen Vorteile bringt. Die Geschlechterdebatte ist allzu oft auf quantitative Faktoren wie Einkommensverteilung oder Vorstandsposten fixiert, wo wir Männer tatsächlich fairerweise abzugeben haben. Ganz anders sieht es bei qualitativen Veränderungen aus. Da haben wir Männer durch eine Veränderung traditioneller Rollenverteilung durchaus einiges an Lebensqualität zu gewinnen. Immer mehr Männer möchten intensiven Anteil am Leben ihrer Kinder nehmen und nicht nur als Familienernährer fungieren und funktionieren. Sie möchten ihren Körper nicht nur benutzen, sondern spüren, sie möchten ihre Gefühle wahrnehmen, ihren Sehnsüchten lauschen, ihrem Herzen folgen und – last not least – mehr Zeit und Raum für Lust und Liebe haben. Und das alles im ebenbürtigen Miteinander mit einer geliebten Partnerin oder einem geliebten Partner.

Ohne Kontakt zu einer eigenen, inneren Motivation ist es unrealistisch, dass Männer sich nachhaltig für ein Geschlechterverhältnis auf Augenhöhe engagieren. Rein moralische Appelle greifen zu kurz, wirken wie Bumerangs und sind wenig vertrauenswürdig. In den letzten Jahren war immer wieder zu beobachten, dass gerade denjenigen – Männern wie Frauen –, die sich gesellschaftspolitisch als moralische Instanz inszenierten, ihre verdrängten Schattenseiten um die Ohren flogen. Uli Hoeneß, Alice Schwarzer, Michel Friedman und viele andere lassen grüßen. Niemand ist gut beraten, jemandem zu vertrauen, dessen Schattenseiten im Off geparkt sind. Und das bedeutet: Wir Männer können uns auch selbst nicht vertrauen, solange wir abgelehnte, ungeliebte und tabuisierte Bereiche unserer Seele weiter verdammen und damit aus unserem Bewusstsein verbannen. Wir mögen dann zwar empört sein, wenn man uns kein Vertrauen schenkt, aber insgeheim ahnen wir, dass wir mit gezinkten Karten spielen, und könnten geschenktes Vertrauen nicht wirklich annehmen.

Aber vergesst nicht die Schattenseiten!

Wenden wir uns also unseren Schattenseiten zu. Wo sind diese brisanter, verletzender und irritierender Weise zugleich lustvoller als in unserer Sexualität? Sind wir bereit, uns in diese Dunkelfelder einzufühlen?

In den Gesprächen klangen Schattenseiten männlicher Sexualität an, manche deutlich, andere nur am Rande: Männer können schwer ihren Kopf loslassen, sind fixiert auf oberflächliche Reize, sind sexsüchtig, gehen heimlich fremd, konsumieren billige Pornografie, besuchen Prostituierte und üben sexuelle Dominanz und Gewalt aus. Missbrauch und Vergewaltigung sind wohl die dunkelste Seite sexuellen Verhaltens und durch nichts entschuldbar. Aber was um Himmels willen – oder zum Teufel – treibt Männer dazu, eine Frau gegen ihren Willen zu nehmen oder sich sogar an Kindern zu vergreifen? Verbietet sich hier nicht jede Einfühlung? Spricht sie nicht den Opfern gegenüber Hohn?

Wir meinen: nein. Einfühlung macht Verhalten verstehbar und bedeutet nicht, es zu akzeptieren oder auch nur zu tolerieren. Etwas zu verstehen meint etwas fundamental anderes, als es zu rechtfertigen oder zu verharmlosen. Richten wir also den Scheinwerfer der Aufmerksamkeit auf die dunkelsten Aspekte unseres Themas.

Sexuelle Gewalt ist die übelste Form sexuellen Verhaltens. Wo liegen ihre Wurzeln? In herkömmlicher Perspektive werden Männer schon durch ihren Sexualtrieb – wenn er nicht wirksam kontrolliert wird – dazu getrieben, über die Grenzen anderer hinwegzugehen und sich rücksichtslos zu nehmen, was ihre Lust befriedigt. Wir befinden uns hier in einem Umfeld von biologistischen bis theologischen Vorstellungen, die uns bis zum Garten Eden zurückführen. Sex ist sündig. Während bei Adam und Eva und noch lange darüber hinaus der Frau, der Hure, der Hexe, die Schuld an sexuellen Verfehlungen in die Schuhe geschoben wurde, ist es inzwischen überwiegend der Mann. Seiner sexuellen Natur werden gewalttätige Tendenzen zugeschrieben.[47] Aber gibt es nicht viel spezifischere Gründe für sexuelle Gewalt, die nicht im Sexualtrieb selbst, sondern in der komplexen Biografie und Psychodynamik des einzelnen Mannes ihre Ursachen finden?

Je nachdem, welche Perspektive auf die Ursachen wir einnehmen, ergeben sich unterschiedliche Konsequenzen. Steht der männliche Sexualtrieb selbst in Verdacht, in rücksichtsloses Verhalten zu treiben, dürfen wir ihm nicht trauen. Um keinen Schaden anzurichten, müssen wir ihn beherrschen, kontrollieren und zähmen. Vertrauen und Wohlwollen hätten hier womöglich fatale Konsequenzen, indem wir die Gefahr durch das wilde, geile Tier in uns verharmlosen. In einer zweiten Perspektive ergibt sich ein ganz anderes Bild, das uns auf die Spur kindlicher Verletzungen führt, die sich später in gewalttätigem oder herzlosem Verhalten äußern können. Grundsätzliches Wohlwollen könnte hier helfen, sich empathisch den inneren Verletzungen, den daraus resultierenden emotionalen Überforderungen und dem schädigenden Verhalten zuzuwenden.

Zu welcher der beiden Perspektiven wir tendieren, wurzelt in unserem Welt-, Menschen- und Selbstbild: Sind Menschen notdürftig zivilisierte Bestien oder im Kern liebevolle Wesen, die unter traumatischen Bedingungen zu Bestien mutieren? Unsere Weltanschauung basiert wiederum nicht zuletzt auf der Einfühlung, die wir uns selbst schenken, mit all dem, was wir fühlend in uns finden. Wie erleben wir die sexuelle Kraft in uns? Beherrschen wir sie oder beherrscht sie uns? Wahrscheinlich kennen die meisten Männer beides. Wann geht die Geilheit mit uns durch und lässt uns Dinge tun, die wir später bereuen? Was lässt uns taub oder blind für die Befindlichkeit anderer werden? Was ist nötig, damit wir die anarchische Kraft, die im Sex zum Ausdruck kommt, nicht abspalten, sondern bewusst in unser Liebesleben integrieren? Uns solche Fragen zu stellen, ist nicht unbedingt angenehm. Wenn wir sie aber vermeiden, bleibt uns die dunkle Seite männlicher Sexualität fremd, wir können sie verurteilen, aber in unserer Distanzierung und Weigerung, uns einzufühlen, betäuben wir letztlich unser eigenes Herz.

Eine einfühlende Innenperspektive versagen Männer sich nicht nur selbst, sie wird uns oft auch gesellschaftlich verweigert. In vielen Studien zur Gewaltthematik oder zur Prostitution kommt das darin zum Ausdruck, dass nur das vermeintlich objektive Tatgeschehen untersucht wird und nicht die Innenperspektive der Beteiligten, oder wenn, dann nur die des Opfers.[123] Aber auch Opfer werden teilweise entmündigt. Es entbehrt nicht der Ironie, wenn ausgerechnet von mancher angeblich feministischer Seite Prostituierten die Fähigkeit und das Recht abgesprochen wird, für sich selbst zu sprechen und einzutreten.[124] Noch weniger interessiert anscheinend, warum eigentlich Männer zu Huren gehen und was sie bei ihnen suchen. Es entsteht der Eindruck, die Antwort sei selbstverständlich: Männer wollen das Eine, egal wo, egal wie und egal mit wem, es liegt in ihrer Natur. Oder geht es bei Prostitution gar nicht um Sex, sondern grundsätzlich und ausschließlich um Gewalt, wie es anscheinend in Schweden gesehen wird?[125]

Es ist erstaunlich, wie weitgehend Männer sich damit arrangieren, dass Einfühlung in ihre Motive – zumindest auf der gesellschaftlichen Ebene – kaum gefragt ist. Befürchten wir, dass nichts Gutes dabei zum Vorschein käme? Liegt es daran, dass Frauen oft die Definitionsmacht über die Domäne unseres Innenlebens beanspruchen? Oder versprechen wir Männer uns einfach nichts davon, Licht in das Dunkel von Verhaltensweisen zu bringen, die uns zur Last gelegt werden? Nichts sehen, nichts hören, nichts sagen, und am besten auch nichts fühlen scheint eine bewährte Strategie zu sein, mit der Männer durchs Leben kommen – wenn es um das Innenleben geht. Ist dies ein wesensmäßiges Merkmal von Männlichkeit? Wir sehen das anders.

Wo bleibt der Aufschrei?

Gefühllosigkeit ist eine häufige Folge erlittener Gewalt. Sie ist eine Art emotionaler Totstellreflex. Diesen haben wir mit allen Reptilien und höher entwickelten Lebewesen gemeinsam. Bieten Kampf oder Flucht keine Chance auf Rettung, stellen Tiere sich tot. Gefühle abzuwürgen ist diesem Vorgang vergleichbar, es ist eine Art Schockreaktion. Wenn der Ausdruck von Gefühlen chronisch sanktioniert wird oder sie mit zu viel Schmerz verbunden sind, lernen Kinder schon sehr früh, sie zu unterdrücken und nicht mehr zu fühlen. Dass Frauen, die sexuell missbraucht wurden, durch dieses Trauma oftmals ihre sexuelle Empfindungsfähigkeit verlieren, ist weithin anerkannt. Die geläufige Karikatur des empfindungsreduzierten Mannes wird aber noch kaum im Zusammenhang mit erlittenen physischen oder psychischen Verletzungen gesehen. Männer, die Mühe haben, Angst, Trauer, Empathie oder auch ganzkörperliche Lust zu fühlen, haben im Laufe ihres Lebens an Empfindungsfähigkeit verloren oder sie nicht entwickeln können. Warum?

Wir haben in den Gesprächen einiges zu diesem Thema gehört. Jungen wird auf vielfältige Weise beigebracht, nicht zu fühlen. Sprüche wie „Ein Indianer kennt keinen Schmerz" oder „Jungen weinen nicht" mögen altmodisch klingen, sind heute aber oft nur durch subtilere Botschaften ersetzt worden. Ab einem bestimmten Alter sind Jungen, die ihre Angst zeigen oder weinen, nach wie vor Häme oder gar Repressionen ausgesetzt. Und vielen erwachsenen Männern lässt ihr beruflicher Alltag auch nicht gerade reichlich Raum für Gefühle, im Gegenteil, in manchen Branchen machen allzu viel menschliche Regungen berufsunfähig.

Beim Thema Gewalt gelten im Allgemeinen Männer als Täter, Frauen als Opfer. Männer nehmen erlittene Gewalt häufig gar nicht als solche wahr, weil sie sie entweder gewohnt sind oder der Opferstatus als unmännlich gilt.[126] Doch Männer erleiden mehr Gewalt als Frauen, die Täter sind allerdings mehrheitlich ebenfalls Männer.[127] Es geht hier also nicht um Schuldzuweisung an Frauen, sondern um etwas Anderes, Subtileres und viel Interessanteres. *Täterschaft wurde lange Zeit zum Merkmal von Männlichkeit stilisiert, die Opfererfahrung eines Mannes wurde und wird gnadenlos verdrängt.* Gefühllosigkeit, Egoismus, Suchtverhalten, Bindungsschwäche, Gewaltausbrüche – jeder Psychotherapeut weiß, dass es dafür in aller Regel einfühlbare Gründe gibt: eine mehr oder weniger traumatische Kindheit oder zumindest ein wenig empathisches, liebloses Umfeld in jungen Jahren. Warum gibt es keinen Aufschrei von uns Männern, dass uns Symptome von Verletzung und Traumatisierung als Charakteristika unseres Geschlechts angedichtet werden? Doch wir schweigen. Weil wir uns nicht unbeliebt machen wollen, womöglich noch der Frauenfeindlichkeit verdächtigt werden? Oder weil wir bislang mit Wegducken schlicht besser durchgekommen sind?

Bei der erlittenen Gewalt, von der wir hier sprechen, handelt es sich nicht unbedingt um persönlich ausgeübte, also personale Gewalt, sondern überwiegend um strukturelle Gewalt, die diffuser, viel weniger greifbar ist. Sie kann nicht einzelnen Tätern zugeordnet werden, ihre Ursachen liegen eher in gesellschaftlichen Gegebenheiten begründet. Und selbst wenn bestimmte Personen einen Jungen aufgrund seiner Gefühlsäußerungen kränken oder beschämen, so liegen dem meist kollektive Normen und Verhaltensmuster zugrunde. *„Strukturelle Gewalt ist die vermeidbare Beeinträchtigung grundlegender menschlicher Bedürfnisse oder, allgemeiner ausgedrückt, des Lebens, die den realen Grad der Bedürfnisbefriedigung unter das herabsetzt, was potentiell möglich ist."*[128] Nach dieser Definition des Friedensforschers Galtung könnten wir vieles von dem, was Männer im Laufe ihrer Sozialisation durchmachen, als geschlechtsspezifische strukturelle Gewalt gegen Männer auffassen.

Männer wurden über Jahrtausende hinweg dazu erzogen, Gefühle und Schmerz zu unterdrücken und körperliche Bedürfnisse zu missachten. In vielen Kulturen wurden Männer dazu gebracht, bereitwillig ihr Leben auf dem Schlachtfeld zu opfern. Viele Männer sahen sich in ihrer Rolle des Ernährers dazu gezwungen, in Fabriken oder Büros über ihre Grenzen zu gehen, um zu funktionieren, und sind dabei nicht selten emotional und körperlich abgestumpft. Die langfristigen Folgen sind bekannt, hier die deutlichste: Männer sterben im Durchschnitt rund sechs Jahre früher als Frauen. Dies ist überwiegend nicht biologisch bedingt. In Klöstern schmilzt der Unterschied rapide ab.[129],[130]

Wie wirkt sich all das auf die Sexualität von uns Männern aus? Ist die oft beklagte männliche Schwanzfixierung Resultat dessen, dass alle anderen Regionen des männlichen Körpers innerlich verwaist sind, der Penis eine letzte Bastion inneren Lust- und Wohlgefühls? Stehen die dunklen Seiten männlicher Sexualität – vom mechanischen Rammeln über den Konsum plumper Pornografie bis hin zu Missbrauch und sexueller Gewalt – möglicherweise in einem Zusammenhang mit erlittener – personaler oder struktureller – Gewalt?

Der Zusammenhang ist sicher komplexer als hier angedeutet und es sprengt den Rahmen dieses Buches, ihn hier genauer auszuleuchten. Er verdient aber unsere Beachtung und weitere einfühlsame Erforschung. Auch ist uns die Brisanz dieser Gedanken bewusst, schließlich werden sie mitunter dazu missbraucht, Gewalttätigkeit von Männern als verständliche Reaktion auf selbst empfangene Gewalt zu rechtfertigen, Gewalterfahrungen von Frauen zu verharmlosen oder beide gegeneinander aufzurechnen. Es erscheint uns weder sinnvoll noch heilsam, Verletzungen gegeneinander aufzurechnen, schon gar nicht durch ausgleichende Ungerechtigkeit oder Entwertung. Viel lieber schlagen wir vor, dass die Verletzungen, die Männer erfahren, in ihrem eigenen Zusammenhang anerkannt und gewürdigt und dass Strukturen und Normen, unter denen letztlich Frauen und Männer leiden, ohne Scheuklappen untersucht werden, um daraus hilfreiche Impulse für Veränderungen zu erhalten.

Wir alle sind beteiligt und damit auch mitverantwortlich, insoweit wir uns mit männer- wie frauenfeindlichen – also menschenfeindlichen – Strukturen arrangieren. Dies gilt für uns Männer nicht zuletzt, wenn wir zu vielen unserer Erfahrungen schweigen, aber auch für Frauen bis hin zu mancher Feministin, insoweit sie Männern qua Geschlechtszugehörigkeit die Absicht unterstellt, über Frauen herrschen zu wollen.[131] Durch solche Hypothesen ist der Weg verstellt, dass Frauen und Männer gemeinsam, im Dialog miteinander, die Geschlechterverhältnisse zum Wohle aller Beteiligten neu gestalten.[132] Das gilt nicht nur im Bett, wo Sex kaum befriedigender wird, wenn die Frau es dem Manne gleichtut oder ihn umzuerziehen versucht, wie auch, wenn wir Männer uns mit alten Angewohnheiten begnügen.

An der Wurzel unserer Schattenseiten finden wir gewalttätige Strukturen, die uns neben vielem anderen geprägt haben. Das zu sehen und einzufühlen, entbindet uns nicht von unserer Verantwortung. Was immer uns zu dem gemacht hat, der wir heute sind, niemand kann uns abnehmen, das Beste daraus zu machen. Und wie bereits erwähnt werden wir nur geneigt sein, uns in diesem Sinne zu engagieren, wenn wir uns etwas davon versprechen. Unsere intimen Gespräche haben deutlich gemacht, dass es für uns Männer einiges zu gewinnen gibt, wenn wir Erwartungen an uns als Mann hinterfragen und männliche Konventionen durchbrechen. Unser sexuelles Erleben zu erforschen und zu erweitern ist dabei nur eine Möglichkeit unter vielen, allerdings wahrscheinlich die lustvollste.

Je besser wir uns fühlen, kennen und zu uns stehen, desto weniger sind wir anfällig dafür, unsere Schattenseiten zu verdrängen und zu leugnen: Ich? Ich würde so etwas doch niemals tun! Es mag verführerisch erscheinen, uns den an uns gerichteten Erwartungen äußerlich anzupassen, um im Geheimen dann doch … Allerdings ist auch rein äußerliche Anpassung kaum noch zu leisten, sind doch die Erwartungen inzwischen längst so widersprüchlich, dass wir wenig Chancen haben, ihnen zu entsprechen. Wir haben schon viel gewonnen, wenn wir beginnen, uns darüber zu amüsieren:

- Wir sollen Gefühle zeigen und Schwäche zulassen, aber keine Weicheier sein.
- Wir sollen Kante zeigen und unseren Mann stehen, aber nicht den großen Macker markieren.
- Wir sollen nicht zaudern und zögern, das ist nicht sexy, aber auf keinen Fall dürfen wir Grenzen überschreiten.

- Wir sollen nach wie vor das Risiko erotischer Initiative auf uns nehmen, dabei aber das Kunststück fertigbringen, dass sich niemals (!) eine Frau durch uns belästigt fühlt.

Es wäre verwegen zu hoffen, dass uns Männern und unserer Entwicklung auf der gesellschaftlichen Ebene mit Einfühlung, Vertrauen oder gar Wohlwollen begegnet wird. Zu reflexartig werden wir als Täter wahrgenommen, zu ungewohnt ist es, unsere Nöte zu begreifen, zu tief sitzt das Misstrauen, dass wir an Privilegien und Machtpositionen festhalten oder die erstbeste Gelegenheit beim Schopfe ergreifen, uns Frauen wieder gefügig zu machen. Und zu brutal ist das, was beispielsweise in Ländern wie Indien oder im Irak alltäglich von Männern an Frauen verbrochen wird. Es übersteigt unsere Vorstellungskraft. Es ist so gesehen nur zu verständlich, wenn Frauen vor uns Männern auf der Hut sind.

Aber wir Männer? Mit welchem Blick schauen wir selbst auf unser Innenleben? Schauen wir überhaupt hin? Fühlen wir in uns hinein? Finden wir unsere wahren Motive? Könnte es sein, dass unsere Sexualität im Kern ein himmlisches Geschenk ist, nicht nur für uns selbst, sondern für alle, die wir damit beglücken? Wenn dem so wäre – und wir das auch fühlen –, können wir die Abwertung getrost vergessen und das himmlische Geschenk unseres Sex genießen. Dürfen wir womöglich sogar stolz darauf sein, uns als sexuelles Wesen voll und ganz anzunehmen? Zu Risiken und Nebenwirkungen fragen Sie bitte *Die Ärzte*: „Männer sind Schweine (...) Ausnahmen gibt es leider keine." [119]

UNVERGESSLICH.
DIE SPIRITUELLE PERSPEKTIVE
IM SEX

> *Und seht mir doch diese Männer an, ihr Auge sagt es – sie wissen nichts besseres auf Erden, als bei einem Weib zu liegen.*[133]

Sex ist göttlich, der Himmel auf Erden. Wir müssen nicht spirituell sein, um dieser Aussage zuzustimmen. Wir können es aber.[134] Einige Männer haben uns berichtet, dass Sex für sie eine spirituelle Dimension hat. *Sex ist Kommunion als gemeinsame Erfahrung göttlicher Verbundenheit*, schreibt uns ein Mann im Rahmen der Umfrage. An dieser Stelle unterscheiden sich auch die Ansichten von uns Autoren, Rainer und Saleem. Wir haben auf dieser Ebene unterschiedliche Erfahrungen gemacht und ein anderes Verständnis der Welt und was diese im Innersten zusammenhält. Dieses Kapitel gibt eher Saleems Auffassung wieder.

Spiritualität ist ein ähnlich heikles Terrain wie Sexualität. Im Namen von Religion wurden viele von uns mit repressiven, moralischen Verboten traktiert und sollten dann noch an etwas glauben, was wir nicht fassen konnten. Manche denken beim Stichwort Spiritualität an plumpe Esoterik oder gar an sektiererische Gehirnwäsche. In diesem Buch geht es jedoch nicht darum, Sie von irgendetwas zu überzeugen. Es handelt sich nur um eine weitere, möglicherweise inspirierende Sicht auf unser Leben und unsere Sexualität. Andernfalls: Vergessen Sie es!

Mit Spiritualität meine ich nicht Geistigkeit, schon gar nicht sehe ich sie im Gegensatz zur Körperlichkeit, wie wir es vom Christentum her kennen. Spiritualität bedeutet für mich eher das Gewahrsein von Verbundenheit, die Dimension jenseits der Getrenntheit unserer Existenz. Alles ist miteinander verbunden, in gewisser Weise ist alles eins.[135] Wir können lernen, unsere Wahrnehmung dafür zu sensibilisieren.[136]

Tiefe Erfahrungen in Meditation oder auch im Sex weisen für mich in diese Richtung, und auch einige unserer Gesprächspartner sprachen von solchen Erfahrungen. Doch ich beanspruche nicht, daraus eine wie auch immer geartete objektive Wahrheit ableiten zu können. Das hielte ich auch für gefährlich, denn sobald wir aus einem meditativen Einheitsbewusstsein zurückkehren, sich das Denken wieder in den Vordergrund schiebt und wir Worte verwenden, befinden wir uns unausweichlich auf der Ebene der Polarität, genauer gesagt, der Dualität.[137] Hier gibt es keine absoluten Wahrheiten. Wir können nur erkennen und benennen, was wir unterscheiden können. Einheit aber lässt sich nicht unterscheiden. Sobald der Verstand das begreift, wird er demütig und beschränkt sich auf die unterscheidbare, die relative Ebene unseres Seins, und damit auf relative Wahrheiten, auf Perspektiven. Die Verwechslung von absoluter und relativer Ebene führt uns direkt in religiösen Fundamentalismus („Nur mein Gott ist der wahre Gott!", „Nur die von mir erkannte Wahrheit die richtige!") oder auch in so manches spirituelle Missverständnis (*The Secret*[138], *Bestellungen beim Universum* und vieles mehr).

Was hat dies nun mit Männern und Sex zu tun? Diese Frage führt mich zum Tantra. Tantra wird im Westen oft auf den sexuellen Aspekt reduziert, was aber weniger an der Philosophie des Tantra liegt als an den tiefen Wunden, die nicht zuletzt die Verteufelung der Sexualität durch die christlichen Kirchen in uns geschlagen hat. Da erscheint Tantra den einen als Perversion oder Sünde, den anderen als Heilslehre für eine tief verletzte Sexualität. Dabei ist Tantra vieles mehr, und nicht zuletzt ein Weg mitten ins Herz unseres Daseins, in die bedingungslose Feier der Existenz.[2]

Dennoch ist die Verbindung von Sexualität und Spiritualität ein besonders auffälliges Merkmal in der Tradition des Tantra. Skulpturen, die in unserem Kulturkreis als anstößig gelten und sicher niemals eine christliche Kirche schmücken dürften, finden sich in überbordender Fülle in tantrischen Tempeln, beispielsweise im weltberühmten indischen Khajuraho. Die sexuelle Vereinigung von Shiva und Shakti im Ritual des Maithuna[89] gilt im Tantra als eine der fortgeschrittensten spirituellen Praktiken, als Sinnbild für die Vereinigung von Weisheit und Mitgefühl und für die Einheit aller Existenz jenseits aller Polarität. Es ist ein weiter Weg dorthin, und wenn wir im Sex den Hauch einer Ahnung davon bekommen, ist dies bereits so etwas wie Gnade.

Tantra führt uns nicht nur mitten in das alles annehmende Herz des Seins, sondern auch in die sexuelle Dimension unserer Existenz, in den Tanz der Polarität und des Andersseins. Nicht zufällig besuchen Männer Tantrakurse zahlenmäßig in etwa der gleichen Größenordnung wie Frauen, bei Kursen mit dem Fokus Selbsterfahrung, inneres Wachstum und Spiritualität eine große Ausnahme. Im Yogakurs befinde ich mich nicht selten nur unter Frauen. Es ist nicht der Sex allein, der Männer anzieht, es ist auch die tiefe Wertschätzung, vielleicht sogar Verehrung, die wir als Mann im Tantra erfahren können – nicht im Gegensatz zur Verehrung des Weiblichen, sondern als deren gleichgewichtigem Pendant. Im Tantra gibt es Rituale, in denen der Lingam – wie auch die Yoni[57/60] – verwöhnt, massiert, geheil(ig)t und verehrt werden. Die Grundhaltung des Tantra, die durchaus nicht beschönigende, aber annehmende und wertschätzende Haltung allen Aspekten des Lebens gegenüber, ist Balsam für unsere durch Verurteilung und Verachtung geschundene Seele. Dies gilt auch für die von tiefer Scham und Schuld verletzte Männerseele. Hier treffen sich Sex und Herz, hier trifft sich Anderssein mit Verbundenheit.

In der Philosophie des Tantra sind männliche und weibliche Energien gleichwertig[139], sie stehen einander gegenüber, ergänzen sich, schwingen miteinander, vereinigen sich und polarisieren sich wieder. Dieser Tanz des Lebens erschafft Einheit als lebendige Vielfalt. In der erotischen Begegnung können wir diesen Tanz nachvollziehen und einen Geschmack von der unmittelbaren Anmut eines durch und durch sexuellen und zugleich alles in sich vereinenden Universums bekommen. Die tiefere Erforschung von Sex wird so zu einem spirituellen Weg. Bei uns im Westen sind sexfreundliche spirituelle Traditionen besonders stark verschüttet, sie wurden lange als heidnische Bräuche verfolgt. Dennoch gibt es auch hier immer mehr Menschen, die die Kluft zwischen Sex und spirituellem Bewusstsein zu verringern suchen, wie beispielsweise der Jesuitenpater Pierre Stutz.[140]

Sex macht die spirituelle Dimension unserer Existenz für manche erfahrbar. Andere sehnen sich nach dieser Dimension, ohne sie wirklich zu erfahren, wieder andere bilden sie sich gerne ein oder benutzen Spiritualität als Feigenblatt für ihre ansonsten zu schambesetzten sexuellen Motive, noch einmal andere halten all das für spirituelle Folklore oder schlicht eine sexuelle Vorliebe, so wie andere anstatt auf Räucherstäbchen vielleicht auf Lack und Leder stehen. Und es gibt auch tantrische Pharisäer, die beispielsweise absichtsvollen oder dynamischen Sex für nicht gerade sündig, aber doch primitiv und zurückgeblieben halten. Erkennen wir darin etwas wieder? Es ist die gleiche Melodie, die wir schon in anderen Zusammenhängen vernommen haben: die subtile Abwertung des Männlichen, hier im spirituell-tantrischen Gewand.

Wie wunderbar und heilsam kann absichtslose Berührung sein, einfach dahinzufließen, zeitlos in Sinnlichkeit zu schwelgen und eben nicht auf ein Ziel zuzusteuern. Unsere Kultur hat in dieser Hinsicht sicher ein enormes Defizit. Aber wie wunderbar ist auch ein stolz aufgerichteter Phallus samt der darin empfundenen drängenden, zielgerichtet die Penetration ansteuernden Geilheit. Es ist nicht die Verehrung dieser phallischen Kraft, die uns Gefahr laufen lässt, sie ohne jede Empathie für unser Gegenüber auszuagieren. Es ist viel eher ihre Geringschätzung, ihre Verachtung, der Ekel vor ihr oder die schamhafte Verleugnung dieser Facette unseres Seins, die uns Männer (k)irre macht.

Sex in seiner spirituellen Dimension kennenzulernen, kann diese Wunde heilen helfen – als eine Art willkommene Nebenwirkung. Es liegt in unserer Verantwortung, uns zuallererst selbst die Wertschätzung zukommen zu lassen, nach der sich unsere Seele sehnt. Damit legen wir die Basis, auch unser Gegenüber, auch die Weiblichkeit, in ihr und in uns, zu feiern und zu ehren, so wie unsere Kindlichkeit, Andersartigkeit, Vielschichtigkeit sowie die Fülle und Herrlichkeit des Lebens. Sex wird unvergesslich, und wir könnten so einiges vergessen, was unserem unmittelbaren Sein im Wege steht.

Unsere drei Thesen zum Perspektivwechsel erscheinen in spiritueller Perspektive in einem anderen Licht. In vielen spirituellen Lehren bedeutet zu leben, von Moment zu Moment zu sterben und wiedergeboren zu werden. Jedes Ausatmen ist ein Loslassen, ein kleines Sterben, jedes Einatmen ein Neubeginn, eine kleine Geburt. Vor diesem Hintergrund bekommt auch der Orgasmus eine andere Bedeutung. Orgasmus heißt auf Französisch „le petit mort", der kleine Tod. Die radikale spirituelle Version der „Vergesst den Orgasmus!"-These heißt also: Sei in jedem Moment orgastisch! Lebe jetzt das, was ist, in seiner Einzigartigkeit und Fülle, und lasse es wieder los, von Augenblick zu Augenblick. Und wenn daraus Stress erwächst, können wir auch den begrüßen und ihn sogleich wieder ausatmen. Einfach sein. Lebendig sein. Wir könnten diese Qualität auch weniger pathetisch Präsenz[141] nennen.

Auch die zweite These „Vergesst Männlichkeit" erhält eine neue Bedeutung: Spiele deine Rolle als Mann mit Hingabe, koste sie aus, aber sei gewahr, wer du wirklich *bist*. Mannsein ist eine unserer Identitäten, so wie wir auch Deutsche oder Weiße sein mögen. Wir können uns in jedem Moment vollständig mit unserer Männlichkeit identifizieren, wir können sie aber auch wieder loslassen und als das durchschauen, was sie ist: eine bewusst oder unbewusst angenommene Identifikation, eine Rolle, eine Spielart des Seins. Wir spielen mit unserem Mannsein, aber wir kleben nicht daran fest.

Die dritte These „Vergesst Abwertung" bekommt ebenfalls einen anderen Klang, wenn wir sie mit dem berühmten Satz des Mystikers Rumi ins Spirituelle übersetzen: „Jenseits von richtig und falsch liegt ein Ort. Dort treffen wir uns."[142] Das bedeutet umgekehrt, dass wir uns im wahrsten Sinne des Wortes verfehlen, solange wir in unseren Bewertungen gefangen bleiben. Alles ist für etwas gut und für etwas anderes schlecht, es liegt immer daran, woran wir es messen. Jenseits davon wird unsere Begegnung ... unermesslich.

So werden die drei Thesen auch zu spirituellen Wegweisern, die Sex zu einem unergründlichen Abenteuer werden lassen, zugleich aber weit über erfüllende Sexualität hinaus weisen.

DARF ES AUCH EIN BISSCHEN MEHR SEIN? DIE VIELFALT EHREN

Wir kommen zurück ins Diesseits. Dient Sex in erster Linie der Fortpflanzung oder haben wir Sex, weil wir Lust darauf haben oder Liebe damit ausdrücken wollen? Evolutionär gesehen hat die geschlechtliche gegenüber der ungeschlechtlichen Fortpflanzung den Vorteil, größere Vielfalt zu erzeugen, welche wiederum unsere Überlebenschancen vergrößert. Vielfalt erhöht jedoch auch die Möglichkeiten von Lust und Liebe, und wir Männer können dazu beitragen. Wie zum Teufel kommen wir auf die Idee, Männer seien von Natur aus sexuell fantasielos und bis ans Ende ihrer Tage mit dem immer gleichen „Einen" zufrieden? Weil es uns so eingetrichtert wurde? Weil uns beigebracht wurde, dass unser Begehren unanständig sei? Sind wir deswegen manchmal so darauf fixiert? Konsumieren wir erotischen Junkfood, weil wir nichts Besseres verdient haben? Womöglich geht es Männern hier ähnlich wie Frauen, die Kitschromane lesen. Darf es auch ein bisschen mehr sein, für Frauen wie für Männer, für unsere Lust *und* für unsere Liebe?

Wir sind bei der Arbeit an diesem Buch auf vielfältige Formen der Abwertung von Männlichkeit aufmerksam geworden. Diese schwelt oft noch unerkannt im Untergrund, wie vor Jahrzehnten die allgegenwärtige Abwertung der Frau, die inzwischen kein Geheimnis mehr ist. Wenn wir in unserem Umfeld von Männerabwertung sprachen, ernteten wir manchmal zunächst Stirnrunzeln, dann aber immer öfter ein erkennendes „Aha!". Abwertung wird oft verwechselt mit Benachteiligung, doch das ist ein anderes Thema. Uns geht es darum: Auch wir Männer brauchen und sehnen uns nach grundsätzlichem Wohlwollen, für unsere individuelle, aber auch für unsere kollektive Entwicklung. Wohlwollen heißt zuallererst: Wir müssen unser Mannsein niemandem beweisen. Auch wenn mit uns so manches nicht stimmt, so ist dies kein Merkmal von Männlichkeit an sich, sondern individueller Macken, die sich durchaus zu kollektiven, „typisch männlichen" Mustern verdichten können. Unsere Macken sind Ausdruck unserer Lebensgeschichte, unserer Verletzungen, Enttäuschungen und Begrenzungen. Sie sind menschlich, sie dürfen kritisiert werden, sie verdienen aber dennoch Empathie.

Wir Männer müssen keinem Ideal hinterherjagen, um okay zu sein. Wir dürfen uns aber durchaus auf den Weg machen, um unser Repertoire, nicht zuletzt unser erotisches Repertoire, zu erweitern, nicht weil wir uns als Mann beweisen müssten, sondern weil wir unser Leben mit Sinn und Sinnlichkeit gestalten und genießen wollen.

Wir müssen kein richtiger und schon gar kein wahrer Mann sein – vor allem deswegen nicht, weil wir das gar nicht könnten. Richtige und wahre Männer sind ebenso wie normale Männer Phantome, die „Phantomschmerz" erzeugen können, weil wir ihnen niemals gleichen. Wir können aber das ganze Spektrum von Eigenschaften, die wir gewohnheitsmäßig mit männlich oder weiblich etikettieren, als Quelle unserer Inspiration anzapfen. Von klarer Zielorientierung bis zu bedingungsloser Hingabe steht uns Männern alles offen. Und das ist gut so.

Wir sind in unserer Entdeckungsreise auch Schattenseiten begegnet. Auch diesen können wir mit Einfühlung begegnen, ohne sie dadurch zu beschönigen. Das Verhältnis der Geschlechter ist noch immer von tiefen gegenseitigen Verletzungen geprägt. Uns als Mann im eigenen Interesse von alten Klischees zu verabschieden, unsere Einzigartigkeit zu entdecken und darin auch öffentlich erkennbar zu werden, kann unser Beitrag zur Heilung unserer Beziehungen sein.

Wir müssen die Herausforderungen, die unsere Entwicklung mit sich bringt, nicht allein bewältigen. Wir können unsere Freundschaften pflegen, auch und gerade Männerfreundschaften, und uns gegenseitig unterstützen. Mehr und mehr Männer erlauben sich zudem, professionelle Hilfe in Anspruch zu nehmen. Es gibt ein ausgedehntes Spektrum an Hilfsangeboten und Unterstützung (siehe Anhang). Noch nicht viele, aber immer mehr davon richten sich spezifisch an Männer.

Wir kommen zum Ende unserer Expeditionen in die Gefilde männlicher Lust. Manche betrachten unsere Kultur als die in sexueller Hinsicht liberalste, die es je gegeben hat – auch wenn anderen die Prüderie bereits wieder auf dem Vormarsch sehen.[143] Aber sind wir wirklich frei? Wir hoffen, vielfältige Ideen und Impulse gegeben zu haben, um der äußeren Freiheit auch innerlich gewachsen zu sein und eine Ahnung davon zu bekommen, was ein selbstbestimmtes, in Liebe und Respekt aufeinander bezogenes Sexualleben für uns Männer mit sich bringen könnte.

Wir können auch anders. Dies hat sich vielfach bestätigt, aber vielleicht nicht immer so, wie Sie, lieber Leser, liebe Leserin es erhofft und erwartet haben. Viele Männer sind zunehmend bereit, Fluch und Segen der Normalität hinter sich zu lassen und sich selbst neu zu (er)finden. Ob sie Ihren Vorstellungen, wie Männer sein sollten, damit entsprechen, ist damit durchaus nicht garantiert.

Die 15 *ganz normalen* Pioniere, die sich hier in ihrem Ringen um Lust und Liebe, um Beziehung und Einsamkeit, um Anerkennung und Selbstakzeptanz und um ihr ganz eigenes Verständnis von Mannsein gezeigt haben: Sie geben uns und hoffentlich auch Ihnen Impulse und Inspiration. Welche Bedeutung geben wir unserer Sexualität? Was macht uns wirklich an? Wie und mit wem wollen wir unsere Lust leben? Welche Risiken gehen wir dafür ein? Inwieweit sind wir dazu bereit, bei allen Selbstzweifeln und inneren Ambivalenzen zu uns zu stehen? Und last but not least: Dürfen auch wir Männer Phasen in unserem Leben haben, wo andere Dinge wichtiger werden als Sex?

Wir hoffen, dieses Buch regt Sie an, offener, einfühlsamer und vielleicht auch ehrlicher über Sex zu sprechen, vor allem über *Ihren* Sex. Wie wäre es, Ihren besten Freund beim nächsten Treffen mit folgender Frage zu überraschen: Hey, darf ich dich mal etwas ganz Persönliches fragen? Was macht Sex für dich echt erfüllend? Oder: Wie machst du es dir am liebsten selbst? Oder: Hängen Lust und Liebe für dich zusammen? Und wenn ja: wie genau?

Vielleicht bekommen Sie die clevere Antwort: Schöne Frage, fang du mal an, damit ich genauer weiß, was du eigentlich meinst ... Wenn

Ihnen dieser Schritt zu groß erscheint, ist hier unsere Lösung. Diesmal ist sie wirklich ganz einfach: Drücken Sie ihm dieses Buch in die Hand und sagen Sie ihm: Wenn du es gelesen hast, sprechen wir weiter ...

Unsere Sexualität ist vielfältig, in ihr spiegelt sich unser ganzes Leben und sie wirkt auf unser ganzes Leben zurück. Mit unserem erotisch empfindsamen Körper wurde uns ein Geschenk in die Wiege gelegt. Können und dürfen wir darüber staunen? Ein Mann in pulsierender, kraftvoller Lust: welch eine Pracht! In seiner zarten Verletzlichkeit: wie berührend. Nehmen wir die Herausforderung an, dieses Geschenk mehr und mehr lustvoll in Besitz zu nehmen und mit ihm zu wachsen und zu reifen? Mit ihm lustvoll zu beglücken und zu lieben?

Dass dies nicht so einfach ist, dürfte nach der Lektüre dieses Buches ebenso deutlich geworden sein, wie dass es sich lohnen kann, unseren Sex immer wieder neu zu erforschen, gewohnte Überzeugungen und Sichtweisen hinter uns zu lassen und uns dabei in so manche Ungewissheit zu begeben. Wir hoffen, Sie können die Eigenarten von uns Männern nun mit mehr Einfühlung betrachten und der verborgenen Vielfalt unserer Vorlieben Beachtung schenken.

Beachtung kann Ausdruck von Liebe sein. Zu entdecken, was wir als Männer im Sex wirklich suchen, wird so zugleich zur Erweiterung unserer Liebesfähigkeit.

Männer und Liebe ... ja, das wäre ein weiteres lohnendes Thema, das wir vor lauter Sex hier bislang nur gestreift haben.

ANHANG

Sex, Treue, Frauen und Mannsein – die Umfrageergebnisse

6 Fragen zum Sex –
eine Onlineumfrage unter Männern

Die Onlineumfrage fand im Zeitraum von Juni-August 2013 statt. Der Hinweis auf die Umfrage wurde über verschiedene E-Mail-Verteiler im Umfeld der Autoren verschickt und in Facebook gepostet. 356 Männer nahmen teil, 341 beantworteten alle Fragen. Gefragt wurde nach den jeweils maximal drei von sechs möglichen Antworten, die am ehesten zutreffen. Zusätzlich gab es zu jeder Frage ein Zusatzfeld für freie Antworten und ein weiteres allgemeines Mitteilungsfeld.

Im Folgenden werden die vier oder fünf häufigsten Antworten nicht in der ursprünglichen Reihenfolge der Umfrage, sondern entsprechend ihrer Antworthäufigkeit dargestellt. Ebenso wichtig wie die Prozentverteilungen erscheinen uns Umfang und Qualität der individuellen Antworten in den Zusatzfeldern. Diese können wir im Buch nur in einer gekürzten Auswahl darstellen, ungekürzt gibt es diesen Schatz unter www.lustvoll-mannsein.de.

1. Was macht Sex für dich erfüllend?

76 % Liebe und Nähe zur Partnerin/zum Partner

75 % Ganzkörperliche Lust und Sinnlichkeit

37 % Fantasien ausleben und persönliche Grenzen überschreiten

32 % Ein möglichst intensiver Orgasmus

In den 38 individuellen Antworten werden zusätzlich die Lust der Partnerin, der Kontakt mit sich selbst, die Ziellosigkeit und die spirituelle Präsenz genannt.

- Das Erlebnis, wie meine Partnerin in Lustwellen davonfliegt.
- Eins werden mit mir selbst, mit der Partnerin und das Gefühl der Zeitlosigkeit.
- Wenn es nicht gemacht, sondern von selbst fließend ist.
- Sex und Meditation ist das Höchste!

2. Wie stehst du zum Thema Treue?

47 % Ich lebe Sex nur innerhalb einer festen Partnerschaft.

31 % Treue hat für mich nichts mit Sex zu tun.

22 % Ich lebe Sex mit wechselnden Partnern und gehe offen damit um.

19 % Ich komme um Heimlichkeiten nicht herum.

Die 63 eigenen Antworten enthalten teilweise sehr ausführliche Selbstauskünfte. Dabei deuten sich zwei Tendenzen an: einerseits eine Polarisierung um den Wert traditioneller Treue, andererseits eine neue Differenzierung des Begriffes.

- Eine ganz gravierende Frage – Sex geht nur bei Liebe, Liebe beinhaltet Treue.
- „Treue" ist ein gesellschaftliches Konstrukt, dem ich mein Leben nicht unterwerfe.
- Ich möchte grundsätzlich meinen Anziehungen folgen, dabei aber verantwortlich entscheiden und die Gefühle meiner Partnerin mit einbeziehen.
- Ich würde „Treue" gern durch „Respekt vor den Gefühlen der Partnerin" ersetzen. Ich kann auch Sex mit einer anderen Partnerin haben und trotzdem „treu" sein. Und ich kann „untreu" sein, ohne Sex mit einer anderen Partnerin zu haben.
- Ich lebe Sex mit wechselnden Partnern, nur zusammen mit Partnerin!

3. Wie erlebst du Orgasmus und Ejakulation?

44 % Beides gehört für mich zusammen.

31 % Ich kenne viele Arten von Orgasmen, sowohl mit als auch ohne Ejakulation.

30 % Ich kann beides unabhängig voneinander erleben.

22 % Ohne Ejakulation fehlt mir etwas.

Die 40 selbstformulierten Antworten zeigen ein breites Spektrum an Erfahrungen und Meinungen zu diesem normalerweise wenig besprochenen Thema. Neben einem Pro und Contra zum Orgasmuszwang gibt es ein sich differenzierendes Verständnis von Orgasmus und Ejakulation.

- Ein Orgasmus ist wundervoll, das Ejakulat gehört aus evolutionstechnischen Gründen dazu.
- Beides hat mit erfüllter Sexualität nichts zu tun.
- Ich finde die Trennung von O und E super. Das ist für mich umso wichtiger, je älter ich werde.
- Ich weiß nicht, ob ich Orgasmen erlebe.
- Ich genieße den Sex mit meiner Partnerin auch ohne Ejakulation. Diese kann ich bei Selbstliebe besser genießen.
- Für mich ist ein hohes, ganzkörperliches Energieniveau wichtig vor dem Orgasmus, das danach noch lange weiterschwingt.

4. Wie erlebst du Sex mit dir selbst?

58 % Als notwendigen Spannungsabbau, wenn ich keinen Partner-Sex haben kann.

53 % Schön, aber einsam.

6 % Sex mit mir allein ist der beste Sex, den ich kenne.

4 % Ich habe keinen Sex (mehr) mit mir allein.

Zu dieser Frage gab es 92 Antworten im persönlichen Zusatzfeld, jeder Dritte wollte hier mehr mitteilen, als ankreuzbar war. Dabei meldeten sich vor allem die zu Wort, die Sex mit sich selbst als wertvolle Ergänzung zum Partnersex erleben.

- Ist auch schön und gehört genauso zum Sexleben dazu wie mit Partner.
- Ich genieße immer meine Morgensession, lerne mich dabei selbst besser kennen und bin dadurch definitiv zu einem besseren Liebhaber geworden.
- Um in den verlorenen Kontakt mit meinem Körper und meiner Energie zu kommen.
- Er ist sehr genussvoll und bietet Raum, vieles auszuprobieren. Die Fähigkeit, unterschiedliche Arten von Orgasmus zu erleben basiert auf diesen Experimenten mit mir selbst.
- Sex mit mir alleine hat das beste Timing und ist damit „rundum perfekt".
- Als spirituelle Power-Übung.

5. Was ist dir am wichtigsten im Verhältnis zu Frauen?

71 % Vertrauen

64 % Respekt für unsere Unterschiedlichkeit

63 % Erotik und/oder Sex

28 % Gleichberechtigung

Die 30 eher kurzen Zusatzantworten kreisen um das Thema gegenseitige Wertschätzung und Liebe.

- Einander in der Entfaltung fördern, auch in den inneren männlichen und weiblichen Anteilen.
- Die Bereitschaft, die Themen, die wir ineinander auslösen, auch im Kontakt anzuschauen.
- Freundschaft und Respekt. Lust und Sex hol ich mir bei Männern.
- Knistern und Erotik (nicht zwingend Sex).
- die liebe :-) danke göttin!

6. Was lässt dich mit Freude Mann sein?

57 % Wenn ich meine männliche Kraft spüre.
54 % Wenn ich liebe.
42 % Wenn es mir vollkommen egal ist, ein richtiger Mann zu sein.
32 % Wenn ich meine Ziele verfolge.
17 % Wenn ich Sex haben kann. So viel ich will.

In den 32 freien Antworten halten sich die Sehnsucht danach, begehrt zu werden, und nach Selbstbestätigung die Waage.

- Wenn ich durch die Partnerin meine Männlichkeit geachtet fühle.
- Wenn meine männliche Identität deutlich von einer Frau begehrt wird.
- Wenn ich mich lasse, wie ich gerade bin.
- Wenn ich lache.
- Ich weiß, was ich kann und wer ich bin, muss das aber niemandem beweisen.
- Wenn ich mit meinem inneren Feuer in Kontakt bin.

In einem weiteren Zusatzfeld konnten persönliche Kommentare zum gesamten Themenkreis der Umfrage gegeben werden. Die 74 teilweise sehr ausführlichen Antworten zeigen über unsere 15 Interviews hinaus ein vielfältiges Spektrum, das uns erreicht und berührt hat.

- So richtig tief genießen kann ich den Sex mit einer Partnerin nur, wenn Liebe bzw. intensive Gefühle von Zuneigung und Zärtlichkeit mit im Spiel sind. Je gewagter das ist, was offen an Vorlieben gezeigt/gelebt wird, desto wichtiger werden Vertrauen, Achtung und Respekt zu/voreinander.
- Sex ist Kommunion als gemeinsame Erfahrung göttlicher Verbundenheit, was für mich am besten mit Blickkontakt passiert …
- Zuerst muss sichergestellt sein, dass die Frau auf ihre Kosten kommt, ansonsten stimmt der Sex nicht.
- Es ist schwer, Intimität mit einem Mann zu leben und nicht leicht, ein Mann zu sein.

- Habe mit 49 Jahren meine bisexuelle Neigung entdeckt. Es war sehr schön, nachher ganz offen mit meiner Freundin darüber zu reden. Männer sind einfach klasse! ... Frauen aber auch ...
- Früher dachte ich auch immer, dass Frauen tiefere Gefühle haben und schöneren Sex, heute sehe ich das anders.
- Manchmal befürchte ich, dass der bewusste Mann ein riesiges schlechtes Gewissen hat, was er der Frau geschichtlich angetan hat und es immer noch tut, sodass er die authentische KRAFT des Mannes verweigert und zum Softie wird.
- Ich habe sehr viele erotische Fantasien, befriedige mich fast täglich selbst, auch nach dem Sex mit meiner Frau. Gibt es ein Forum, wo man sich über erotische Fantasien austauschen kann?
- Ich empfinde nicht so einen großen Unterschied zwischen Männern und Frauen, ich kann beide sehr sexy finden, mich verlieben und/oder tolle Gespräche haben. So geht es mir, seit ich polyamor lebe.
- Mit meiner derzeitigen Partnerin habe ich den besten Sex meines Lebens. Wir sprechen über unsere Fantasien und leben sie teilweise aus, was von uns als sehr bereichernd und manchmal auch bedrohlich empfunden wird. Ich bin seit frühester Kindheit beschnitten und trauere um den Verlust der Empfindsamkeit.

Einfach strukturiert? Die Expertenumfrage

Im Zeitraum Oktober 2013 bis Mai 2014 stellten wir drei Fragen an 122 Männer, die professionell im therapeutischen, psychosozialen oder spirituellen Bereich mit Männern arbeiten. Die Experten waren uns bereits bekannt oder wurden durch Internetrecherche zum Thema Männer gefunden. Bei den Fragen 2 und 3 waren Mehrfachnennungen möglich, bei allen Fragen gab es ein Zusatzfeld für individuelle Kommentare. Insgesamt 85 Männer haben wie folgt geantwortet (Reihenfolge nach Häufigkeit der Antworten, bei Frage 1 in Prozent, bei Fragen 2 und 3 in absoluter Zahl der Nennung):

1. Wie sehen Sie männliche im Vergleich zu weiblicher Sexualität?

51 % Es gibt keinen wesentlichen Unterschied in der Komplexität männlicher und weiblicher Sexualität.
38 % Männliche Sexualität ist einfacher strukturiert als weibliche.
11 % wollten keiner der drei Optionen zustimmen oder fanden die Frage falsch gestellt, z. B. weil die Unterschiede an Komplexität mehr mit der Lebensgeschichte als mit dem Geschlecht zu tun hätten.
 0 % Männliche Sexualität ist komplexer strukturiert als weibliche.

2. Worin sehen Sie aktuell die größten Herausforderungen für Männer?

67 % Selbstwertgefühl und Identität als Mann
54 % Gefühle wahrnehmen und ausdrücken
35 % Beziehungs- und Bindungsfähigkeit
31 % Umgang mit sexuellen Wünschen und Erwartungen
18 % Berufliche und soziale Kompetenzen

3. Mit Anliegen aus welchen Themenbereichen wenden sich Männer an Sie?

64 % Partnerschaft
61 % männliche Identität
57 % Psychische und Sinnfragen
52 % Sexualität
28 % Beruf
25 % Körper und Gesundheit
17 % Kinder und Familie
 8 % soziales Engagement

Service

Es gibt viele Möglichkeiten, sich intensiv und tiefgreifend mit dem eigenen Mannsein und der eigenen Sexualität zu beschäftigen. Hier einige Hinweise und Links.

Intime Gespräche im persönlichen Umfeld
Die Möglichkeit, sich mit ihrer Partnerin oder mit Freunden auszutauschen, haben wir bereits angesprochen. Die dazu passenden Adressen finden Sie in Ihrem eigenen Adressbuch ...

Männergruppen
Oft verlacht und karikiert, aber manche Männer schwören drauf: die Männergruppe. Kürzlich hörten wir von einer, in der alles erlaubt ist, außer über Fußball, Autos oder Politik zu reden ... Es gibt viele Arten von Männergruppen. Die Intention, echte Freundschaften und tiefen, nährenden Kontakt mit anderen Männern zu suchen, macht sie aus. Regionale Männerbüros sind oft dabei behilflich, eine neue Gruppe zu gründen. Deren Adressen und eine aktuelle Liste bestehender Männergruppen finden Sie hier: www.switchboard-online.de

Workshops und Seminare
Einzelne Seminare und längerfristige Trainings werden in so großer Vielfalt angeboten, dass wir sie hier nicht auflisten könnten.
Unter **www.lustvoll-mannsein.de** finden Sie einen Überblick über das männerspezifische Angebot im deutschsprachigen Raum.

Die Seiten www.tantralehrer-portraits.de/tantralehrer und www.tantra-info.ch bieten einen unabhängigen Überblick über Tantrakurse und deren Anbieter (auch für Frauen und Paare).
Infos zur Arbeit des Autors im Rahmen der Schule des Seins (für Frauen, Männer und Paare) finden Sie unter www.schule-des-seins.de

Professionelle Hilfe

Das Spektrum professioneller Hilfe ist riesig, allerdings werden Männer als Zielgruppe für Unterstützung erst langsam allgemein anerkannt.
Informationszentrum für Männerfragen e.V. Frankfurt:
www.maennerfragen.de
Deutsche Gesellschaft für Mann und Gesundheit e.V.:
www.mann-und-gesundheit.com
Netzwerkt Jungen- und Männergesundheit:
www.netzwerk-maennergesundheit.de
Onlineplattform zu männlicher Sexualität:
www.pflege-deinen-schwanz.de
„Die erste Männerpraxis der Schweiz": www.maennerpraxis.ch
Männerarbeit der ev. Kirche in Deutschland: www.maenner-online.de
Männer gegen Männergewalt: www.gewaltberatung.org
Internetportal für Väter: www.vaeter-zeit.de
Männerberatung Wien: www.maenner.at
Institut für Sexualtherapie Heidelberg: www.institut-sexualtherapie.de
Institut für Sexualwissenschaft und Sexualmedizin, Berliner Charité:
www.sexualmedizin.charite.de
Deutsche Gesellschaft für Sexualforschung: www.dgfs.info
Zürcher Institut für klinische Sexologie & Sexualtherapie: www.ziss.ch

Engagement

Sie wollen sich zum Thema Männer gesellschaftlich engagieren? Leider gibt es in Deutschland kaum eine übergreifende Plattform und viele Ansätze verschwinden schnell wieder aus dem Netz. Hier einige Links:
Dachverband deutscher Männerorganisationen:
www.bundesforum-maenner.de/
Schweizer Dachverband: www.männer.ch
Netzwerk in Theorie und Praxis: http://www.forum-maenner.de/
Bundesweites Männertreffen: www.maennertreffen.info
Offene Männerabende in der Schweiz: www.maennerpalaver.ch
Plattform für Männerrechte und gegen Männerdiskriminierung:
http://manndat.de

Online-Diskussionsforum
Unter www.lustvoll-mannsein.de planen wir ein offenes Diskussionsforum zu den Themen dieses Buches. Hier werden auch die Umfrageergebnisse im Detail vorgestellt. Sie können sich dort aktiv einbringen.

Ausgewählte Literaturtipps
Nicht mit jedem dieser Bücher werden Sie etwas anfangen können oder wollen, auch die beiden Autoren haben unterschiedliche Präferenzen. Sie finden hier wertvolle Anstöße aus unterschiedlichen Kontexten und Fachrichtungen. Erfüllender Sex findet nur selten zwischen zwei Buchdeckeln statt, doch das größte Sexualorgan, so heißt es, sei das Gehirn ...

Bly, Robert: *Eisenhans – ein Buch über Männer*, München 1991
Bönt, Ralf: *Das entehrte Geschlecht – ein notwendiges Manifest für den Mann*, München 2012
Clement, Ulrich: *Guter Sex trotz Liebe – Wege aus der verkehrsberuhigten Zone*, Berlin 2006
Clement, Ulrich: *Wenn Liebe fremdgeht: vom richtigen Umgang mit Affären*, Berlin 2009
Deida, David: *Der Weg des wahren Mannes*, Bielefeld 2006
Deida, David: *Sex als Gebet*, Bielefeld 2006
Maaz, Hans-Joachim: *Die neue Lustschule. Sexualität und Beziehungskultur*, München 2009
Fiess, Frank: *Du bist der Mann deines Lebens! Bewusstes Mannsein als Kraftquelle im Alltag*, Berlin 2007
Heeß, Robert: *Ich liebe dich gerade – Erwachsen werden in Liebesdingen*, Bielefeld 2013
Henning, Ann-Marlene und Bremer-Olszewski, Tina: *Make Love. Ein Aufklärungsbuch*, Berlin 2012
Hüther, Gerald: *Männer – das schwache Geschlecht und sein Gehirn*, Göttingen (v&r) 2009
Rescio, Susanna-Ritari: *Sex und Achtsamkeit. Sexualität, die das ganze Leben berührt*, Bielefeld 2014

Möller, Michael Lukas: *Worte der Liebe: erotische Zwiegespräche*, Hamburg 1996

Richardson, Michael und Diana: *Zeit für Männlichkeit*, Köln (Innenwelt) 2009

Riedl, Michaela und Becker, Jürgen: *Lingammassage – die Kraft männlicher Sexualität neu erleben*, Freiburg i. Br. 2008

Osho: *Tantra, Spiritualität und Sex*. Köln 1997

Osho: *Das Buch der Männer: die Krise als Chance nutzen*. München 1999

Riek, Saleem Matthias: *Herzenslust – Lieben lernen und die tantrische Kunst des Seins*, Braunschweig 1999

Riek, Saleem Matthias: *Leben, Lieben und Nichtwissen*, Norderstedt 2006

Riek, Saleem Matthias: *Herzensfeuer – Eine Liebeserklärung an die Paradoxien des Lebens*. Freiburg i. Br. 2008

Rosenberg, Jack Lee und Kitaen-Morse, Beverly: *Das Geheimnis der Intimität*, Winterthur 2011

Schnarch, David: *Die Psychologie sexueller Leidenschaft*, Stuttgart 2006

Süfke, Björn: *Männerseelen – Ein psychologischer Reiseführer*, Düsseldorf 2008

Theunert, Markus: Co-Feminismus – wie Männer Emanzipation sabotieren und was Frauen davon haben, Bern 2013

Volz, Rainer und Zuhlehner, Paul M.: *Männer in Bewegung: zehn Jahre Männerentwicklung in Deutschland*, Baden-Baden 2009

Zilbergeld, Bernie: *Die neue Sexualität der Männer*, Tübingen (dgvt) 1994

Männerzeitung (Schweiz): www.maennerzeitung.ch

Connection. Zeitschrift für Liebe, Eros und Weisheit: www.connection.de

Weitere Literaturhinweise finden Sie in den Anmerkungen.

Dank

Ohne die Unterstützung vieler Männer und Frauen wären die Expeditionen ins Reich männlicher Sexualität nicht möglich gewesen. Ihnen allen möchten wir danken:

- zuallererst natürlich unseren Interviewpartnern, die sich zu mutigen Offenbarungen ihres Intimlebens bereitfanden.
- den Teilnehmern und Teilnehmerinnen an unseren Onlineumfragen für vielfältige Inspirationen und wohlwollende Ermutigung.
- den Experten in punkto Mannsein für ihre Rückmeldungen und den Zuspruch.
- allen Autorinnen und Autoren, auf deren einschlägigen Forschungen, Erkenntnissen und Erfahrungen wir aufbauen konnten.
- Ludwig Sandner für die Mithilfe bei der Konzeption und bei Probeinterviews. Schade, dass du aus Zeitgründen als Koautor zurücktreten musstest.
- Annette Jahn, Michael Mosner, Sandra Badeck, Joy-Martina Blind, Reinhard Bahnmüller, Michael Rediske und Dietrich Wendling für viele wertvolle Hinweise. Nach euren Rückmeldungen haben wir das Manuskript gründlich überarbeitet, und das war gut so.
- Joachim Kamphausen, der sich als Verleger schon bei der ersten Durchsicht des Rohmanuskriptes für das Projekt begeistern konnte. Marianne Nentwig als Programmleiterin, Ulrich Magin als Lektor und allen weiteren beteiligten Mitarbeiterinnen und Mitarbeitern des Kamphausen Verlags für die vielfältige Unterstützung.
- Ulrich Clement für das fulminante Vorwort
- Vielen weiteren Frauen und Männern, die hier ungenannt bleiben, aber dennoch ihren Anteil an diesem Projekt haben.

Wir danken ganz besonders unseren Partnerinnen Susanne und Anne. Ohne euch wären wir nicht die, die wir heute sind. Danke, dass ihr auf eure Weise dieses Projekt mitgetragen habt.

Wir danken allen Männern und Frauen, die sich auf den Weg machen, um ihre Liebesfähigkeit und Sexualität zu erforschen und weiterzuentwickeln. Sie geben unserer Hoffnung Nahrung, dass Lust und Liebe über alle Geschlechtergrenzen und -differenzen hinweg in großer Vielfalt immer leichter lebbar werden.

Anmerkungen

Literaturangaben, die vollständig bereits in den Literaturtipps auftauchen, werden hier gekürzt aufgeführt (Lit.-Tipp).

1. Ulrich Clement ist Leiter des Instituts für Sexualtherapie in Heidelberg, Begründer der Systemischen Sexualtherapie und Buchautor, vgl. Literaturliste
2. Tantra: Spirituelle Lehre und Praxis mit jahrtausendealten Wurzeln im Hinduismus und Buddhismus. Tantra zeichnet sich besonders durch eine lebensbejahende Grundhaltung aus und wird heute im Westen auf sehr unterschiedliche Weise gelehrt. Das Spektrum beinhaltet u.a. erotische Massage, Selbsterfahrungsgruppen, Seminare mit den Schwerpunkten Liebe, Sex und Meditation und spirituelle Praktiken und Rituale, die teilweise Sexualität direkt mit einbeziehen oder diese in symbolischer Form integrieren. Schulen-unabhängige Liste von Seminaranbietern: www.tantra-info.de
3. Von Saleem Matthias Riek 2010 gegründetes Seminarinstitut, Nachfolger des Freiburger The Art of Being Instituts. Zu den Grundlagen seiner Arbeit: Riek: *Herzenslust* ... (Lit.-Tipp) und www.schule-des-seins.de
4. Mehr zu eigenen Erfahrungen des Autors: Riek: *Leben, Lieben* ... (Lit.-Tipp)
5. Vgl. z.B. http://www.emnw-maenner.de
6. Refrain aus dem Song „Männer" von Herbert Grönemeyer
7. Titel in der Wochenzeitung „Die Zeit" vom 12.1.2014
8. So titelte das Magazin „Der Spiegel" in seiner Ausgabe vom 31.12.2012
9. Ergebnis unserer Umfrage unter „Männerexperten", Näheres im Anhang
10. *Wann ist man ein Mann – Das starke Geschlecht in der Antike.* Ausstellung im Antikenmuseum Basel 2013/2014
11. Der Satz steht auch noch im Hamburger SPD-Grundsatzprogramm von 2007. Gestrichen wurde u.a.: „Unter der Spaltung zwischen männlicher und weiblicher Welt leiden beide, Frauen und Männer. Sie deformiert beide, entfremdet beide einander."
12. Als Legitimation für Geschlechterklischees dient nicht zuletzt die „natürliche" Rollenverteilung in der Steinzeit. „Du sammeln, ich jagen", heißt der Untertitel eines berühmten Bühnenstücks: Wiechman, Daniel: *Caveman. Das Buch,* München 2010. Eine Ausstellung im Freiburger Archäologischen Museum stellt diesen Mythos in Frage und zeigt einen in der Archäologie verbreiteten Zirkelschluss auf: Erst wird das Geschlecht der Toten anhand von Grabbeilagen bestimmt, um später unter Berufung auf Waffen in Männergräbern zu „beweisen", dass Männer Jäger und Krieger waren. Vgl. Begleitbuch von Röder, Brigitte (Hg.): *Ich Mann. Du Frau. Feste Rollen seit Urzeiten?,* Freiburg 2014
13. Vgl.: Hüther: *Männer,* ... (Lit.-Tipp)

14 Pütz, Maximilian und Hoffmann, Arne: *Der perfekte Eroberer: Wie Sie garantiert jede Frau verführen*, München 2011

15 Fischer, Armin: *Frauen. Eine Bedienungsanleitung, die selbst Männer verstehen*, Hannover 2010

16 Brost, Hauke: *Wie Männer ticken*, Berlin (Schwarzkopf und Schwarzkopf) 2007, S.16

17 Bönt: *Das entehrte Geschlecht* ... (Lit.-Tipp). Vgl.: http://www.zeit.de/kultur/literatur/2012-03/ralf-boent

18 Zum Konzept von Selbst- und Fremdbestätigung vgl.: Schnarch: Die Psychologie ... (Lit.-Tipp), und Clement, Ulrich: Systemische Sexualtherapie, Stuttgart 2004

19 Quelle: http://natune.net/zitate/autor/Woody%20Allen/o11

20 Kerner, Ian: *Mehr Lust für ihn – was Männer beim Sex verrückt macht*, München 2007

21 Winston, Sheri: *Entfalte dein erotisches Potential. Landkarte zur Erkundung der weiblichen Sexualität*, Bielefeld 2013

22 Gaddam, Sai und Ogas, Ogi: *KLICK! MICH! AN!. Der große Online Sexreport*, München 2012

23 Bevan, Katy: *100 Sex-Tipps für Männer – was Männer im Bett wirklich glücklich macht*, Rastatt 2005

24 Zilbergeld: *Die neue Sexualität ...*, S.3 (Lit.-Tipp)

25 Wenn wir Männer tatsächlich einfacher strukturiert wären, wäre das allein noch kein Problem. Die These kommt jedoch oft als Vorwurf daher. Wenn wir versuchen, diesen zu entkräften, lauert eine subtile und folgenreiche Falle, in die wir Männer gerne tappen: Wir versuchen, es der Frau recht zu machen, betonen, dass wir doch gar nicht nur das Eine wollen ... Aber damit machen wir ihr es gerade nicht recht, weil Frauen in der Regel keine Männer wollen, die es ihnen recht machen.

26 Franz, Matthias und Karger, André (Hg.): *Neue Männer – muss das sein?: Risiken und Perspektiven der heutigen Männerrolle*, Göttingen 2011

27 Schröter, Peter A. und Meyer, Charles: *Die Kraft der männlichen Sexualität*, Zürich (Piper) 2003, S. 12, 290ff

28 Fiess: *Du bist der Mann* ... (Lit.-Tipp)

29 Leimbach, Bjørn Thorsten: *Männlichkeit leben. Die Stärkung des Maskulinen*, Hamburg 2007

30 Fox, Matthew: *Die verborgene Spiritualität des Mannes*, Uhlstädt-Kirchhasel 2011

31 Der Begriff *testisch* wurde abgeleitet von Testikel (Hoden). Vogler, Jan-Rüdiger und Prünte, Thomas: *Eier zeigen! Männliche Stärken in der Partnerschaft*, Hamburg 2012

32 Richardson: *Zeit für Männlichkeit ...*, S.9 (Lit.-Tipp)

33 Bly: *Eisenhans...* (Lit.-Tipp)

34 Zilbergeld: *Die neue Sexualität ...*, S.23 (Lit.-Tipp)
35 Fox: *Die verborgene Spiritualität ...*, a.a.O.
36 Süfke: *Männerseelen ...* (Lit.-Tipp)
37 Gerald Hüther hebt sich wohltuend von anderen Autoren ab, weil er seine Erkenntnisse relativiert: „Wer also am Ende darüber entscheidet, ob die in diesem Buch zusammengestellten Erkenntnisse und die daraus abgeleiteten Schlussfolgerungen zutreffende Beschreibungen des Männlichen im Allgemeinen und der Mannwerdung im Besonderen sind, bin nicht ich. Das sind Sie." Hüther: *Männer ...*, S.136, 142 (Lit.-Tipp)
38 Kolle, Oswald: *Dein Mann, das unbekannte Wesen*, München 1967
39 Woody Allen, zitiert nach http://natune.net/zitate/autor/Woody%20Allen/o11
40 Lombardo-Radice, Marco (Hg.): *Der letzte Mann – Machismus und Feminismus – die Krise der Rolle des Mannes – 4 Bekenntnisse*, Reinbek bei Hamburg 1978. Aus dem Vorwort: Die männlichen Genossen sind in eine tiefe Krise geraten, „weil es für sie (für uns) nicht darum geht, sich auf einen ‚Feminismus' in Anführungszeichen und Großbuchstaben einzustellen, vielmehr auf den greifbaren und quälenden Feminismus der Gattin, der ‚Frau', der Tochter oder Genossin, sondern auch und vor allen Dingen, weil die Genossen im Feminismus zunächst (um ehrlich zu sein nicht sofort) eine Befreiungshoffnung für sich sahen ..."
41 Infos zum Thema Männer aus gewerkschaftlicher Sicht: https://gender.verdi.de/themen/maennerpolitik
42 Hollstein, Walter: Vom Singular zum Plural: Männlichkeit im Wandel, in: *Aus Politik und Zeitgeschichte*, Bonn 40/2012
43 Volz/Zuhlehner: *Männer in Bewegung ...* (Lit.-Tipp). Darin werden Männer 2008 folgenden Typen zugeordnet: Teiltraditionell 27%, Balancierend 24%, Suchend 30% und Modern 19%.
44 Parole der IG Metall 1984 beim Streik für die 35-Stunden-Woche
45 „Erst im Laufe der 1990er und in den 2000er Jahren „löste" sich die Männerforschung und suchte – vor allem entlang des inzwischen verbreiteten Konzepts der männlichen Hegemonialität – nach Bestimmungen von Männlichkeit, die neue Relationen eröffnen konnten." In: Lothar Böhnisch: Männerforschung: Entwicklung, Themen, Stand der Diskussion, in: *Aus Politik und Zeitgeschichte*, Bonn 40/2012
46 Rosin, Hanna: *Das Ende der Männer und der Aufstieg der Frauen*, Berlin 2013 und Hollstein, Walter: *Was vom Manne übrig blieb*, Stuttgart 2012
47 „Das Stereotyp vom unmoralischen, gewalttätigen, sexuell unersättlichen Mann ist weit vor dem Feminismus entstanden, an einer historischen Schlüsselstelle: zu Beginn der Moderne, um 1800" In: Kucklick, Christoph: *Das verteufelte Geschlecht – Wie wir gelernt haben, alles Männliche zu verachten. Und warum das auch den Frauen schadet. Ein Essay. Zeit-online*: http://www.zeit.de/2012/16/DOS-Maenner

48 Der Autor Daniel Bergner stellt Studien vor, die belegen, dass Frauen durch Pornografie ähnlich erregt werden wie Männer, es aber oft entweder selbst nicht merken oder es verleugnen. Bergner, Daniel: *Die verborgene Lust der Frauen. Ein Forschungsbericht*, München 2014

49 Die Trilogie „Shades of Grey" wurde 2011/2012 zum Sensations-Megaseller und hat seither viele Nachahmerinnen gefunden. Plötzlich wurden allerorten BDSM-Sexpraktiken diskutiert und ob Frauen sich tatsächlich gerne von Männern sexuell dominieren lassen. James, E.L.: *Shades of Grey*, München 2012. Dazu Volkmar Sigusch: „Die jungen Männer sind verunsichert. Sie sollen große Penetratoren sein, siehe den Bestseller Shades of Grey, und andererseits Schmusekater, zart und mitfühlend. Daran zerbrechen viele."[109]

50 Zum Thema, wie Paradoxien inneres Wachstum fördern: Riek: *Herzensfeuer ...* (Lit.-Tipp)

51 Der österreichische Aktionskünstler Otto Mühl wurde bekannt durch die Gründung von Kommunen, in denen u.a. mit „freier Sexualität" experimentiert wurde.

52 Polyamory: Lebensstil, mehr als einen Menschen zur gleichen Zeit zu lieben mit Wissen und Einverständnis aller Beteiligten. Vgl. Heeß: *Ich liebe dich gerade ...* (Lit.-Tipp)

53 Fünf Rhythmen: Bewegungsmeditation und spirituelle Landkarte der Lebenszyklen nach Gabrielle Roth (1941–2012). Der Tanz durch die Abfolge der 5 Rhythmen (Flowing, Staccato, Chaos, Lyrical und Stillness) wird auch „Wave" genannt. Roth, Gabrielle: *Leben ist Bewegung – fünf radikale Wege zur Selbstbefreiung*, München 2001

54 Die Entdeckung des sexuellen Reaktionszyklus war in den 1960er-Jahren bahnbrechend. Heute wirkt sie ungewollt normativ. Masters, William H. und Johnson, Virginia E.: *Die sexuelle Reaktion*. Frankfurt a.M. 1967. Nach Auffassung von Fliegel und Veith müssen nicht immer alle Phasen durchlaufen werden, um befriedigenden Sex zu haben. Fliegel, Steffen und Veith, Andreas: *Was jeder Mann über Sexualität und sexuelle Probleme wissen will*, Göttingen 2010

55 Osho (1931–1990), indischer Philosoph und spiritueller Meister, wurde Ende der 70er-Jahre im Westen als Bhagwan Shree Rajneesh bekannt, nicht zuletzt durch tantrische, damals skandalös freizügige sexuelle Praktiken im Ashram von Pune/Indien. Osho: *Tantra ...* (Lit.-Tipp)

56 „The Art of Being" wurde Anfang der 1990er-Jahre als Seminarinstitut vom englischen Psychologen und Osho-Schüler Alan Lowen gegründet. Die „Schule des Seins" ging 2010 aus dem Freiburger Ableger des „The Art of Being Instituts" hervor.

57 Yoni: Tantrischer Begriff für die weiblichen Genitalien. Wörtliche Übersetzung: Ursprung (Sanskrit)

58 Ironische Anspielung auf die im Tantra bekannte Praxis der Orgasmus- bzw. Ejakulationsvermeidung

59 Richardson, Diana: *Zeit für Liebe: Sex, Intimität & Ekstase in Beziehungen*, Köln 2001

60 Lingam: Im Tantra geläufiger Begriff für den Penis, ursprünglich Symbol der Hindu-Gottheit Shiva und dessen schöpferische, aber auch erhaltende und zerstörerische Kraft
61 Reiki: Form einer feinstofflichen Energiearbeit u. a. durch Handauflegen
62 Diana Richardson wurde zusammen mit ihrem Mann Michael bekannt durch ihre „Making Love"-Retreats, in denen die Technik des Slow Sex gelehrt wird. Richardson, Diana: *Slow Sex. Wie Sex glücklich macht*. Köln 2011
63 Einstöpseln ist eine bei Anhängern des Slow Sex verbreiteter Ausdruck für sexuelle Vereinigung.
64 Königin/Diener-Spiel: Tantrische Übung, bei der ein Partner für einen bestimmten Zeitraum Wünsche äußern darf und der andere diese – mit Respekt für die eigenen Grenzen – erfüllt. Danach werden meist die Rollen getauscht. Vgl. Riek: *Herzenslust* .... (Lit.-Tipp)
65 Chakren: Im Yoga oder im Tantra die subtilen Energiezentren des feinstofflichen Körpers. Die sieben Hauptchakren befinden sich nach diesen Lehren entlang der Wirbelsäule in der senkrechten Mittelachse des Körpers. Jedes Chakra hat auch eine psychische Bedeutung. Das „dritte Auge" (6. Chakra) zwischen den Augenbrauen wird z. B. mit Vision und Intuition in Verbindung gebracht.
66 Hüther, Gerald: *Bedienungsanleitung für ein menschliches Gehirn*, Göttingen 2001
67 Ein sexualtherapeutisch sehr interessanter Ansatz wurde von dem Kanadier Jean-Yves Desjardins (1931–2011) entwickelt: Das Konzept „Sexocorporel". Vgl. www.ziss.ch/veroeffentlichungen/erektionsstoerungen_peter_gehrig.pdf
68 Christopher Street Day: Feiertag der Schwulen- und Lesbenbewegung, an dem u. a. mit Umzügen auf den ersten bekannt gewordenen Aufstand von Homosexuellen gegen Polizeiwillkür am 28.6.1969 in der New Yorker Christopher Street gedacht wird.
69 Fisten: Sexuelle Praktik, bei der mehrere Finger oder eine ganze Hand in Vagina oder Anus eingeführt werden.
70 Contact Improvisation: Moderner Tanzstil, in dem Bewegungs- und Kontaktmöglichkeiten mehrerer Körper miteinander erforscht werden, z. B. in dem sie sich gegenseitig Gewicht abgeben, an- und übereinander rollen, klettern und schwingen.
71 Satsang (wörtlich: Zusammensein in Wahrheit): Gemeinschaftliche Begegnung mit einem spirituellen Lehrer (Guru, Erwachter) in der Tradition der Lehre des Advaita-Vedanta.[137] Prägende Elemente sind stille Meditation und die Möglichkeit, Fragen zu stellen, um dabei die unmittelbare Wahrheit der Existenz zu erfahren. Troll, Pyar: *Satsang – Die spirituelle Suche nach Wahrheit und Erkenntnis*, München 2006
72 PC-Muskel (Musculus pubococcygeus): Muskel, der die Geschlechtsorgane im Beckenboden umgibt und mit dem das Urinieren unterbrochen wird. Das Training des PC-Muskels kann u. a. die Lust- und Orgasmusfähigkeit steigern.

73 Delis, Dean C. und Phillips, Cassandra: *Ich lieb' dich nicht, wenn du mich liebst: Nähe und Distanz in Liebesbeziehungen*, Düsseldorf 1991

74 Pilgrim, Volker Elis: *Der selbstbefriedigte Mensch*, München 1975

75 Tantra-, Yoni-, Lingammassage: Rituelle Massagepraxis, bei der die Geschlechtsteile (Yoni, Lingam) meist mit einbezogen werden. Das kommerzielle Angebot von Tantramassagen reicht von hochkompetenter Körperkunst und intimer Heilmassage bis zu trivialer „Handentspannung" im Bordell. Gerichtlich wird darüber gestritten, ob für Tantramassage Vergnügungssteuer abgeführt werden muss; vgl. Urteil des VGH Mannheim im Juli 2014 (Az.: 2 S 3/14).

76 Sexological Bodywork geht als Berufsbezeichnung auf die Ausbildungen von Joseph Kramer (USA) zurück.

77 Big Draw: Spezielle Technik aus intensiver Atmung und Muskelanspannung, die in hoher sexueller Erregung kurz vor einer Ejakulation eingesetzt wird. Wegen gesundheitlicher Bedenken (Platzen von Blutgefäßen) umstritten.

78 Film von Mitchell, John Cameron: *Shortbus*, USA 2006, dt. Wien 2007

79 Fleshlight: Sextoy, das von außen einer großen Taschenlampe (engl.: flashlight) gleicht und innen mit einer künstlichen Vagina für die Masturbation ausgestattet ist. Es ermöglicht, sich ohne Handeinsatz zu stimulieren und dabei Positionen wie beim Partnersex einzunehmen.

80 Nhanga Ch. Grunow ist neben Michaela Riedl eine der im deutschsprachigen Raum bekanntesten Ausbilderinnen in Tantramassage.

81 Armin Heining war Benediktinermönch und gründete später Gay Tantra.

82 Die Akademie Waldschlösschen bei Göttingen bietet u.a. Kurse für Schwule und Lesben an.

83 Kundalini-Meditation: Aktive Meditation in vier Phasen. Charakteristisch ist die erste Phase mit ganzkörperlichem Schütteln, die körperliche und emotionale Spannung abbauen kann und u.U. die Kundalini[98] aktiviert.

84 Clement: *Guter Sex trotz Liebe ...* (Lit.-Tipp)

85 Ein häufig vorgebrachtes Argument ist die Tatsache, dass Männer in der Regel schneller zu einem Orgasmus kommen. Wenn dies aber als eine Fähigkeit bzw. als eine Option gesehen wird und nicht als Zwang oder Defizit, widerspricht dies nicht der Komplexität der Männer: Wir können auch anders.

86 Das Bad Herrenalber Modell ist ein humanistisches, tiefenpsychologisch orientiertes Psychotherapie-Konzept, das in verschiedenen Kliniken u.a. in der Suchttherapie Anwendung findet.

87 Mantak Chia: Taoistischer Lehrer, der u.a. die Trennung von Orgasmus und Ejakulation lehrt. Chia Mantak und Arava, Douglas Abrams: Öfter, länger, besser. Sextipps für jeden Mann, München 2009

88 Skydancing: Tantraschule, die auf die französische Psychologin und Osho-Schülerin Margot Anand zurückgeht. Anand, Margot: *Tantra oder die Kunst der sexuellen Ekstase*, München 1989

89 Shiva und Shakti: Insbesondere im Tantraritual geläufige Begriffe für Frau und Mann in ihrer spirituellen, göttlichen Dimension. Traditionell werden beide oft in ritueller sexueller Vereinigung (Maithuna) dargestellt und symbolisieren eher die verbindenden und ergänzenden Aspekte von Polarität, im Unterschied zu den eher trennenden und wertenden in der christlichen Lehre (Gott und Teufel).

90 Clement: *Wenn die Liebe ...* (Lit.-Tipp)

91 Maggie Tapert: Sexpertin und Autorin, setzt sich gerne provokativ für die sexuelle und spirituelle Entwicklung von Frauen ein, u. a. mit dem Projekt „Tempel". Ihr Workshop für Männer hieß Priapus Rex. Tapert: *Pleasure* (Lit.-Tipp)

92 Tamera ist eine Arbeits- und Lebensgemeinschaft in Portugal, die sich u. a. der Heilung der Beziehungen zwischen Frauen und Männer widmet.

93 Lilith: Weibliche sumerische Gottheit, auch weiblicher Dämon. Im jüdischen Talmud ebenbürtige und erotisch selbstbewusste Gefährtin von Adam und Vorgängerin von Eva. Dadurch teilweise Symbol der modernen Frauenbewegung. In der Astrologie Symbol für verborgene weibliche Energie (schwarzer Mond)

94 Psycholytische Experimente sind sogenannte Bewusstseinsreisen unter Einfluss bestimmter, teilweise nicht legal erhältlicher Substanzen wie LSD (Hallucinogen, auch bekannt als Acid), THC (Cannabis), MDMA (Amphetamine, früher bekannt als Ecstacy) u. a. vgl. Widmer: Samuel: *Ins Herz der Dinge lauschen. Vom Erwachen der Liebe; Über MDMA und LSD; Die unerwünschte Therapie*, Solothurn 2002

95 David Deida: spiritueller Lehrer und Autor. Deida: *Der Weg des wahren ...* (Lit.-Tipp)

96 Ludwig, Bernhard: *Anleitung zur sexuellen Unzufriedenheit: 100 % Wissenschaft, 100 % Kabarett*, Seminarkabarett, Wien 2002. Das Werk gibt es auch als Comic, Hörbuch und Video.

97 http://www.zeit.de/gesellschaft/zeitgeschehen/2009-09/psycholytisch-berlin

98 Kundalini: Schlangenkraft. In spirituellen Lehren wie Yoga oder Tantra eine Urkraft, die in Form einer aufgerollten Schlange am Beckenboden schlummert und aktiviert werden kann.[83]

99 Heeß: *Ich liebe dich gerade ...* (Lit.-Tipp)

100 Bisinger, Matthias (Hg.): *Der ganz normale Mann. Frauen und Männer streiten über ein Phantom.* Reinbek 1992. Bisinger ist der Geburtsname von Saleem Matthias Riek.

101 „Selbsterforschung ist offenes Erkunden und Entdecken, wie unsere Seele sich entfaltet." Rabenbauer, Josef und Michel, Gabriele: *Sich selbst erforschen – als tägliche Praxis und spiritueller Weg*, Freiburg 2013

102 Holmes, Tom und Lauri: *Reisen in die Innenwelt: Systemische Arbeit mit Persönlichkeitsanteilen*, München 2013

103 Möller: *Worte der Liebe ...* (Lit.-Tipp)

104 http://www.maennerzeitung.ch/artikel/117/Die-Magie-des-Abwesenden.html

105 Das Zitat bezieht sich auf eine Formulierung in: Zilbergeld: *Die neue Sexualität* ... (Lit.-Tipp)

106 Auszug aus der Antwort von Stefan Schmid: „Die Frage hat mich sehr beschäftigt und ich habe mir erlaubt, dazu zwei ‚ganz große Fachleute' der Sexologie, nämlich Prof. Gunter Schmidt aus Hamburg und Prof. Claus Buddeberg aus Zürich zu befragen. Die beiden Herren sind der Meinung, dass die Schlussfolgerungen von Masters und Johnson von 1966 und Bernie Zilbergeld 1992, schön umformuliert in Günter W. Remmerts ‚Die Mythen männlicher Sexualität', und natürlich Sigmund Freud nicht mehr der heutigen Männerbefindlichkeit entsprechen. Sie sind der Meinung, dass die Männer (sofern es sie denn als homogene Spezies überhaupt gibt) 2014 bereits auf einem neuen Weg hin zur ressourcenorientierten Sexualität sind. (...) Wenn ich aber den Zustand der derzeitigen Sexualforschung betrachte, wo, auf Grund der Vorgeschichte, weibliche Sexualität von männlichen Forschern über Jahrzehnte pathologisiert wurde, nun eine fast totale Feminisierung stattgefunden hat, scheint eine schlüssige Aussage über die Entwicklung männlicher Sexualität wohl derzeit kaum noch möglich („Jeder wie er kann und glaubt")." Zu Remmert Vgl. http://www.seminarhaus-schmiede.de/pdf/sexualitaet.pdf

107 Kleist, Mike: *Geheimwissen Männlicher Multi-Orgasmus*, Taufkirchen 2005

108 Talorgasmus: Im Tantra bekannte Form des Orgasmus, die nicht durch hohe Erregung, sondern durch tiefe Entspannung erreicht wird. Richardson: *Zeit für Liebe* ... a.a.O.

109 Der Sexualforscher Volkmar Sigusch weist darauf hin, dass auch der Zusammenhang von Sexualität und Spiritualität von der Wissenschaft ignoriert wird. http://www.zeit.de/2014/35sexualitaet-erotik-volkmar-sigusch

110 Der Sexualforscher Gunter Schmidt sieht eine Entwicklung von der Sexualität als Trieb (wie ein Dampfkessel) hin zu einer Ressource, einer biologisch vorgegebenen Möglichkeit zur Lust-, Erlebnis- und Intimitätssuche. Der Orgasmus ist demnach nicht mehr Kulmination der Entladung und Quintessenz sexueller Befriedigung, sondern Teilaspekt sexueller Befriedigung und Interpunktion sexueller Akte. Schmidt, Gunter: *Das neue Der Die Das – Über die Modernisierung des Sexuellen*. Überarbeitete Neuauflage, Gießen 2014

111 So lassen sich zum Allgemeinplatz gewordene Thesen wie „Männer sind anders, Frauen auch" verstehen. Es handelt sich bei John Gray zunächst um empirisch gewonnene Typisierungen männlichen bzw. weiblichen Verhaltens, die dann teilweise zu Prinzipien erhoben werden. Gray, John: *Männer sind vom Mars, Frauen von der Venus*, München 1998

112 Die Kunstfigur Conchita Wurst (alias Tom Neuwirth) tritt in Frauenkleidern und mit gepflegtem Bart auf.

113 Die allgemein verbreitete evolutionsbiologische Sichtweise, die Männern unterstellt, ihren Samen möglichst breit streuen zu wollen, und Frauen, primär eine stabile Beziehung zum Schutz ihres Nachwuchses zu suchen, wird von Daniel Bergner kritisiert. Bergner: *Die verborgene Lust* ... a.a.O.

114 In Facebook gibt es seit Mitte 2014 die Möglichkeit, sich neben der Option weiblich oder männlich unter dem Stichwort „benutzerdefiniert" eine andere Geschlechtsidentität zu geben.

115 Quarch, Christoph: *Eros und Harmonie – Eine Philosophie der Glückseligkeit*, Freiburg 2006

116 Der Parasympathikus steuert als der für Entspannung zuständige Zweig Erregung und Erektion, der Sympathikus als der für Action zuständige die Intensität der Empfindung, die Ejakulation und den Orgasmus.

117 „Weil die zwei Begriffe Mann und Frau zu den ältesten der Menschheit gehören, (...) muss jeder, ob Mann oder Frau, der die Verhältnisse der Geschlechter reflektieren will, (...) gegen ein ideologisches Gebirge andenken." Sigusch, Volkmar: *Sexualitäten. Eine kritische Theorie in 99 Fragmenten*, Frankfurt a.M. 2013

118 „Keine Sexualität eines Menschen ist mit der eines anderen identisch. Weil das Sexuelle sich der Systematisierung entzieht, kann darüber theoretisch nur in Fragmenten gesprochen werden." Sigusch: *Sexualitäten* ... a.a.O.

119 Der Song „Männer sind Schweine" erschien auf dem Album „13" der Punkrockband „Die Ärzte" im Jahr 1998.

120 Arne Hoffmann versteht sich als Sprachrohr des linken Flügels der Männerbewegung, wird jedoch öffentlich als antifeministischer Vordenker der Männerrechtsbewegung wahrgenommen. Hoffmann, Arne: *Not am Mann: Sexismus gegen Männer*, Gütersloh 2014

121 Gesterkamp, Thomas: Geschlechterkampf von rechts: Wie Männerrechtler und Familienfundamentalisten sich gegen das Feindbild Feminismus radikalisieren, Bonn 2010

122 Theunert: *Co-Feminismus* ... (Lit.-Tipp)

123 European Union Agency For Fundamental Rights: *Gewalt gegen Frauen: Eine EU-weite Erhebung*, Luxemburg 2014

124 http://www.spiegel.de/kultur/gesellschaft/sexarbeit-margarita-tsomou-fantasies-that-matter-auf-kampnagel-a-983668.html

125 Ausführlicher Bericht zum schwedischen Prostitutionsverbot mit Strafandrohung ausschließlich für Freier: *männerzeitung.ch*, Ausgabe 55, September 2014

126 Jungnitz, Ludger; Lenz, Hans J.; Puchert, Ralf; Puhe, Henry; Walter, Willi (Hg.): Gewalt gegen Männer. Personale Gewaltwiderfahrnisse von Männern in Deutschland, Leverkusen 2007

127 Jungnitz u. a.: Gewalt gegen Männer..., a.a.O.

128 Galtung, Johan: Gewalt, Frieden und Friedensforschung, in: Dieter Senghaas (Hg.): *Kritische Friedensforschung*, Frankfurt M. 1971

129 Luy, Marc: *Warum Frauen länger leben*. Erkenntnisse aus einem Vergleich von Kloster- und Allgemeinbevölkerung. In: *Materialien zur Bevölkerungswissenschaft*. Nr. 106, Wiesbaden 2002

130 „Es gibt viele Arten zu töten. Man kann einem ein Messer in den Bauch stechen, einem das Brot entziehen, einen von einer Krankheit nicht heilen, einen in eine schlechte Wohnung stecken, einen durch Arbeit zu Tode schinden, einen zum Suizid treiben, einen in den Krieg führen usw. Nur weniges davon ist in unserem Staat verboten." Bertolt Brecht: *Me-Ti. Buch der Wendungen*, Frankfurt (M) 1965

131 Es gibt viele differenziertere feministische Konzepte wie beispielsweise das der hegemonialen Männlichkeit. Baur, Nina und Lüdtke, Jens: *Die soziale Konstruktion von Männlichkeit: hegemoniale und marginalisierte Männlichkeiten in Deutschland*. Budrich, Opladen 2008

132 Vgl. Gesterkamp, Thomas: *Jenseits von Feminismus und Antifeminismus*, Wiesbaden 2014

133 Nietzsche, Friedrich: *Also sprach Zarathustra. Ein Buch für Alle und Keinen*, Chemnitz 1883-86

134 Deida: *Sex als Gebet* (Lit.-Tipp)

135 Auch manche Physiker kommen u. a. durch die Erkenntnisse der Quantenphysik zu diesem Schluss. Dürr, Hans-Peter: *Geist, Kosmos und Physik: Gedanken über die Einheit des Lebens*, Amerang 2010

136 Ken Wilber beschreibt in seiner Integralen Philosophie verschiedene typische Stufen der Bewusstseinsentwicklung. Danach entwickelt sich menschliches Bewusstsein von egozentrisch über ethno- und weltzentrisch hin zu einem kosmozentrischen Gewahrsein und damit auf eine Ebene, auf der wir mit der Gesamtheit aller manifesten und nicht-manifesten Wirklichkeit identifiziert sind. Wilber, Ken: *Eine kurze Geschichte des Kosmos*, Frankfurt a.M. 2004

137 Die Philosophie des Advaita-Vedanta wurde in den letzten Jahren als Neo-Advaita oder Satsangbewegung[71] im Westen bekannt, sie geht u. a. auf die Lehren des indischen Weisen Ramana Maharshi zurück und betont die grundlegende Nicht-Zweiheit der Existenz, die uns nur als dual erscheint. Maharshi, Ramana: *Sei, was du bist!* Bern 1990, und Foster, Jeff: *Radikales Erwachen*, Petersberg 2014

138 Byrne, Rhonda: *The Secret – Das Geheimnis*. Der esoterische Dokumentarfilm erschien 2006 zunächst auf Englisch, später das gleichnamige Buch auch auf Deutsch. Die Kernaussage des Films ist, dass die Gedanken und Gefühle jedes einzelnen Menschen reale Gegebenheiten anziehen bzw. erzeugen.

139 Osho: *Mann und Frau: Der Tanz der Energien*, München 1998

140 Stutz, Pierre: *Deine Küsse verzaubern mich – Liebe und Leidenschaft als spirituelle Quellen*, München 2012

141 Almaas, A.H.: *In die Tiefe des Seins: Realisieren Sie Ihre wahre Natur durch die Praxis der Präsenz*, Bielefeld 2010

142 Rumî, Dschalâl-ed-dîn, zitiert aus: Rosenberg, Marshall B.: *Gewaltfreie Kommunikation*, Paderborn 2003

143 Jessen, Jens: Die große Heuchelei, in: *Die Zeit*, 21.8.201

Die Autoren

Saleem Matthias Riek (Jg. 1959) ist Tantralehrer und Heilpraktiker mit dem Schwerpunkt ganzheitliche Psycho-, Sexual- und Paartherapie. Er lebt mit seiner Lebensgefährtin in Sölden bei Freiburg im Breisgau.

In den achtziger Jahren war er in der Männerbewegung aktiv, er mitbegründete u. a. die Berliner Männerberatungsstelle „Mannege e. V." und das „Bundesweite Männertreffen".

Seit 1994 leitete er im Rahmen des „The Art of Being Instituts" Seminare vor allem im Bereich Liebe, Sexualität und Partnerschaft und begleitete viele Frauen und Männer in ihrem Heilungs- und Entwicklungsprozess. 2010 gründete er die „Schule des Seins" mit Seminaren, Trainings und Ausbildungsgruppen zu wesentlichen Themen des Lebens.

Er ist Autor der Bücher „Herzenslust – Lieben lernen und die tantrische Kunst des Seins", „Leben, Lieben und Nicht Wissen" und „Herzensfeuer – eine Liebeserklärung an die Paradoxien des Lebens". Derzeit schreibt er an seinem ersten Roman.

Kontakt: **www.schule-des-seins.de**
E-Mail: **kontakt@schule-des-seins.de**

Rainer Salm (Jg. 1950) lebt mit seiner Frau in Stuttgart im Ruhestand. Er ist Vater zweier erwachsener Kinder aus erster Ehe.

Mit dem Thema „Männer und Sexualität" beschäftigt er sich seit der Studentenbewegung, zunächst eher in intellektuellen Diskursen, später als Ehemann und Vater und seit 2000 auch im Rahmen von Tantrakursen. Seit 2007 war er mehrfach Assistent bei den Männerseminaren der „Schule des Seins".

Nach einer kurzen Episode als Lehrer für Physik und Mathematik arbeitete er als Elektriker und später als Betriebsrat, in den letzten 15 Berufsjahren war er hauptamtlicher Gewerkschaftsfunktionär. Seine bisherigen Veröffentlichungen handeln von politischen und gewerkschaftlichen Themen wie z. B. Mittelamerika-Solidarität, Arbeitszeitverkürzung oder Arbeitspolitik in der Industrie. Im Ruhestand arbeitet er an einem soziologischen Forschungsinstitut, in der Weiterbildung junger Gewerkschafter und daran, immer mehr Zeit für Musik und Meditation zu reservieren.

Lieben lernen

Dieses Buch handelt von Lust und Liebe und davon, wie wir beides zusammenbringen können. Die Grundlage dafür bildet die vom Tantra inspirierte Kunst des Seins, eine provozierend einfache Haltung dem Leben gegenüber: Lieben heißt, dich selbst so sein zu lassen, wie du bist.

„Dies ist eine Einladung, sich von dem echten Leben berühren zu lassen, das in uns allen fließt."

Alan Lowen

www.schule-des-seins.de

Saleem Matthias Riek
Herzenslust
Lieben lernen und
die tantrische Kunst des Seins
280 Seiten
ISBN 978-3-89901-451-8

Gott liebt Sex

Prickelnd und alltagstauglich erzählt David Deida, wie wir durch unsere Sexualität den direkten Weg zur göttlichen Energie und eine unvergleichliche Bereicherung unseres Lebens erfahren können.

„Sex als Gebet *ist das tiefste, lebendigste und einfühlsamste Buch, das ich je zu diesem Thema gelesen habe. Es handelt vom Wunder und der Feinsinnigkeit der Sexualität als spirituellem Weg und inspiriert uns dazu, die totale Offenheit zu erkennen, die wir als Liebender und Geliebte sind ... bis wir in die Liebe hinein verschwinden.*"

Gabriel Cousens, Autor

David Deida
Sex als Gebet –
Leitfaden für Frauen und Männer
zu ekstatischer Liebe und Leidenschaft
304 Seiten, Broschur
ISBN 978-3-89901-442-6

jkamphausen
weltinnenraum.de

Über den Verlag

Diamond Approach
Lebendige Beziehung Glücksprinzip
Spirituelle Romane Stille und Meditation Zen
Persönlichkeitsentwicklung inspire!
Integral Alter & Übergang
Kommunikation **jkamphausen** Einheitserfahrung
Naikan Psychologie
TM Advaita neues Denken & Handeln
Transzendenz & Bewusstsein

Mit Liebe fürs Detail und für die Umwelt

Bei der Auswahl der Inhalte, die wir präsentieren, achten wir auf Originalität, Kompetenz, Praxisrelevanz und Qualität. So können wir mit Herz und Seele hinter unseren Büchern, Hörbüchern, Filmen und den anderen Produkten stehen, die wir mit viel Liebe und Aufmerksamkeit bis ins letzte Detail fertigen.

Wir leisten einen aktiven Beitrag zum Umweltschutz und verbrauchen nur wirklich notwendige Ressourcen – so sparsam wie möglich. Wir drucken überwiegend auf 100% Recyclingpapier oder produzieren unsere Titel klimaneutral. 99% unserer Fertigung findet in Deutschland statt, so haben wir kurze Transportwege und unterstützen die lokale Wirtschaft.

Inspirationen, interessante und wertvolle Neuigkeiten, Wahres, Schönes & Gutes sowie wichtige Termine können Sie regelmäßig in unserem Newsletter erfahren oder hier: www.facebook.com/weltinnenraum

weltinnenraum.de
J. Kamphausen | Mediengruppe